建筑装饰装修工程管理丛书

建筑装饰装修工程资料管理手册

陆　军　叶远航　周　洁　孙志高　主编

中国建筑工业出版社

图书在版编目（CIP）数据

建筑装饰装修工程资料管理手册/陆军等主编.
北京：中国建筑工业出版社，2024.7.--（建筑装饰
装修工程管理丛书）. -- ISBN 978-7-112-29986-7

Ⅰ. G275.3-62

中国国家版本馆 CIP 数据核字第 20248CJ105 号

责任编辑：徐仲莉　王砾瑶
责任校对：芦欣甜

建筑装饰装修工程管理丛书

建筑装饰装修工程资料管理手册

陆　军　叶远航　周　洁　孙志高　主编

*

中国建筑工业出版社出版、发行（北京海淀三里河路9号）
各地新华书店、建筑书店经销
北京点击世代文化传媒有限公司制版
建工社（河北）印刷有限公司印刷

*

开本：880毫米×1230毫米　1/32　印张：14⅞　字数：442千字
2024年9月第一版　2024年9月第一次印刷
定价：**68.00**元
ISBN 978-7-112-29986-7
（43110）

建筑装饰装修工程资料管理手册

编写委员会

主　　　编：陆　军　　叶远航　　周　洁　　孙志高

主要参编人员：张德扬　　周晓聪　　林燕玉　　蒋祖科

　　　　　　　吉荣华　　衡　斌　　周　亮　　徐金汉

　　　　　　　曹建华　　谭生荣　　赵晓冬　　顾增华

前 言

　　建设工程资料不仅是反映施工情况和质量的关键证据，也是过程验收、竣工备案和创优评审的重要依据，更是未来工程维护、改造和更新的重要档案。编者更倾向将"建设工程资料的编制、整理与管理"视为在"资料空间"维度上对某一建设工程的模拟建造。其不仅能够规范实体建设的管理流程，还有助于促使从业人员构建工程建设管理的系统思维，提升建设管理能力！

　　建筑装饰装修工程作为分部工程，除了本专业内容，通常还会涉及建筑地面、建筑电气、给水排水等配套专业。同时，当装饰装修工程由建设单位直接发包时，为了确保专业施工资料的完整性，通常将专业分包资料单独整理组卷。特别是当建筑工程仅有装饰装修分部工程时，应将"装饰装修工程"作为单位工程资料进行整理组卷。综上所述，装饰装修工程的资料管理具有特殊性和复杂性，相关装饰装修工程从业人员迫切需要一本结合专业实践的资料管理指导书籍。

　　本书以某酒店装饰装修工程为背景，以《建筑工程资料管理规程》JGJ/T 185—2009 为依据，结合工程实例，对装饰装修工程资料的填写、签署、整理、归档、组卷等要求进行示例说明，对装饰装修专业工程的资料管理具有较强的指导意义和实用价值，可作为该专业资料管理的参考工具。

　　在本书编写过程中，参考并引用了部分文献资料和相关书籍内容，同时得到了许多领导和朋友的帮助与支持，对此，我们表示衷心的感谢！由于编者自身知识与阅历的局限，加之编写时间仓促，书中难免有疏漏之处，敬请广大读者和专家学者批评斧正。

陆军

2024 年 5 月 1 日于福州

目 录

第1章　工程资料概述

1.1　工程资料的组成

工程资料是在工程建设中形成的各种形式信息文件。根据《建筑工程资料管理规程》JGJ/T 185—2009 规定，工程资料可分为"A 类：工程准备阶段文件；B 类：监理资料；C 类：施工资料；D 类：竣工图；E 类：工程竣工文件"5 类，具体分类如图 1-1 所示。

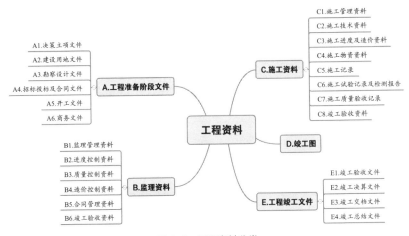

图 1-1　工程资料分类

1. A 类：工程准备阶段文件

工程准备阶段文件是指工程动工之前，于立项、审核、征地、勘察、设计、招标投标等工程筹备阶段形成的文件，包含决策立项文件、建设用地文件、勘察设计文件、招标投标及合同文件、开工文件以及商务文件等。

2. B 类：监理资料

监理资料是指监理单位在工程设计、施工等监理工作中形成的各类文件。施工监理资料涵盖监理管理资料、进度控制资料、质量控制资料、造价控制资料、合同管理资料以及竣工验收资料等。

3. C 类：施工资料

施工资料是指施工单位于工程施工期间收集、形成的各类文件，包含施工管理资料、施工技术资料、施工进度及造价资料、施工物资资料、施工记录、施工试验记录及检测报告、施工质量验收记录、竣工验收资料等。

4. D 类：竣工图

竣工图是指工程竣工验收后，真实反映建设工程项目施工结果的图纸。它是工程项目竣工验收的重要依据，也是工程项目交付使用后进行维修、改建和扩建的重要依据。

5. E 类：工程竣工文件

工程竣工文件是指工程竣工验收过程中形成的各种文件，包括竣工验收文件、竣工决算文件、竣工交档文件、竣工总结文件等。

1.2　工程资料的形成（图 1-2）

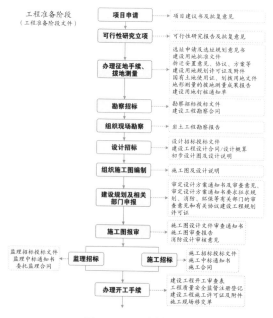

图 1-2　工程资料形成

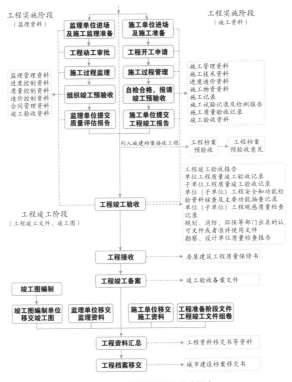

图1-2 工程资料形成（续）

1.3 工程资料的重要性

1. 建筑工程资料是施工过程中的关键组成部分，是展现施工状况和工程质量的重要依据，也是工程质量验收、竣工核定、工程评优的重点凭据，更是日后使用单位进行维修、改造、更新的重要档案资料。

2. 建筑工程资料是工程全过程信息的重要积累。它完整记录了从工程立项、设计、施工到竣工验收整个建设过程的工程管理情况。工程所使用的材料、设备以及施工的质量状况，都通过工程资料得以体现。

3. 建筑工程资料是工程项目管理的关键着手点。在工程施工的各个阶段，应根据国家的相关规范要求、行业标准、地方标准编制一整套工程资料。建筑工程资料是技术管理、质量管理的重要举措和方法，反映了项目的管理水平。

1.4 工程资料的形成要求

1. 工程资料形成单位应对资料内容的真实性、完整性、有效性负责。

（1）工程准备阶段文件和工程竣工文件应由建设单位负责收集、整理与立卷。

（2）监理资料应由监理单位负责收集、整理与立卷。

（3）施工资料应由施工单位负责收集、整理与立卷。

（4）竣工图应由建设单位负责组织，也可委托其他单位。

2. 工程资料的填写、编制、审核、签认应及时进行，其内容应符合相关规定。

3. 工程资料不得随意修改；当需修改时，应实现划改，并由划改人签署。

4. 工程资料的文字、图表、印章应清晰。

5. 工程资料应为原件；当为复印件时，提供单位应在复印件上加盖单位印章，并应有经办人签字及日期。提供单位应对资料的真实性负责。

6. 工程资料应内容完整、结论明确、签认手续齐全。

1.5 工程文件立卷

1.5.1 立卷流程、原则和方法

1. 立卷应按下列流程进行：

（1）对属于归档范围的工程文件进行分类，确定归入案卷的文件材料。

（2）对卷内文件材料进行排列、编目、装订（或装盒）。

（3）排列所有案卷，形成案卷目录。

2. 立卷应遵循下列原则：

（1）立卷应遵循工程文件的自然形成规律和工程专业特点，保持

卷内文件的有机联系，便于档案的保管和利用。

（2）工程文件应按不同的形成、整理单位及建设程序，按工程准备阶段文件、监理资料、施工资料、竣工图、工程竣工文件分别进行立卷，并可根据数量多少组成一卷或多卷。

（3）一项建设工程由多个单位工程组成时，工程文件应按单位工程立卷。

（4）不同载体的文件应分别立卷。

3. 立卷应采用下列方法：

（1）工程准备阶段文件应按建设程序、形成单位等进行立卷。

（2）监理资料应按单位工程、分部工程或专业、阶段等进行立卷。

（3）施工资料应按单位工程、分部（分项）工程进行立卷。

（4）竣工图应按单位工程分专业进行立卷。

（5）工程竣工文件应按单位工程分专业进行立卷。

（6）电子文件立卷时，每个工程（项目）应建立多级文件夹，应与纸质文件在案卷设置上一致，并应建立相应的标识关系。

（7）声像资料应按建设工程各阶段立卷，重大事件及重要活动的声像资料应按专题立卷，声像档案与纸质档案应建立相应的标识关系。

4. 施工资料的立卷应符合下列要求：

（1）专业承（分）包施工的分部、子分部（分项）工程应分别单独立卷。

（2）室外工程应按室外建筑环境和室外安装工程单独立卷。

（3）当施工资料中部分内容不能按一个单位工程分类立卷时，可按建设工程立卷。

5. 不同幅面的工程图纸，应统一折叠成 A4 幅面（297mm×210mm）。应图面朝内，首先沿标题栏的短边方向以 W 形折叠，然后沿标题栏的长边方向以 W 形折叠，并使标题栏露在外面。

6. 案卷不宜过厚，文字材料卷厚度不宜超过 20mm，图纸卷厚度不宜超过 50mm。

7. 案卷内不应有重份文件，印刷成册的工程文件宜保持原状。

8. 建设工程电子文件的组织和排序可按纸质文件进行。

1.5.2 卷内文件排列

1. 卷内文件应按表 1-1 的类别和顺序排列。

表 1-1　建筑工程文件归档范围表

类别	归 档 文 件	保存单位				
		建设单位	设计单位	施工单位	监理单位	城建档案馆
工程准备阶段文件（A 类）						
A1	决策立项文件					
1	项目建议书及其批复文件	●				●
2	可行性研究报告及其批复文件	●				●
3	专家论证意见、项目评估文件	●				●
4	有关立项的会议纪要、领导批示	●				●
A2	建设用地文件					
1	选址申请及选址规划意见通知书	●				●
2	建设用地批准书	●				●
3	拆迁安置意见、协议、方案等	●				●
4	建设用地规划许可证及其附件	●				●
5	国有土地使用证	●				●
6	划拨建设用地文件	●				●
A3	勘察设计文件					
1	审定设计方案通知书及审查意见	●				●
2	审定设计方案通知书要求、征求有关部门的审查意见和要求、取得有关协议	●				●
3	初步设计图及设计说明	●				
4	消防设计审核意见	●		○	○	●
5	施工图设计文件审查通知书及审查报告	●		○	○	●
6	施工图及设计说明	●		○	○	
A4	招标投标及合同文件					
1	设计招标投标文件	●				

续表

类别	归档文件	保存单位				
		建设单位	设计单位	施工单位	监理单位	城建档案馆
2	设计合同 *	●				●
3	监理招标投标文件	●			●	
4	委托监理合同 *	●			●	
5	施工招标投标文件	●		●	○	
6	施工合同 *	●		●	○	●
A5	开工文件					
1	建设工程规划许可证及其附件	●				●
2	建设工程施工许可证及其附件	●		●	●	●
3	工程质量安全监督注册登记	●		○	○	●
4	工程开工前的原貌影像资料	●		●	●	●
5	施工现场移交单	○		○	○	
A6	商务文件					
1	工程投资估算材料	●				
2	工程设计概算材料	●				
3	工程施工图预算资料	●				
监理资料（B 类）						
B1	监理管理资料					
1	监理实施细则	●		○	●	●
2	监理会议纪要	●		○	●	
3	工作联系单	●		○	○	
4	监理工程师通知	●		○	○	○
5	监理工程师通知回复单 *	●		○	○	○
6	工程暂停令	●		○	○	●
7	工程复工报审表 *	●		●	●	●
B2	进度控制资料					
1	工程开工报审表 *	●		●	●	●

续表

类别	归档文件	保存单位				
		建设单位	设计单位	施工单位	监理单位	城建档案馆
2	施工进度计划报审表 *	●		○	○	
B3	质量控制资料					
1	质量事故报告及处理资料	●		●	●	●
2	旁站监理记录 *	○		○	●	
3	见证取样和送检人员备案表	●		●	●	
4	见证记录 *	●		●	●	
5	工程技术文件报审表 *			○		
B4	造价控制资料					
1	工程款支付	●		○	○	
2	工程款支付证书	●		○	○	
3	工程变更费用报审表	●		○	○	
4	费用索赔申请表	●		○	○	
5	费用索赔审批表	●		○	○	
B5	合同管理资料					
1	工程延期申请表	●		●	●	●
2	工程延期审批表	●			●	●
B6	竣工验收资料					
1	工程质量评估报告	●		●	●	●
2	监理资料移交书 *	●			●	

施工资料（C 类）

类别	归档文件	保存单位				
C1	施工管理资料					
1	工程概况表	●		●	●	○
2	施工现场质量管理检查记录 *			○	○	
3	企业资质证书及相关专业人员岗位证书	○		○	○	○
4	分包单位资质报审表	●		●	●	
5	建设单位质量事故勘察记录	●		●	●	●

续表

类别	归档文件	保存单位				
		建设单位	设计单位	施工单位	监理单位	城建档案馆
6	建设工程质量事故报告书	●		●	●	●
7	施工检测计划	○		○	○	
8	见证试验检测汇总表	●		●	●	●
9	施工日志			●		
C2	施工技术资料					
1	工程技术文件报审表	○		○	○	
2	施工组织设计及施工方案	○		○	○	○
3	危险性较大的分部分项工程施工方案	○		○	○	
4	技术交底记录	○		○		
5	图纸会审记录	●	●	●	●	●
6	设计变更通知单	●	●	●	●	●
7	工程洽商记录（技术核定单）	●	●	●	●	●
C3	施工进度及造价资料					
1	工程开工报审表	●	●	●	●	●
2	工程复工报审表	●	●	●	●	●
3	施工进度计划报审表			○	○	
4	施工进度计划			○	○	
5	人、机、料动态表			○	○	
6	工程延期申请表	●		●	●	●
7	工程款支付申请表	●		○	○	
8	工程变更费用报审表	●		○	○	
9	费用索赔申请表	●		○	○	
C4	施工物资资料					
	出厂质量证明文件及检测报告					
1	砂、石、砖、水泥、钢筋、隔热保温、防腐材料、轻骨料出厂证明文件	●		●	●	○

续表

类别	归档文件	保存单位				
		建设单位	设计单位	施工单位	监理单位	城建档案馆
2	其他物资出厂合格证、质量保证书、检测报告和报关单位或商检证等	○		●	○	
3	材料、设备的相关检验报告、型式检测报告、3C强制认证合格证书或3C标志	○		●	○	
4	主要设备、器具的安装使用说明书	●		●	●	
5	进口主要材料设备的商检证明文件	○		●		
6	涉及消防、安全、卫生、环保、节能的材料、设备的检测报告或法定机构出具的有效证明文件	●		●	●	○
	进场检验通用表格					
1	材料、构配件进场检验记录			○	○	
2	设备开箱检验记录			○	○	
3	设备及管道附件试验记录	●		●	○	
	进场复试报告					
1	钢材试验报告	●		●	●	●
2	水泥试验报告	●		●	●	●
3	砂试验报告	●		●	●	●
4	碎（卵）石试验报告	●		●	●	●
5	外加剂试验报告	○		●	●	●
6	防水涂料试验报告	●		●	○	
7	防水卷材试验报告	●		●	○	
8	砖（砌块）试验报告	●		●	●	●
9	装饰装修用门窗复试报告	●		●	○	
10	装饰装修用人造木板复试报告	●		●	○	
11	装饰装修用花岗石复试报告	●		●	○	
12	装饰装修用安全玻璃复试报告	●		●	○	
13	钢结构用钢材复试报告	●		●	●	●
14	钢结构用防火涂料复试报告	●		●	●	●

10

续表

类别	归档文件	保存单位				
		建设单位	设计单位	施工单位	监理单位	城建档案馆
15	钢结构用焊接材料复试报告	●		●	●	●
16	幕墙用铝塑板、石材、玻璃、结构胶复试报告	●		●	●	●
C5	施工记录					
1	隐蔽工程验收记录 *	●		●	●	●
2	施工检查记录			○		
3	交接检查记录			○		
4	楼层平面放线记录			○	○	○
5	楼层标高抄测记录			○	○	○
6	防水工程试水检查记录 *	●		○	●	●
7	钢结构施工记录	●		●		
8	幕墙注胶检查记录	●		●		
C6	施工试验记录及检测报告					
	通用表格					
1	接地电阻测试记录 *	●		●	○	○
2	绝缘电阻测试记录 *	●		●	○	○
	建筑与结构工程					
1	砌筑砂浆试块强度统计、评定记录	●		●		○
2	外墙饰面砖样板粘结强度试验报告	●		●	○	○
3	后置埋件拉拔试验报告	●		●	○	○
4	超声波探伤报告	●		●	○	○
5	钢构件射线探伤报告	●		●	○	○
6	磁粉探伤报告	●		●	○	○
7	高强度螺栓抗滑移系数检测报告	●		●	○	○
8	钢结构焊接工艺评定			○		○
9	幕墙双组分硅结构胶混匀性及拉断试验报告	●		●	○	○
10	幕墙的抗风压性能、空气渗透性能、雨水渗透性能及平面内变形性能检测报告	●		●	○	○

续表

类别	归档文件	保存单位				
		建设单位	设计单位	施工单位	监理单位	城建档案馆
11	外门窗的抗风压性能、空气渗透性能和雨水渗透性能检测报告	●		●	○	○
12	室内环境检测报告	●		●	○	○
	施工试验记录及检测报告					
	给水排水及供暖工程					
1	灌（满）水试验记录 *	●		○	○	
2	强度严密性试验记录 *	●		○	○	○
3	通水试验记录 *	●		○	○	
4	冲（吹）洗试验记录 *	●		●	○	
5	通球试验记录	●		○	○	
	建筑电气工程					
1	电气接地装置平面示意图表	●		●	○	○
2	电气器具通电安全检查记录	●		○	○	
3	建筑物照明通电试运行记录	●		●	○	○
4	大型照明灯具承载试验记录 *	●		●	○	
5	漏电开关模拟试验记录	●		●	○	
C7	施工质量验收记录					
1	检验批质量验收记录 *	●		○	○	
2	分项工程质量验收记录 *	●		●	●	
3	分部（子分部）工程质量验收记录 **	●		●	●	●
C8	竣工验收资料					
1	单位工程竣工预验收报验表 *	●		●		●
2	单位（子单位）工程质量竣工验收记录 **	●	○	●		●
3	单位（子单位）工程质量控制资料核查记录 **	●		●		●
4	单位（子单位）工程安全和功能检查资料核查及主要功能抽查记录 *	●		●		●
5	单位（子单位）工程观感质量检查记录 *	●		●		●

续表

类别	归档文件	保存单位				
		建设单位	设计单位	施工单位	监理单位	城建档案馆
6	施工资料移交书 *	●		●		
竣工图（D类）						
1	幕墙竣工图	●		●		●
2	室内装饰竣工图	●		●		●
3	建筑给水排水及供暖竣工图	●		●		●
4	建筑电气竣工图	●		●		●
工程竣工文件（E类）						
E1	竣工验收与备案文件					
1	设计单位工程质量检查报告	●	●	○	○	
2	工程竣工验收报告	●	●	●	●	●
3	规划、消防、环保、民防、防雷、档案等部门出具的验收文件或意见	●	●	●	●	●
4	房屋建筑工程质量保修书	●		●		
5	建设工程竣工验收备案表	●		●		●
6	城市建设档案移交书 *	●				
E2	竣工决算文件					
1	施工决算文件 *	●		●		○
E3	工程声像资料等					
1	工程竣工档案预验收意见	●		○	○	●
2	施工资料移交书 *	●		●		
3	监理资料移交书 *	●			●	
4	城市建设档案移交书	●				
E4	竣工总结文件					
1	工程竣工总结	●				●
2	竣工新貌影像资料	●		●		●

注：1. "●"表示必须归档保存，"○"表示选择性归档保存。

2. 表中注明"*"的，宜由施工单位和监理单位或建设单位共同形成；表中注明"**"的，宜由建设单位、设计单位、监理单位、施工单位等多方共同形成。

2.文字材料应当按照事项、专业的顺序进行排列。同一事项的请示与批复、同一文件的印本与定稿、主体与附件不应分离，且应按照批复在前、请示在后，印本在前、定稿在后，主体在前、附件在后的顺序排列。

3.图纸应按专业排列，同专业图纸应按图号顺序排列。

4.当案卷内既有文字材料又有图纸时，文字材料应排在前面，图纸应排在后面。

1.5.3 案卷编目

1.资料管理目录：

（1）类别及属性相同的施工资料，数量较多时宜建立资料管理目录。管理目录分为通用管理目录和专项管理目录。格式参见表1-2 ~ 表1-4。

表1-2 通用管理目录

资料管理通用清单（通用）				
工程名称		资料类别		
序号	内容摘要	编制单位	日期	资料编号	备注

（2）资料管理目录的填写要求。

1）工程名称：单位或子单位（单体）工程名称。

2）资料类别：资料项目名称，如技术交底记录、隐蔽工程验收记录等。

3）序号：按时间形成的先后顺序用阿拉伯数字从1开始依次编写。

4）内容摘要：用精练语言提示资料内容。

5）编制单位：资料形成单位名称。

6）日期：资料形成的时间。

7）资料编号：施工资料右上角资料编号中的顺序号。

8）备注：填写需要说明的其他问题。

表1-3 专项管理目录A

资料管理专项目录（质量证明文件）									
工程名称					资料类别				
序号	物资（材料）名称	厂名	品种规格型号	产品质量证明编号	进场数量（ ）	进场日期	使用部位	资料编号	页次	备注

表1-4 专项管理目录B

资料管理专项目录（材料复验报告）									
工程名称					资料类别				
序号	物资（材料）名称	厂名	品种规格型号	代表数量（ ）	产品合格证编号 试件编号	试验日期	试验结果	使用部位	资料编号	页次	备注

（3）资料管理专项目录的填写要求。

1）工程名称：单位或子单位（单体）工程名称。

2）资料类别：资料项目名称，如C4施工物资资料（水泥）等。

3）序号：按时间形成的先后顺序用阿拉伯数字从1开始依次编写。

4）物资（材料）名称：填写物资或材料的名称。

5）厂名：厂家的名称。

6）品种规格型号：填写物资或材料的品种和规格型号。

7）产品质量证明编号：填写物资或材料的质量证明编号。

8）产品合格证编号：填写物资或材料的产品合格证编号。

9）试件编号：填写物资或材料的复试试件编号。

10）进场数量：物资或材料进场的数量。

11）代表数量：复检报告的试件样品代表的数量。

12）进场日期：物资或材料进场的时间。

13）使用部位：物资或材料所使用的部位。

14）资料编号：资料右上角资料编号中的顺序号或复检报告编号。

15）试验日期：复检报告形成的时间。

16）试验结果：复检报告结果。

17）页次：资料所在页码位置范围。

18）备注：填写需要说明的其他问题。

2. 编制卷内文件页号应符合下列规定：

（1）卷内文件均应按有书写内容的页面编号。每卷单独编号，页号从 1 开始。

（2）页号编写位置：单面书写的文件在右下角；双面书写的文件，正面在右下角，背面在左下角。折叠后的图纸一律在右下角。

（3）成套图纸或印刷成册的文件材料，自成一卷的，原目录可代替卷内目录，不必重新编写页码。

（4）案卷封面、卷内目录、卷内备考表不编写页号。

3. 卷内目录的编制应符合图 1-3 的规定。

（1）样式：卷内目录排列在卷内文件首页之前，式样宜符合图 1-3 的要求。

（2）序号：应以一份文件为单位编写，用阿拉伯数字从 1 依次标注。

（3）文件编号：应填写文件形成单位的发文号或图纸的图号，或设备、项目代号。

（4）责任者：应填写文件的直接形成单位或个人。有多个责任者时，应选择两个主要责任者，其余用"等"代替。

（5）文件题名：应填写文件标题的全称。当文件无标题时，应根据内容拟写标题，拟写标题外应加"[ ]"符号。

（6）日期：应填写文件的形成日期或文件的起止日期，竣工图应填

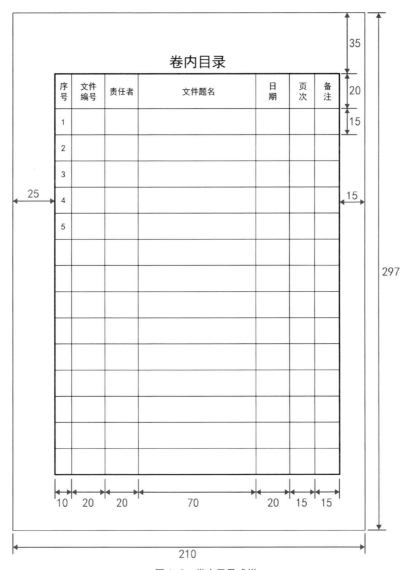

图1-3 卷内目录式样

注：尺寸单位统一为 mm。

写编制日期。日期中"年"应用四位数字表示，"月"和"日"应分别用两位数字表示。

（7）页次：应填写文件在卷内所排的起始页号，最后一份文件应填写起止页号。

（8）备注：应填写需要说明的问题。

4.卷内备考表的编制应符合图 1-4 的规定。

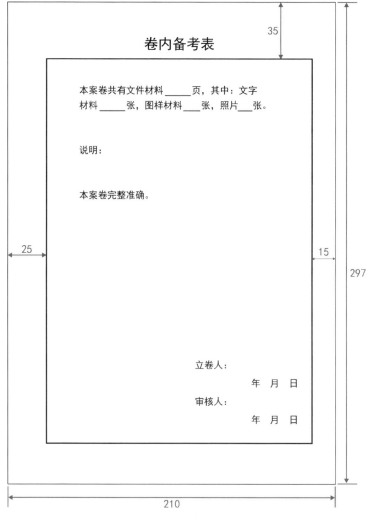

图 1-4　卷内备考表式样

注：尺寸单位统一为 mm。

（1）卷内备考表应排列在卷内文件的尾页之后，式样宜符合图1-4的要求。

（2）卷内备考表应标明卷内文件的总页数、各类文件页数或照片张数及立卷单位对案卷情况的说明。

（3）立卷单位的立卷人和审核人应在卷内备考表上签名；年、月、日应按立卷、审核时间填写。

5. 案卷封面的编制应符合图1-5的规定。

（1）案卷封面应印刷在卷盒、卷夹的正表面，也可采用内封面形式。案卷封面的式样宜符合图1-5的要求。

（2）案卷封面的内容应包括档号、案卷题名、编制单位、起止日期、密级、保管期限、本案卷所属工程的案卷总量、本案卷在该工程案卷总量中的排序。

（3）档号应由分类号、项目号和案卷号组成。档号由档案保管单位填写。

（4）案卷题名应简明、准确地揭示卷内文件的内容。

（5）编制单位应填写案卷内文件的形成单位或主要责任者。

（6）起止日期应填写案卷内全部文件形成的起止日期。

（7）保管期限应根据卷内文件的保存价值在永久保管、长期保管、短期保管三种保管期限中选择划定。当同一案卷内有不同保管期限的文件时，该案卷保管期限应从长。

（8）密级应在绝密、机密、秘密三个级别中选择划定。当同一案卷内有不同密级的文件时，应以高密级为本卷密级。

卷内目录、卷内备考表、案卷内封面宜采用70g以上白色书写纸制作，幅面应统一采用A4幅面。

6. 编写案卷题名，应符合下列规定：

（1）建筑工程案卷题名应包括工程名称（含单位工程名称）、分部工程或专业名称及卷内文件概要等内容；当建筑有地名管理机构批准的名称或正式名称时，应以正式名称为合同名称，建设单位名称可省略；必要时可增加工程地址内容。

（2）卷内文件概要应符合表1-1中所列类别内容（标题）的要求。

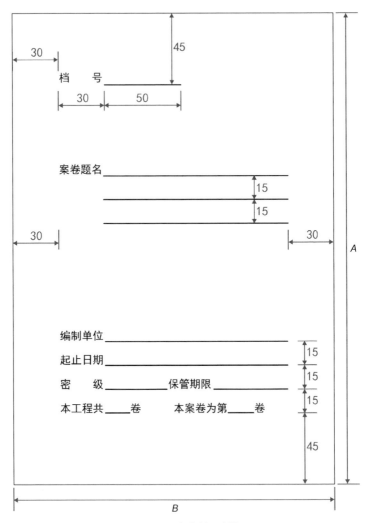

图1-5 案卷封面式样

注：1. 卷盒、卷夹封面：$A \times B = 310\text{mm} \times 220\text{mm}$。

2. 案卷封面：$A \times B = 297\text{mm} \times 210\text{mm}$。

3. 尺寸单位统一为 mm。

（3）外文资料的题名及主要内容应译成中文。

7. 案卷脊背应由档号、案卷题名构成，由档案保管单位填写；式样宜符合图 1-6 的规定。

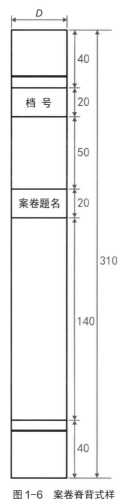

图1-6 案卷脊背式样

注：1. D=20mm、30mm、40mm、50mm。
  2. 尺寸单位统一为 mm。

8. 卷内目录、卷内备考表、案卷内封面宜采用 70g 以上白色书写纸制作，幅面应统一采用 A4 幅面。

1.5.4 案卷装订与装具

1. 案卷装订：案卷可采用装订与不装订两种形式。装订时不应破坏文件的内容，并应保持整齐、牢固，便于保管和利用。

（1）文字材料必须装订成册，图纸材料可散装存放。

（2）装订时要剔除金属物，装订线一侧根据案卷薄厚加垫草板纸。

（3）案卷用棉线在左侧三孔装订，棉线装订结打在背面。装订线距左侧20mm，上下两孔分别距中孔80mm。

（4）装订时，须将封面、目录、备考表、封底与案卷一起装订。图纸散装在卷盒内时，需将案卷封面、目录、备考表三件用棉线在左上角装订在一起。

2. 案卷装具：可采用卷盒、卷夹两种形式。案卷采用统一规格尺寸的装具。移交城建档案馆的工程档案应采用城建档案管理办公室监制的档案卷盒。其他单位保存的工程档案装具宜参照现行国家标准《建设工程文件归档规范》GB/T 50328 执行。

（1）卷盒的外表尺寸应为 310mm×220mm，厚度可为 20mm、30mm、40mm、50mm。

（2）卷夹的外表尺寸应为 310mm×220mm，厚度宜为 20～30mm。

（3）卷盒、卷夹应采用无酸纸制作。

1.5.5　案卷目录编制

1. 案卷应按"表 1-1 建筑工程文件归档范围表"的类别和顺序排列。

2. 案卷目录的编制应符合下列规定（案卷目录式样宜符合表 1-5 的要求）：

（1）编制单位应填写负责立卷的法人组织或主要责任者。

（2）编制日期应填写完成立卷工作的日期。

表 1-5　案卷目录式样

案卷号	案卷题名	卷内数量			编制单位	编制日期	保管期限	密级	备注
		文字（页）	图纸（张）	其他					

1.6 工程资料移交与归档

1. 工程资料移交应符合下列规定：

（1）施工单位应向建设单位移交施工资料。

（2）实行施工总承包的，各专业承包单位应向施工总承包单位移交施工资料。

（3）监理单位应向建设单位移交监理资料。

（4）工程资料移交时应及时办理相关移交手续，填写工程资料移交书、移交目录。

（5）移交工程档案，并办理相关手续。有条件时，向城建档案管理部门移交的工程档案应为原件。

2. 工程资料归档应符合下列规定：

（1）工程参建各方宜按《建筑工程资料管理规程》JGJ/T 185—2009 的内容将工程资料归档保存。

（2）归档保存的工程资料，其保存期限应符合下列规定：

1）工程资料归档保存期限应符合国家现行有关标准的规定；当无规定时，不宜少于 5 年；

2）建设单位工程资料归档保存期限应满足工程维护、修缮、改造、加固的需要；

3）施工单位工程资料归档保存期限应满足工程质量保修及质量追溯的需要。

工程参建各方应将各自的工程档案归档保存，提交城建档案管理部门的归档资料按表 1-1 的规定执行。

第2章 施工资料管理

2.1 施工资料分类及组卷

施工资料是施工单位在项目管理与施工过程中收集或形成的，由参建相关方提供的各种记录和资料，是查询工程实体质量可追溯的凭据。

对于装饰装修工程施工资料的分类，参照《建筑工程资料管理规程》JGJ/T 185—2009中施工资料分类原则，划分为施工管理资料（C1）、施工技术资料（C2）、施工进度及造价资料（C3）、施工物资资料（C4）、施工记录（C5）、施工试验记录及检测报告（C6）、施工质量验收记录（C7）、竣工验收资料（C8）8类。

以房屋建筑工程的建筑与结构工程施工资料分类为例，见图2-1。

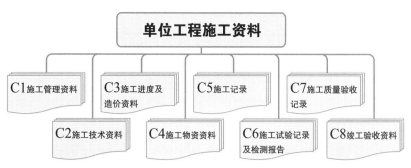

图2-1 单位工程施工资料分类

由总包单位负责施工或总包合约管理范围内的装饰装修工程施工资料，原则上不应单独分类整理。在项目检查合格后，原则上应与结构工程资料合并分类编制，统筹整理组卷。而由建设单位依法分包的精装修工程（不属于总包单位合约管理范围），为了便于专业分包单位质量责任追溯和质量验收，保证专业施工资料的完整性，由专业分包单位独立施工的分部、子分部、分项工程应单独进行整理组卷。

2.2 施工资料管理的特点

施工资料管理是一项贯穿工程建设全流程的管理工作，在此过程中，涉及多种关联关系，如上下级关系、协作关系、约束关系、供求关系等。这需要相关单位或部门通力合作与协同，并且其具有综合性、系统化和多元化的特征。施工资料管理应遵循以下原则：

1. 真实性原则

施工资料应真实反映工程的实际情况，不得弄虚做假或伪造，签字盖章完整齐全，严禁随意修改。

2. 同步性原则

施工资料的收集整理应与工程施工同步推进，紧跟工程进度，及时整理归档，确保资料的时效性。施工资料的报验、报审及验收需在规定时限内完成。

3. 规范性原则

施工资料所反映的内容要准确，符合国家现行有关工程建设相关规范、标准及行业、地方等规范的要求。

4. 有效性原则

施工资料应齐全、完整，涵盖工程建设的全过程和各个方面。施工资料内容应真实有效，具有法律效力，能够作为工程质量验收、结算等的依据。

5. 保密性原则

涉及商业秘密、个人隐私等敏感信息的施工资料应严格保密，防止泄露。

上述原则是保证施工资料质量和可用性的重要基础，有助于提高工程管理水平，保障工程质量，方便工程的维护和管理。

2.3 施工资料的分类与形成

依据《建筑工程资料管理规程》JGJ/T 185—2009，装饰装修工程施工资料按类别可划分为 C1、C2、C3、C4、C5、C6、C7、C8，单独组卷。

2.3.1　装饰装修工程施工资料组卷框架

装饰装修工程施工资料组卷框架见图2-2。

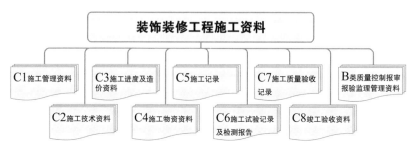

图2-2　装饰装修工程施工资料组卷框架图

2.3.2　装饰装修工程施工资料分类及组成内容

以装饰装修工程为例，见表2-1。

表2-1　装饰装修工程施工资料分类及组成内容

序号	施工资料分类	施工资料组成内容	技术管理要求
1	施工管理资料（C1）	1. 工程概况表	开工前填报装饰装修工程概况
		2. 建设工程质量事故调（勘）查笔录、建设工程质量事故报告书	发生质量事故时及时填报
		3. 施工现场质量管理检查记录	施工前填报，总监理工程师审核
		4. 企业资质证书及相关专业人员岗位证书	审查施工单位是否在其资质允许的范围内承揽工程，岗位证书的有效性
		5. 见证记录	按照本工程合同约定或审核通过的施工技术文件要求执行
		6. 施工日志	由施工单位相关施工负责人编制
2	施工技术资料（C2）	1. 施工组织设计（或施工方案）	施工前编制完成，经企业技术负责人审核签字后，报监理审核通过后实施
		2. 技术交底	正式施工前编制并交底完成

续表

序号	施工资料分类	施工资料组成内容	技术管理要求
2	施工技术资料（C2）	3. 图纸会审记录	施工前有关各方完成会审并签认齐全，作为正式设计文件下发
		4. 设计变更（或洽商记录）	及时办理，分包洽商应通过总包审查后办理，各方签认通过后参照执行
3	施工进度及造价资料（C3）	1. 工程开工报审表	承包单位根据现场实际情况达到开工条件时，向项目监理部申报"工程开工报审表"
		2. 工程复工报审表	承包单位在总监理工程师批准复工后，继续施工
		3. 施工进度计划报审表	施工单位按照约定向监理单位报送进度计划。监理单位审核施工单位进度计划的合理性，审核完成后标注意见并签认
		4. 人、机、料动态表	该表应按月（或按约定时间）如实汇总填写，报项目监理部和本施工企业
		5. 工程延期申请表	工程延期事件终止后，承包单位在合同约定的期限内，向项目监理部提交"工程延期申请表"
		6. 工程款支付申请表	承包单位按照施工合同中的付款约定，向监理单位提出付款申请时，按工程款支付的要求填写此表
		7. 工程变更费用报审表	工程变更的工程完成并经项目监理部验收合格后，应按正常的计量和支付程序办理变更工程费用的支付
		8. 费用索赔申请表	施工单位在填写该表时，应根据施工合同相应条款的规定，说明造成费用索赔的详细理由及经过，以及索赔的金额
4	施工物资资料（C4）	出厂质量证明文件及检测报告	1. 产品合格证、检验报告应由物资供应单位（或产品生产单位）提供
		1. 水泥、砂、石、外加剂、保温、防腐材料及配套产品合格证、检验报告、进场检验记录、复验报告	2. 材料进场的同时，该批产品相关配套证明文件需同时进场 3. 进场检验记录应由施工单位填报

续表

序号	施工资料分类	施工资料组成内容	技术管理要求
4	施工物资资料（C4）	2. 型钢、管材产品合格证、检验报告、进场检验记录、复验报告	1. 产品合格证、检验报告应由物资供应单位（或产品生产单位）提供 2. 材料进场的同时，该批产品相关配套证明文件需同时进场 3. 进场检验记录应由施工单位填报
		3. 建筑门、窗及配套材料、轻质板材、轻质龙骨及配套材料、饰面板（砖）及配套材料、饰面板（砖）及配套材料、木质品及配套材料、涂料、油漆及配套材料、壁纸、墙布及配套材料产品合格证、检验报告、进场检验记录	
		4. 材料、设备的相关检验报告、型式检测报告、3C 强制认证合格证书或 3C 标志	
		5. 主要设备、器具的安装使用说明书	
		6. 进口的主要材料设备的商检证明材料	
		7. 涉及消防、安全、卫生、环保、节能的材料、设备的检测报告或法定机构出具的有效证明文件	
		进场检验通用表格	
		1. 材料、构配件进场检验记录	
		2. 设备开箱检验记录	
		3. 设备及管道附件试验记录	
		进场复试报告	
		1. 钢材试验报告	
		2. 水泥试验报告	
		3. 砂试验报告	
		4. 碎（卵）石试验报告	
		5. 外加剂试验报告	
		6. 防水涂料试验报告	
		7. 防水卷材试验报告	
		8. 砖（砌块）试验报告	

续表

序号	施工资料分类	施工资料组成内容	技术管理要求
4	施工物资资料（C4）	9. 装饰装修用门窗复试报告	1. 产品合格证、检验报告应由物资供应单位（或产品生产单位）提供 2. 材料进场的同时，该批产品相关配套证明文件需同时进场 3. 进场检验记录应由施工单位填报
		10. 装饰装修用人造木板复试报告	
		11. 装饰装修用花岗石复试报告	
		12. 装饰装修用安全玻璃复试报告	
		13. 钢结构用钢材复试报告	
		14. 钢结构用防火涂料复试报告	
		15. 钢结构用焊接材料复试报告	
		16. 幕墙用铝塑板、石材、玻璃、结构胶复试报告	
5	施工记录（C5）	1. 隐蔽工程检查记录	包括： 1. 墙体保温板安装、过顶石 2. 抹灰加强构造 3. 地面（垫层、找平层、填充层） 4. 门窗（木门、门窗、特种门窗） 5. 吊顶（预埋件、吊杆/龙骨、填充料） 6. 轻质隔墙（预埋件、龙骨、填充料） 7. 饰面板（预埋/后置件、连接节点） 8. 细部工程（预埋/后置件）
		2. 地面防水工程试水检查记录	属于重要的功能检验资料，防水层、面层完工后均应进行试水检查，通常采用蓄水检查
		3. 交接检查记录	主体结构完工移交给装修施工单位，装饰装修完工移交给后续施工单位，以及其他各工序间移交均应交接检查
		4. 楼层平面放线记录	基础垫层防水保护层完成后应测量建筑物基础标高，对墙柱轴线及边线、集水坑和电梯井坑边线进行测量放线并填写楼层平面放线及标高实测记录
		5. 楼层标高抄测记录	标高抄测依据为楼层平面放线及标高实测完成后的楼层引测点

续表

序号	施工资料分类	施工资料组成内容	技术管理要求
6	施工试验记录及检测报告（C6）	1. 土工击实试验报告	无地下室室内（地面）回填
		2. 回填土料干密度试验报告	无地下室室内（地面）回填
		3. 砂浆配合比申请单、通知单	建筑地面工程及设计有要求的部位
		4. 砂浆抗压强度试验报告	建筑地面工程及设计有要求的部位
		5. 混凝土配合比申请单、通知单	建筑地面工程及设计有要求的部位
		6. 混凝土抗压强度试验报告	建筑地面工程及设计有要求的部位
		7. 后置埋件拉拔强度检验报告	通常指饰面板工程用后置埋件
		8. 饰面砖粘结强度检验报告	通常指建筑外墙用饰面砖
		9. 节能保温性能检验报告	节能保温要求的居住及公共建筑，由建设单位委托有资质的检测单位检测
		10. 室内环境检验报告	新建、改扩建的民用建筑工程，由建设单位委托有资质的检测单位检测
7	施工质量验收记录（C7）	1. 检验批质量验收记录	执行国家现行施工质量验收标准
		2. 分项工程质量验收记录	
		3. 子分部工程质量验收记录	
		4. 分部工程质量验收记录	
8	竣工验收资料（C8）	1. 单位工程竣工预验收报验表	施工单位在单位工程完工，经自检合格并达到竣工验收条件后，填写"单位工程竣工预验收报验表"
		2. 单位工程质量竣工验收记录	预验收合格后，施工单位填写"单位工程质量竣工验收记录"，向建设单位提交工程竣工报告
		3. 单位工程质量控制资料核查记录	本表其他各栏内容先由施工单位进行自查和填写，然后提交给监理单位验收

续表

序号	施工资料分类	施工资料组成内容	技术管理要求
8	竣工验收资料（C8）	4. 单位工程安全和功能检验资料核查及主要功能抽查记录	本表由施工单位按所列内容检查并在"份数"栏填写实际数量后，提交给监理单位
		5. 单位工程观感质量检查记录	本表由总监理工程师组织验收组成员，按照表中所列内容，共同进行实际检查，协商得出质量评价、综合评价和验收结论意见
		6. 施工资料移交书	施工单位按有关规定，将施工资料立卷后，与建设单位办理移交手续，并附上工程资料移交目录

2.3.3 装饰装修工程施工资料标准流程（图2-3）

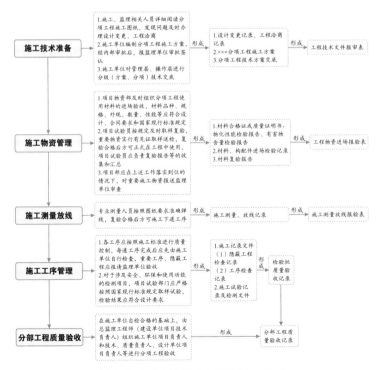

图2-3 装饰装修工程施工资料标准流程

2.3.4 C1 施工管理资料

C1 施工管理资料是施工过程中产生的，用于反映施工组织和监督等情况的文件的统称。其主要内容包括：工程概况表、施工现场质量管理检查记录、企业资质证书及相关专业人员岗位证书、分包单位资质报审表、建设单位质量事故勘查记录、建设工程质量事故报告书、施工检测计划、见证记录、见证试验检测汇总表、施工日志等（图 2-4）。部分表格的填写说明可参见"表 C.1.1 工程概况表"和"表 C.1.2 施工现场质量管理检查记录"。

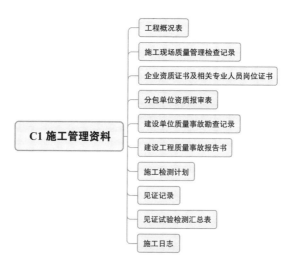

图 2-4 施工管理资料包含的内容

1. 工程概况表

（1）工程概况表在开工时，向监理单位报送工程开工报告时应一并填写。

（2）工程概况表由施工单位填写，它是对工程基本信息的简要概括，涵盖单位工程的工程名称、一般情况、构造特征、机电系统名称等内容。其中一般情况涉及建设单位、建设用途、设计单位、建设地点、勘察单位、建筑面积、监理单位、工期、施工单位、计划开 / 竣工日期、结构类型、基础类型、层数、建筑檐高、面积、人防等级、抗震等级等。构造特征则包括地基与基础、柱、内外墙、梁、板、楼盖、外墙装饰、内墙装饰、楼地面装饰、屋面构造和防火设备等。机电系统名称是指工程中涉及的各个机电系统的名称，以及其他需要特别说明的内容。这些信息对于了解工程的整体情况非常重要。

2. 施工现场质量管理检查记录

（1）施工现场质量管理检查记录应在进场后、开工前填写。

（2）施工单位项目经理部应按规定填写"施工现场质量管理检查记录"，报项目总监理工程师检查，并作出检查结论。

（3）通常每个单位工程只填写一次，但当项目管理有重大变化调整时，应重新检查填写。

3. 企业资质证书及相关专业人员岗位证书

承包单位填写"分包单位资质报审表"，项目监理核查分包单位和试验室的营业执照、企业资质等级证书、专业许可证、岗位证书、业绩证明等文件。

4. 见证记录

（1）基本信息填写完整。

（2）见证取样说明：应具备检测项目、规格型号、实际进场数量、取样批次（组数）、工程部位等信息，缺项不予委托。

（3）见证员、取样员盖章，见证单位加盖项目部章。

（4）如对检测项目有特殊要求，需在见证说明中写清详情。

（5）见证记录与委托内容不相符时，不予委托试验。

5. 施工日志

施工日志是施工过程中的重要记录，它可以详细记录每天的施工活动、工作进展、遇到的问题以及解决方案等。施工日志对于工程的质量控制、进度管理和问题追溯都非常有帮助。从工程开工之日至工程竣工之日，施工单位应按不同专业指定专业负责人，逐日记载，并保证内容真实、连续和完整。施工日志应该包括以下内容：

（1）日期：记录施工的具体日期。

（2）天气情况：描述当天的天气状况，如晴、雨、风等。

（3）施工内容：详细记录当天施工工作，包括各个工序和任务的完成情况。

（4）人员安排：记录现场施工人员的姓名、工种和工作任务。

（5）材料设备使用：记录使用的材料、设备的名称、数量和状态。

（6）质量检查：记录质量检查的结果，包括自检、互检和专检等。

（7）安全情况：记录施工现场的安全状况，如发现的安全隐患及整改措施。

（8）问题及解决方案：记录施工中遇到的问题、困难以及采取的解决方法。

（9）其他事项：如会议记录、重要通知、来访人员等。

通过认真填写施工日志，可以更好地掌握工程进度，及时发现和解决问题，保证施工质量和安全。

2.3.5 C2 施工技术资料

C2 施工技术资料是指在施工过程中，用以指导正确、规范、科学施工的技术文件，以及反映工程变更情况的各种文件的总称。其应与施工进度同步，报验、报审亦应有时限要求。对于施工技术资料，相关各方应在事前就具体报验时间达成约定。主要内容涵盖：工程技术文件报审表、施工组织设计及施工方案、危险性较大的分部分项工程施工方案、技术交底记录、图纸会审记录、设计变更通知单、工程洽商记录（技术核定单）等（图 2-5）。施工组织设计、施工方案原则上应于施工前进行技术文件报审，经监理审核通过后方可施行，随后进行施工组织设计交底、施工方案交底和分项工程施工技术交底。施工技术资料管理流程详见图 2-6。

1. 图纸审查、图纸会审管理

（1）施工单位领取工程施工图纸后，应由项目技术负责人组织技术、生产、预算、质量、测量及分包单位有关人员对图纸进行审查。

（2）监理单位、施工单位将各自提出的图纸问题及意见，按专业整理、汇总后报建设单位。

（3）建设单位组织设计单位、监理单位和施工单位技术负责人及

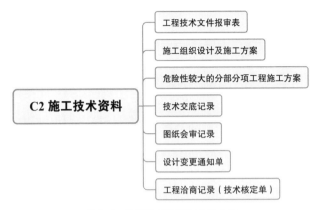

图 2-5 施工技术资料包含的内容

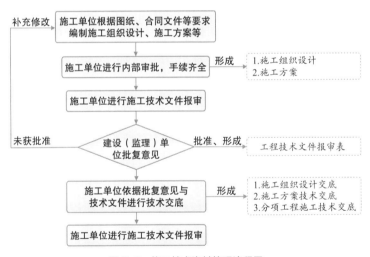

图 2-6 施工技术资料管理流程图

有关专业人员参加，由设计单位对图纸存在问题进行设计交底，施工单位技术人员负责将设计交底内容按装饰装修专业汇总、整理，形成图纸会审记录。

（4）图纸会审记录应由建设单位、设计单位、监理单位和施工单位的项目相关负责人签认，形成正式图纸会审记录。图纸会审记录属于正式设计文件，四方签字后方可生效，不得擅自在图纸会审记录上涂改或变更其内容。

（5）图纸会审工作应在正式施工前完成，应重点审查施工图有效性、对施工条件的适应性以及各专业之间、全图与详图之间的协调一致性等。

2.施工组织设计（施工方案）管理

（1）规模大、工艺复杂的装饰装修工程应编制装饰装修工程施工组织设计。

（2）总包单位、装饰装修工程专业施工单位应各自负责其合同范围内施工组织设计（施工方案）的编制、整理。总包单位应负责对分包单位施工组织设计（施工方案）编制工作进行监督审查。

（3）施工单位根据设计文件，统筹考虑施工工期、质量目标、施工成本等，确定装饰装修施工工艺等，编制装饰装修分项工程施工方案，经过施工单位和监理单位审查批准后实施。

（4）装饰装修工程施工组织设计（施工方案）执行分级审查制度。属于总包合同范围内的专业分包，以及由发包方指定但合同与总包单位签订的专业分包所编制的施工方案，必须经过专业分包单位内部审核后，上报总包单位。由总包单位的总（主任）工程师仔细审查，并负责审核签字。而与发包方直接签订合同的分包单位编制的施工组织设计（施工方案），总包单位可以参与提出审核意见，但无须审核签字。经过施工单位审核通过的施工组织设计（施工方案），应按照程序报送监理单位审核，填写"工程技术文件报审表"，审核通过后方可参照执行。任何未经审查或审查不合格的装饰装修工程施工组织设计（施工方案）均不得用于施工。

（5）由于施工条件的变化，若在实施过程中出现较大的施工措施和工艺变更，需要对原施工方案进行变更时，应办理变更审核手续。变更后的施工方案应作为原方案的补充部分予以实施并归档。

3.技术交底管理

（1）总包单位、装饰装修工程专业施工单位应各自负责其合同范围内的各项技术交底的编制、整理。总包单位负责对分包单位技术交底工作进行监督审查。

（2）技术交底必须在该交底对应的项目施工前，进行管理层的方案技术交底及操作层的分项工程技术交底，并应留出足够的准备时间，技术交底不得后补。

（3）施工组织设计交底应由项目技术负责人组织有关人员编制，对专业技术人员、生产经理、质检人员、分承包有关人员进行交底。

（4）专项施工方案交底应由项目专业技术人员负责编制，对现场管理人员（如专业工长）进行交底。

（5）分项工程技术交底应由现场管理人员（如专业工长）对专业施工班组（或专业分包）操作人员进行交底。

（6）"四新"技术交底应由项目负责人组织有关专业人员共同编制，对现场相关管理人员进行统一交底。

4. 工程洽商、设计变更管理

（1）工程洽商一般由施工单位提出，由项目技术人员负责办理，（水电、设备安装等）专业洽商则应由专业工程师负责办理；设计变更通知单应由设计单位下发；总包合同管理范围内专业分包工程的工程洽商，需经总包单位审查后办理，除非合同另有约定。

（2）当涉及施工所用材料品种、级别或规格的变更；建筑使用功能的调整；承重结构荷载的增加；消防、抗震、节能等不符合国家现行标准的规定；施工措施的调整等情况时，应在正式施工前办理工程洽商或设计变更，并取得设计单位、建设单位、监理单位、施工单位的共同认可和签认后，方可正式施工。

（3）项目技术部门应及时将其下发给项目相关部门和分承包方。如果设计变更对现场或备料已经造成影响，应及时请发包方、监理人员确认，以便为未来的工程结（决）算、质量责任追溯、工程维修等提供依据。技术部门应协助商务部门做好变更工程量的计算工作。

2.3.6　C3 施工进度及造价资料

C3 施工进度及造价资料是指在施工过程中产生的，与工程进度和造价有关的文件。其主要内容包括：工程开工报审表，工程复工报审表，施工进度计划报审表，施工进度计划，人、机、料动态表，工程延期申请表，工程款支付申请表，工程变更费用报审表，费用索赔申请表等（图 2-7）。

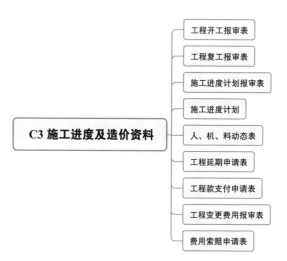

图 2-7　施工进度及造价资料包含的内容

1. 工程开工报审表

施工单位在现场实际情况达到开工条件时，应向项目监理部申报"工程开工报审表"。总监理工程师应指定专业监理工程师对施工单位的准备情况进行检查，总监理工程师确认现场具备开工条件时签署同意开工时间，并报建设单位。否则应简要指出不符合开工条件之处。建设单位收到本文件后，根据实际审核情况出具意见并签认。

2. 工程复工报审表

（1）工程暂停如果是由建设单位或其他非承包单位的原因导致，总监理工程师应在暂停原因消失且具备复工条件时，要求承包单位及时填写"工程复工报审表"并进行签批，指示承包单位继续施工。

（2）若因承包单位原因引起工程暂停，在具备复工条件时，承包单位应填写"工程复工报审表"，并附上书面材料一同提交给项目监理部审核，由总监理工程师签署审核意见。

（3）承包单位在获得总监理工程师对"工程复工报审表"的批准后，

方可继续施工。

3. 施工进度计划报审表

（1）由施工单位填写，详细说明施工过程中各个阶段的工作内容、时间安排、资源分配等信息。在报审表中，施工单位需提供诸如工程项目名称，目标完成日期，关键节点的时间安排，所需人力、材料和设备的计划等详细信息。

（2）监理单位或发包方会对这些信息进行审核，以确保施工进度计划符合合同要求、项目目标和相关法规标准。通过施工进度计划报审表的审核过程，各方可以就施工进度达成共识，并确保施工过程按照预定计划进行。

（3）施工进度计划报审表有助于协调各方面的工作，保证项目按时完成，同时也为工程的监督和管理提供了重要依据。

4. 人、机、料动态表

（1）根据施工进度，承包单位需要汇总本月的人员、机械和材料投入情况，并制定下月的资源投入计划。此表应按月（或按约定时间）如实填写，并报送项目监理部和本施工企业。

（2）人、机、料动态表的主要作用是实时监控和管理项目资源的分配与使用，以确保资源的合理配置和高效利用。通过填写和更新该表，能够及时掌握项目现场的人员出勤状况、机械设备运行状态以及材料供应情况，从而便于进行相应的调整和决策。

5. 工程延期申请表

（1）工程延期申请表是施工单位在工程施工过程中，由于某些原因导致无法按照原合同约定的时间完成工程时，向发包方或监理单位提交的工程临时延期报审表，等待影响因素排除或者消失后，施工单位应对整个事件周期对工期的影响进行整体评估，在合同约定的时间内，再将所有提供的细节材料和详细记录汇集、整理齐全，填写工程最终延期报审表。申请表通常包含工程基本信息、延期原因、延期时间以及承包单位为了减少延期影响所采取的措施等内容。

（2）工程延期的原因可能有很多，比如不可抗力因素、设计变更、发包方需求变更、施工条件变化等。施工单位需要在申请表中详细说明延期原因，并提供相关的证明材料。

（3）工程延期可能会对工程进度、质量和成本等方面产生影响，因此发包方或监理单位在审核工程延期申请时会进行严格的审核。如果申请获得批准，施工单位需要根据新的工期安排调整施工计划，并采取措施确保工程按时完成。

6. 工程款支付申请表

（1）工程款支付申请表是施工单位向发包方或监理单位提交的用于申请支付已完成工程部分的款项的申请表。通常包括工程名称、合同编号、申请支付的金额、已完成的工作量、工程进度等。此外，申请表可能还需要附上相关的支持文件。

（2）工程款支付申请表的作用是规范工程款的支付流程，保障施工单位的权益，同时也有助于发包方或监理单位对工程进度和资金使用情况进行监控。通过定期提交申请表，施工单位可以确保及时获得工程款项，维持工程的正常进行；发包方或监理单位则可以根据申请表的内容，核实工程的实际进展，并确保资金的合理支出。

7. 工程变更费用报审表

承包单位只有收到项目监理部签署的"工程变更单"后，方可实施工程变更。有关各方应及时将工程变更的内容反映到施工图纸上。实施工程变更发生增加或减少的费用，由承包单位填写"工程变更费用报审表"，报项目监理部，项目监理部进行审核并与承包单位和建设单位协商后，由总监理工程师签认、建设单位批准。

8. 费用索赔申请表

施工单位在填写该表时，应根据施工合同相应条款的规定，说明造成费用索赔的详细理由及经过，以及索赔的金额。总监理工程师审查后，经与建设单位和施工单位协商，确定批准的赔付金额，并签发"费用索赔申请表"。

2.3.7 C4 施工物资资料

C4 施工物资资料是对工程施工中所使用物资的质量和性能是否符合设计及使用要求的各类质量证明文件和相关配套文件的统称。其主要包含出厂质量证明文件，检测报告，材料、构配件进场检验记录、设备开箱检验记录，设备及管道附件试验记录，材料试验报告（通用）、物资进场复试报告等（图2-8）。

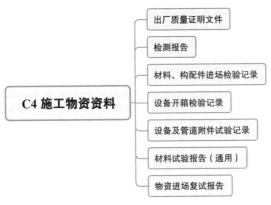

图2-8　施工物资资料包含的内容

　　施工材料应在报验合格后才能使用。施工材料进场后，应首先由施工单位项目部的技术、质量和材料部门共同进行验收，检查相关质量证明文件，全部符合要求后再向监理单位报验。经监理单位审查资料并对材料抽检合格后才能使用；按规定需要进行现场取样复试的材料，应先进行试验，合格后才能使用；需要进行见证复试的材料，应在监理工程师在场的情况下按规定取样送检。施工物资资料管理流程详见图2-9。

　　装饰装修工程所使用的主要原材料、半成品、成品、构配件等，必须有供应部门和厂方提供的出厂质量证明文件。物资进场后，由项目物资部组织进行进场验收，并填写"材料进场检验记录"。对于涉及安全和功能的相关产品，应按照国家现行标准的规定进行复验或有见证取样送检。合格后，填写"工程物资进场报验表"（附上出厂质量证明、材料外观检验记录、检验报告、复验报告、备案证书、使用说明等），向监理单位进行材料报验。只有报验通过后，这些材料才能正式使用。

　　1.进场验收管理：对到场的装饰装修工程主要材料，如水泥、钢材、

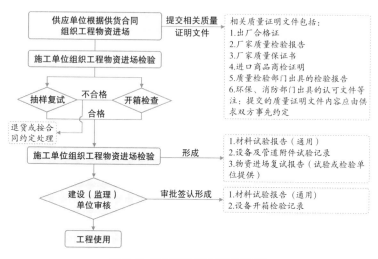

图 2-9　施工物资资料管理流程图

门窗、饰面板（砖）、涂料、轻质板材、木质品等主要材料，应由项目物资部及时组织进场材料验收，材料品种、规格、外观、数量、性能等应符合设计和合同要求，并有完整的出厂质量证明文件（包括中文版的合格证或质量证明书、相关性能检测报告、质量保证书等），合格后填报"材料、构配件进场检验记录"。对外观质量不符合标准规定的，应上报项目技术负责人采取相应处理措施。严禁使用国家明令淘汰的材料。

　　2. 资料标识管理：项目材料人员应在质量证明文件上注明材料的进场日期、进场数量、使用部位，确保与实际进场物资相符。

　　3. 复验管理：按规范、标准规定有复验要求的物资（水泥、建筑外门窗、室内用瓷砖、室内用石材、室内用人造板等），应在进场验收（外观、数量、规格、性能、质量证明文件等）合格的基础上，由项目试验员[按照项目制定的试验方案（计划），考虑材料的试验周期影响]及时取样送检并反馈复验报告，复验合格，并经监理工程师或建设单位技术负责人认可后，方可正式在工程中使用。复验结果不合格的，应及时上报项目技术负责人或双倍取样复验（规范允许双倍取样复验的物资）。需要复验的装饰装修材料的种类及项目应符合现行国家标准《建筑装饰装修工程质量验收标准》GB 50210 和有关规定。同一厂家生产的同一品种、同一类型的进场材料应至少抽取一组样品进行复验，当合同另有约定时应按合同执行。

4. 见证检验管理：当国家规定或合同约定应对材料进行见证检测时，或对材料质量发生争议时，应进行有见证取样送检，形成有见证试验报告和见证记录。项目试验员应对有见证试验报告和见证记录的收集及汇总负责。

5. 复印件管理：质量证明文件的复印件应与原件内容一致，加盖原件存放单位公章，注明原件存放处，并有经办人签字和时间。

6. 新材料、新产品管理：凡使用的新材料、新产品，应通过具备鉴定资格的单位或部门的技术鉴定或评估，同时具有产品质量标准和试验要求，使用前应按其质量标准和试验要求进行试（检）验。新材料、新产品还应提供安装、维修、使用和工艺标准等相关技术文件。

7. 进口材料管理：进口材料应按规定进行商品检验，具有商检证明文件、中文版的质量证明文件、性能检测报告以及中文版的安装、维修、使用、试验要求等技术文件。

8. 变更管理：涉及结构安全和使用功能的材料需要代换且改变设计要求时，应有设计单位、监理（建设）单位、施工单位共同签署的认可文件（设计变更通知单、工程洽商记录等）。

9. 建设单位采购物资管理：由建设单位采购的装饰装修材料，建设单位应保证建筑材料符合设计文件和合同要求，并保证相关物资文件的完整、真实和有效。

10. 装饰装修工程所使用材料的防火、阻燃、防腐、隔声、保温等性能应符合国家现行标准的规定。

11. 现行国家标准《建筑装饰装修工程质量验收标准》GB 50210 强制条文规定，建筑装饰装修工程所用材料应符合国家有关建筑装饰装修有害物限量标准规定。严格查验进场材料的有害物含量检测报告，民用建筑室内装饰装修工程采用的花岗岩石材、人造木板、饰面人造木板等应严格按照现行国家标准《民用建筑工程室内环境污染控制标准》GB 50325 的规定进行材料抽样复验。

2.3.8　C5 施工记录

C5 施工记录是施工单位在施工过程中形成的，为保证工程质量和安全的各种内部检查记录的统称。主要内容有：隐蔽工程验收记录、施工检查记录、交接检查记录、楼层平面放线记录、楼层标高抄测记录、防水工程试水检查记录、钢结构施工记录、幕墙注胶检查记录等（图 2-10）。

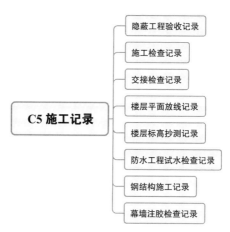

图 2-10　施工记录包含的内容

1. 各工序应按照施工技术标准进行质量控制，每道工序完成后应先由施工单位自行检查，重要工序、重要部位应报请监理单位检查验收，形成"隐蔽工程验收记录""××××施工记录""××××检查记录"等资料。

2. 对于规范要求需要隐检的装饰装修项目，应由项目经理部的专业工长按照分层或施工流水段的方式，组织总包单位和分包单位进行自检。在施工单位自检合格的基础上，填写"隐蔽工程验收记录"，由总包单位和分包单位的相关责任人在隐检记录上签名确认，然后报请监理单位进行验收并签名确认。装饰装修隐蔽工程的检查项目应根据不同的施工部位（如墙面抹灰、门窗、吊顶、轻质隔墙、饰面板等）

和施工工序（如基层处理、埋件安装、龙骨安装、填充材料铺设等）进行划分。

3.有防水要求的建筑地面工程的基层(如防水隔离层)和面层,立管、套管、地漏处严禁渗漏,坡向正确、排水通畅,无积水,按有关规定做泼水、蓄水检查并做好记录。防水工程试水检查记录应由项目专业工长填报,项目专业质检员和专业工长应组织对防水工程的试水效果的检查,合格后报请监理单位验收,通过验收后方可进行下道工序的施工。

4.建筑通风道（烟道）应全数做通（抽）风和漏风、串风检查,并做检查记录。

5.相关各专业之间进行工序交接或工程移交,为划清各自责任和义务,应进行交接检查,并经监理工程师或建设单位技术负责人检查认可,形成"工序交接检查记录"或"工程交接检查记录"。

6.施工测量管理

（1）装饰装修工程施工应按照国家相关规范、标准规定和施工技术文件要求,由专业测量人员进行施工定位、放线及标高抄测等,形成相应的定位、放线或抄测记录。

（2）装饰装修工程施工前,应对测量控制点和其他测量成果进行检查和校测。

（3）装饰装修施工过程中,对建筑地面工程的标高、定位分格、平整度进行控制;对吊顶工程的标高进行控制;对饰面板（砖）工程的水平、竖向分格、墙面垂直度、平整度等进行控制。

（4）施工单位应在工程整体完工后,由总包单位或外装修施工分包单位的专业测量人员,对建筑物垂直度（全高）、标高（全高）进行实测并记录,填写"建筑物垂直度、标高测量记录"报请监理单位审核。

（5）对于需进行沉降观测的工程,在装饰装修阶段仍应按照规范规定及技术文件要求进行建筑物的沉降观测,测量单位应向委托方提交沉降观测计算及成果表、沉降观测技术报告、每个观测点均应根据沉降观测成果绘制曲线图等资料。

2.3.9　C6 施工试验记录及检测报告

C6 施工试验记录及检测报告是指按照设计及国家标准的要求，在施工过程中所进行的各种检测及测试资料的统称。例如：表 C.6.3 电气接地电阻测试记录，表 C.6.4 电气绝缘电阻测试记录，表 C.6.5 砌筑砂浆试块强度统计、评定记录，表 C.6.14 大型照明灯具承载试验记录等（图 2-11）。

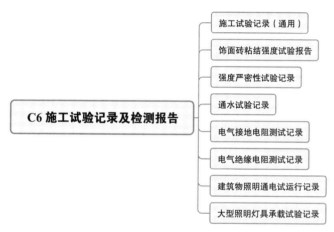

图 2-11　施工试验记录及检测报告包含的内容

施工试（检）验：

装饰装修工程施工前，项目总包单位和专业分包单位的技术、质量部门应共同编制装饰装修工程试（检）验计划（方案），经审核批准后下发到有关部门和人员，并监督落实。对于涉及安全和使用功能的检测项目，应严格按照国家现行标准规定进行取样试验，确保检验结果符合设计要求，形成施工试验（检测）报告。项目试验员应及时领取相关试验报告，在领取时认真查验报告内容。如发现与委托内容不符或存在其他笔误，应根据检测单位的相应规定，视不同情况进行解决。

（1）在回填施工过程中，项目试验员应根据施工方案和施工技术交底的要求，及时对回填料进行取样和试验委托，测量实际压实系数和实际干密度（夯填度）。

（2）在混凝土（砂浆）浇筑（铺设）施工过程中，项目试验员应负责混凝土（砂浆）配合比的申请（委托）、混凝土（砂浆）试块的取样和试验委托。达到试（检）验周期后，项目试验员可凭试验委托合同单到检测单位领取混凝土（砂浆）配合比通知单和抗压强度试验报告。

（3）地面工程基层、面层材料配合比的申请（委托）、性能检测的取样和送检工作应由项目试验员负责。在达到规定的试验周期后，项目试验员可凭试验委托合同单到检测单位领取基层、面层材料配合比通知单和抗压强度试验报告。

（4）项目试验员应根据标准、规范以及施工技术文件的要求，对外墙饰面砖进行粘结强度试验取样，可按照约定执行有见证取样及送检规定。

（5）项目试验员应根据标准、规范以及施工技术文件的要求，对饰面板工程、细部构造工程使用的后置埋件进行拉拔强度试验取样，可执行有见证取样及送检规定。

（6）装饰装修工程焊接件焊缝应符合设计要求以及钢结构相关规范、标准的要求。应由具有相应资质等级的检测单位出具超声波、射线探伤检验报告或磁粉探伤报告。

（7）根据现行国家标准《建筑节能工程施工质量验收标准》GB 50411 的规定，对于涉及节能保温功能的重要项目应进行现场检测。节能保温工程现场检测应由建设单位（或监理单位）委托法定检测单位具体实施，施工单位应积极配合。节能保温检测包括建筑门窗现场检测和建筑外墙现场检测等。

（8）民用建筑工程及室内装饰装修工程应按照国家现行标准的要求，在工程完工至少 7d 以后、工程交付使用前对室内环境进行质量验收。室内环境检测应由建设单位委托经有关部门认可的检测机构进行，并出具室内环境污染物浓度检测报告。验收不合格的民用建筑工程，严禁投入使用。

2.3.10 C7 施工质量验收记录

C7 施工质量验收记录是指参与工程建设的有关单位，根据相关标准、规范对工程质量是否达到合格做出确认的各种文件的统称。主要内容有:检验批质量验收记录、分项工程质量验收记录、分部（子分部）工程质量验收记录等（图 2-12）。

图 2-12　施工质量验收记录包含的内容

质量验收资料应随施工进度及时报验。施工单位根据施工图纸、标准、施工方案技术交底等进行施工，完成后施工单位进行自检，自检合格后，填写报审表通知监理单位现场验收，经监理单位验收合格方可进行下道工序。检验批质量验收流程见图 2-13。分项工程质量验收流程见图 2-14。子分部工程质量验收流程见图 2-15。分部工程质量验收流程见图 2-16。

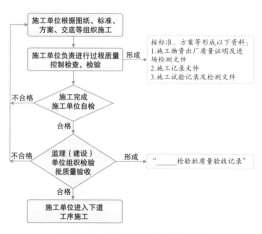

图 2-13　检验批质量验收流程图

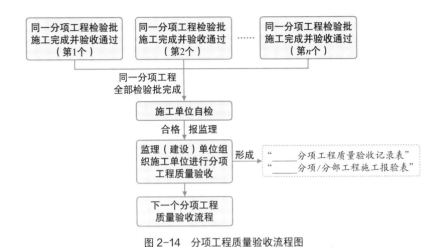

图2-14　分项工程质量验收流程图

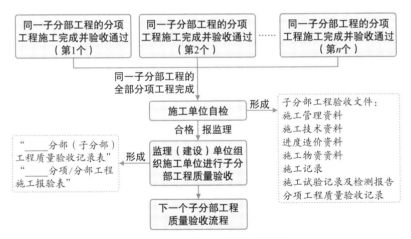

图2-15　子分部工程质量验收流程图

　　装饰装修工程质量验收流程和组织应符合现行国家标准《建筑工程施工质量验收统一标准》GB 50300 的规定。

　　1.装饰装修工程的检验批、分项工程和子分部工程的施工质量验收，均应在施工单位自检合格的基础上，报请建设单位和监理单位进一步验收。对于总包合同管理范围内的装饰装修分包工程，分包单位和总包单位应共同对承接的工程项目进行质量验收。

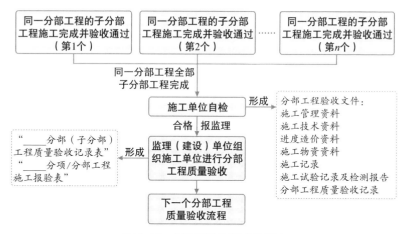

图 2-16 分部工程质量验收流程图

2.检验批和分项工程应由监理工程师(或建设单位项目技术负责人)组织施工单位的项目专业技术质量负责人等进行验收;分部(子分部)工程应由总监理工程师(或建设单位项目技术负责人)组织施工单位的项目负责人和技术质量负责人、设计单位的项目负责人等进行验收。

3.装饰装修分部工程中各子分部工程的质量均应验收合格。当建筑工程只有装饰装修分部工程时,该工程应作为单位工程进行验收。

4.对于有特殊要求的建筑装饰装修工程,在竣工验收时应按照合同约定增加相关技术指标的检测。比如,音乐厅、剧院、电影院、会堂等建筑对声学、光学有特殊要求;大型控制室、计算机房等建筑在屏蔽、绝缘方面需要特殊处理;实验室和车间有超净、防霉、防辐射等要求。对于这类工程,验收时还应按照设计要求对特殊项目进行检测和验收。

5.建筑装饰装修工程的室内环境质量应符合现行国家标准《民用建筑工程室内环境污染控制标准》GB 50325 的规定。

2.3.11 C8竣工验收资料

C8竣工验收资料是指工程竣工时必须具备的各种质量验收文件。主要内容有:单位(子单位)工程竣工预验收报验表、单位(子单位)工程质量竣工验收记录、单位(子单位)工程质量控制资料核查记录、单位（子单位）工程安全和功能检验资料核查及主要功能抽查记录、单位（子单位）工程观感质量检查记录、施工资料移交书等（图2-17）。工程验收资料管理流程见图2-18。

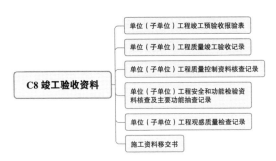

图 2-17 竣工验收资料包含的内容

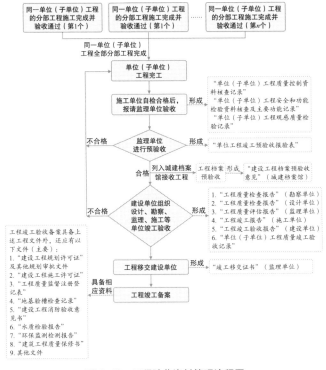

图 2-18 工程验收资料管理流程图

1. 单位（子单位）工程竣工预验收报验表

（1）施工单位在单位工程完工后，经自检合格并达到竣工验收条件时，需填写"单位工程竣工预验收报验表"，并附上相应的竣工资料（包括分包单位的竣工资料），提交给项目监理部，申请工程竣工预验收。

（2）总监理工程师组织专业监理工程师，根据相关法律、法规、工程建设强制性标准、设计文件以及施工合同，对承包单位报送的竣工资料进行审查，并对工程质量进行竣工预验收。如果发现存在问题，应及时要求承包单位进行整改。

2. 单位（子单位）工程质量竣工验收记录

（1）单位工程完工，施工单位自检合格后，报请监理单位。监理单位组织进行工程预验收，合格后施工单位填写"单位工程质量竣工验收记录"，向建设单位提交工程竣工报告。

（2）工程竣工正式验收应由建设单位组织，参加单位包括设计单位、监理单位、施工单位、勘察单位等。验收合格后，验收记录上各单位必须签字并加盖公章。

3. 单位（子单位）工程质量控制资料核查记录

由施工单位按照所列质量控制资料的种类、名称进行检查，并填写份数，然后提交给监理单位验收。

4. 单位（子单位）工程安全和功能检验资料核查及主要功能抽查记录

本表由施工单位按所列内容检查并在"份数"栏填写实际数量后，提交给监理单位。本表其他栏目由总监理工程师或建设单位项目负责人组织核查、抽查并由监理单位填写核查意见。

5. 单位（子单位）工程观感质量检查记录

工程观感质量检查，是在工程全部竣工后进行的一项重要验收工作，这是全面评价一个单位工程的外观及使用功能质量。本表由总监理工程师组织验收组成员，按照表中所列内容，共同实际检查，协商得出质量评价、综合评价和验收结论意见。参加验收的各方代表，经共同实际检查，如果确认没有影响结构安全和使用功能等问题，可共同商定评价意见。

6.施工资料移交书

施工单位按有关规定将施工资料立卷后,与建设单位办理移交手续,并附上工程资料移交目录,以便于交接清点,作为移交书的附件。

2.4　施工资料编号

为保证施工资料在收集整理中达到完整、及时、准确和立卷,同时便于查询,《建筑工程资料管理规程》JGJ/T 185—2009 对施工资料的编号进行了规定。在技术资料的收集、整理、归档和立卷中应严格按规定要求进行。

1.施工资料的编号

施工资料编号为9位,分别由分部、子分部、资料类别、顺序号组成,其形式如下:

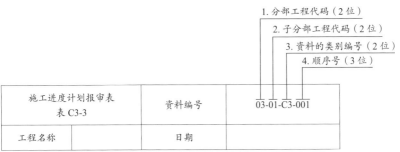

注:1. 为分部工程代码（2位）,应根据资料所属的分部工程代码填写。

2. 为子分部工程代码（2位）,应根据资料所属的子分部工程代码填写。

3. 为资料的类别编号（2位）,应根据资料所属类别填写。

4. 为顺序号（3位）,应根据相同表格、检查项目,按时间形成的先后顺序填写。

（1）对按单位工程管理,不属于某个分部、子分部工程的施工资料,其编号中分部、子分部工程代码用"00"代替。

（2）同一厂家、同一品种、同一批次的施工物资用在两个分部、子分部工程中时,资料编号中的分部、子分部工程代码可按主要使用部位填写。

2. 检验批的编号

检验批编号为 11 位，分别由分部、子分部、分项、检验批、顺序号组成，其形式如下：

1. 分部工程代码（2 位）
2. 子分部工程代码（2 位）
3. 分项工程代码（2 位）
4. 检验批代码（2 位）
5. 顺序号（3 位）

03 01 01 01 001

单位（子单位）工程名称		分部（子分部）工程名称		分项工程名称	

注：1. 第 1、2 位数字是分部工程的代码。

2. 第 3、4 位数字是子分部工程的代码。

3. 第 5、6 位数字是分项工程的代码。

4. 第 7、8 位数字是检验批的代码。

5. 第 9、10、11 位数字是各检验批验收的自然顺序号。

（1）分部工程中每个子分部工程，应根据资料属性不同按资料形成的先后顺序分别编号；使用表格相同但检查项目不同时，应按资料形成的先后顺序分别编号。

（2）对按单位工程管理，不属于某个分部、子分部工程的施工资料，其编号中分部、子分部工程代码用"00"代替。

（3）同一批物资用在两个以上分部、子分部工程中时，其资料编号中的分部、子分部工程代码按主要使用部位的分部、子分部工程代码填写。

（4）资料编号应填写在资料专用表格右上角的资料编号栏中；无专用表格的资料，应在资料右上角的适当位置注明资料编号。

（5）由施工单位形成的资料，其编号应与资料的形成同步编写；由施工单位收集的资料，其编号应在收集的同时进行编写。

（6）无统一表格或外部提供资料，应在资料的右上角注明编号，按时间先后顺序用阿拉伯数字从 001 开始连续标注。

第3章 施工资料编制与组卷实例

工程背景与概况

工程实例说明:仅以编者所属企业承接的厦门万丽酒店为例,为了便于举例说明,部分相关参建单位与参建人员均为虚构名称。

1. 工程概况

厦门万丽酒店地块建筑面积约为 11.30 万平方米,包括 1 栋酒店主楼,2 栋酒店式公寓,部分会所、娱乐中心、别墅套房等,地下 2 层,地上 10 层。其中包含:酒店大堂、酒店客房、宴会厅、全日餐厅、酒吧、地下车库、后勤及设备用房等。厦门万丽酒店共分成三个标段,其中一标段、二标段为客房区,三标段为公共区。

本工程为一标段客房区精装修,装修面积约为 7550m²,一标段包含左翼 3~7 层客房、3~7 层走道、4~7 层电梯厅、21 号~27 号单层别墅、2~7 层布草间等施工内容。

2. 各参建单位及主要人员名单

(1)建设单位

单位名称	阳光有限公司	
企业负责人	林森	林森
技术负责人	魏伟	魏伟
项目负责人	贾斌	贾斌

(2)设计单位

单位名称	鸿图设计公司	
项目负责人	周鸿图	周鸿图

（3）监理单位

单位名称	圆方监理公司	
总监理工程师	赵方圆	赵方圆
专业监理工程师	冯小明	冯小明
见证员	张小志	张小志

（4）施工单位

总包单位名称	建工有限公司	
项目负责人	郑建国	郑建国
装修单位名称	新鸿装饰公司	
企业负责人	叶远航	叶远航
企业技术负责人	陆军	陆军
项目负责人	蒋祖科	蒋祖科
技术负责人	周亮	周亮
施工员	赵晓冬	赵晓冬
资料员	张德扬	张德扬
质检员	曹建华	曹建华
材料员	顾增华	顾增华
取样人	林燕玉	林燕玉

施工管理文件（C1）

3.1 施工管理文件（C1）范例

3.1.1 案卷封面范例

档　　号＿＿＿＿＿＿＿＿＿＿＿＿＿＿

案卷题名＿＿＿＿＿＿**厦门万丽酒店**＿＿＿＿＿

＿＿＿＿**建筑装饰装修工程施工资料**＿＿＿

＿＿＿＿＿＿＿**C1 施工管理文件**＿＿＿＿

（1）工程概况表＿＿＿＿＿＿＿＿＿＿＿

（2）施工现场质量管理检查记录＿＿＿＿

（3）分包单位资质报审表＿＿＿＿＿＿＿

（4）见证试验检测汇总表＿＿＿＿＿＿＿

（5）施工日志＿＿＿＿＿＿＿＿＿＿＿＿

编制单位＿＿＿＿＿＿新鸿装饰公司＿＿＿＿＿

起止日期自 2017 年 04 月 15 日起至 2019 年 01 月 20 日止

密级＿＿＿秘密＿＿＿保管期限＿＿长期保管＿＿＿

本工程共＿＿11＿＿卷　　本案卷为第＿＿1＿＿卷

3.1.2　卷内目录范例

卷内目录						
工程名称	厦门万丽酒店		资料类别	C1 施工管理文件		
序号	文件材料题名	原编字号	编制单位	编制日期	页次	备注
1	工程概况表		新鸿装饰公司	2017.04.15	1	
2	施工现场质量管理检查记录		新鸿装饰公司	2017.04.15	2	
3	分包单位资质报审表		建工有限公司	2017.04.15	3～10	
4	见证试验检测汇总表		新鸿装饰公司	2018.12.20	11	
5	施工日志		新鸿装饰公司	2017.05.10～2019.01.20	12～50	

3.1.3 工程概况表范例与填写说明

3.1.3.1 工程概况表范例

表 C.1.1 工程概况表

工程名称		厦门万丽酒店	资料编号	03-00-C1-001
一般情况	建设单位	阳光有限公司		
	建设用途	现代化管理	设计单位	鸿图设计公司
	建设地点	福建省厦门市同安区观滨路66号	勘察单位	东启勘测有限公司
	建筑面积	113016.09m^2	监理单位	圆方监理公司
	工 期	2年	施工单位	新鸿装饰公司
	计划开工日期	2017 年 04 月 30 日	计划竣工日期	2019 年 03 月 19 日
	结构类型	框架	基础类型	筏板基础
	层 次	地下2层、地上10层	建筑檐高	39.15m
	地上面积	109766.09m^2	地下面积	3250.00m^2
	人防等级	乙类人防常5级	抗震等级	抗震设防烈度七度
构造特征	地基与基础	基础持力层为砂卵石层,地基承载力为210kPa,筏形基础,底板厚度为300~600mm,混凝土强度等级为C30,抗渗等级P8		
	柱、内外墙	独立柱强度等级C60,2、3层C50,4、5、6层C40,7层及以上C30,最大截面尺寸为900mm×900mm。外墙厚度300mm,内墙厚度200mm;强度等级:7层以下C40,7层以上C30;地下室抗渗等级P8		
	梁、板、楼盖	现浇钢筋混凝土梁板,强度等级C30		
	外墙装饰	外墙以真石漆涂料饰面,花岗石勒脚		
	内墙装饰	大厅墙面为石材,客房内墙以壁纸为主,局部为乳胶漆、木饰面墙面		
	楼地面装饰	大厅地面为大理石,局部房间为木地板、地毯		
	屋面构造	平屋面为4mm厚SBS改性沥青防水卷材1道结合混凝土屋面刚性防水层;坡屋面采用4mm厚SBS改性沥青防水卷材1道结合屋面瓦		
	防火设备	一级防火等级,各防火分区以木质防火门隔开		
机电系统名称		本工程采用中央空调供暖,电气系统包括照明、动力、电视、电话、消防报警系统、自动喷淋系统、给水排水系统配套		
其他		—		

本表由施工单位填写。

3.1.3.2 工程概况表填写说明

1. 基本要求

工程概况表应由施工单位负责填写，工程概况表应一式四份，并由建设单位、监理单位、施工单位、城建档案馆各保存一份。

2. 填写要点

（1）"一般情况"部分。

①【工程名称】应填写工程全称，应与建设工程规划许可证、建设工程施工许可证、施工图纸中图签的名称一致。

②【建设地点】应填写邮政地址，写明区（县）、街道门牌号。

③【建设单位】应填写施工合同文件中建设方的法人单位全称。

④【设计单位】应填写设计合同文件中设计方的法人单位全称。

⑤【监理单位】应填写监理合同文件中监理方的法人单位全称。

⑥【施工单位】应填写施工合同文件中施工方的法人单位全称。

（2）"构造特征"部分。

【构造特征】应结合工程设计要求，简要描述地基与基础，柱、内外墙，梁、板、楼盖，内、外墙装饰，楼地面装饰，屋面构造，防火设备等涵盖的主要项目及内容，应做到重点突出，描述全面扼要。

（3）"机电系统名称"部分。

【机电系统名称】应简要描述工程所含的机电各系统名称及主要设备的参数、机电承受的容量和电压等级等。

（4）"其他"部分。

【其他】可填写特殊需要说明的内容，如工程独自具有的某些特征，采用的新材料、新产品、新技术、新工艺等。

3.1.4 施工现场质量管理检查记录范例与填写说明

3.1.4.1 施工现场质量管理检查记录范例

表 C.1.2 施工现场质量管理检查记录

工程名称	厦门万丽酒店	施工许可证（开工证）	350200201512180401		资料编号		03-00-C1-002
建设单位	阳光有限公司			项目负责人		贾斌	
设计单位	鸿图设计公司			项目负责人		周鸿图	
勘察单位	东启勘测有限公司			项目负责人		詹志城	
监理单位	圆方监理公司			总监理工程师		赵方圆	
施工单位	新鸿装饰公司		项目经理	蒋祖科	项目技术负责人		周亮

序号	项目	主要内容
1	现场质量管理制度	质量例会制度、技术交底制度等
2	质量责任制	主要管理岗位的岗位责任制均已建立
3	主要专业工种操作上岗证书	焊工、电工、木工、瓦工、架子工等专业工种上岗证书齐全
4	专业承包单位资质管理制度	建立总包对分包的管理制度
5	施工图审查情况	施工图经设计交底，已形成各专业图纸会审记录
6	施工技术标准	有混凝土、砌体等23项技术标准
7	施工组织设计编制及审核	施工组织设计编制、审核、批准齐全有效
8	工程质量检验制度	有工程质量检查制度，有检测试验管理制度和岗位责任制，"三检"制度完善
9	混凝土搅拌站及计量设置	有管理制度和计量设施精度及控制措施
10	现场材料、设备存放与管理制度	有管理制度和计量设施精度及控制措施，测量、试验用计量设备配置齐全，并检定合格

检查结论：

符合要求

总监理工程师（建设单位项目负责人）：赵方圆

2017年04月15日

本表由施工单位填写，一式两份，监理单位、施工单位各一份。

3.1.4.2 施工现场质量管理检查记录填写说明

1. 基本要求

"施工现场质量管理检查记录"应在进场后，开工前填写。由施工单位项目负责人负责建立健全和落实施工现场各项质量管理制度，施工单位自检符合开工条件后，填写"施工现场质量管理检查记录"向总监理工程师申报。通常每个工程只填写一次，但当项目管理有重大变化调整时，应重新检查填写。为督促项目做好施工前准备工作，提高工程管理水平，确保工程质量，应按照以下原则填报：

（1）单位（或子单位）工程，在开工前填报"施工现场质量管理检查记录"；如项目作为一个（或若干）标段招标的，则每个标段施工前，根据本标段情况填报。

（2）项目实行总承包管理的，应由总包单位填报"施工现场质量管理检查记录"。建设单位依法直接分包的，应由工程专业分包单位填报。

2. 填写要点

（1）"表头"部分。

1）【工程名称】填写应与合同或招标文件中的工程名称一致。

2）【施工许可证】填写当地建设行政主管部门批准发放的施工许可证编号。

3）【建设单位】填写单位名称应与合同签章单位相一致。建设单位【项目负责人】栏应是合同书上签字人或签字人以文字形式委托的该项目负责人。工程完工后竣工验收备案表中的单位项目负责人应与此一致。

4）【设计单位】填写单位名称应与合同签章单位相一致。设计单位【项目负责人】栏应是设计合同书签字人或签字人以文字形式委托的该项目负责人。工程完工后竣工验收备案表中的单位项目负责人应与此一致。

5）【监理单位】填写单位名称应与合同签章单位相一致。【总监理工程师】栏应是合同或协议书中明确的项目监理负责人，即监理单位以文件形式明确的该项目监理负责人，总监理工程师必须有监理工程师职业资格证，并与各相关专业对口。

6）【施工单位】填写单位名称应与合同签章单位相一致。【项目经理】栏、【项目技术负责人】栏与施工合同中明确的项目经理、项目技术负责人一致。

（2）"检查内容"部分。

1）【现场质量管理制度】核查现场质量管理制度内容是否健全，是否有针对性和时效性；质量管理体系是否建立，是否持续有效；各级专职质量检查人员的配备是否齐全。

2）【质量责任制】检查项目质量责任制是否具体及落实到位。包括：工程报建制度、投标前评审制度、工程项目质量总承包负责制度、技术交底制度、材料进场检验制度、样板引路制度、施工挂牌制度、过程三检制度、质量否决制度、成品保护制度、质量文件记录制度、工程质量验收制度、竣工服务承诺制度、培训上岗制度、工程质量报告及调查制度。

3）【主要专业工种操作上岗证书】核查主要专业工种操作上岗证书是否齐全和符合要求，如质量检查员、专业工长、电焊工、电工（高压、低压）、水暖工等。

4）【专业承包单位资质管理制度】审查专业承包单位资质是否符合要求；分包单位的管理制度是否健全。承包单位填写《分包单位资质报审表》，报项目监理部审查；审查分包单位的营业执照、企业资质等级证书、专业许可证、人员岗位证书；审查分包单位的业绩；经审查合格，签发《分包单位资质报审表》。

5）【施工图审查情况】审查设计交底、图纸会审工作是否完成。

6）【施工技术标准】检查承包单位的施工技术标准是否满足本工程的使用。

7）【施工组织设计编制及审核】项目监理部可要求承包单位，在某些主要分部（分项）工程施工前，将施工工艺、原材料使用、劳动力配置、质量保证措施等情况编写专项施工方案，经承包单位公司审核后，填写"工程技术文件报审表"报项目监理部审核；在施工过程中，当对已批准的施工组织设计进行调整、补充或变动时，应经专业监理工程师审查，并应由总监理工程师签认。

8)【工程质量检验制度】检查承包单位的工程质量检验制度是否健全。

9)【混凝土搅拌站及计量设置】审查混凝土、砌筑砂浆（配合比申请单和通知单）、现场搅拌设备（含计量设备），对现场管理进行检查；对商品混凝土生产厂家资质和生产能力进行考察。混凝土搅拌站资质是否符合要求，各种计量设备是否先进可靠。

10)【现场材料、设备存放与管理制度】检查现场平面布置是否满足现场材料、设备存放及施工要求；材料、设备是否有管理制度。根据检查情况，将检查结果填写到对应的栏中。可直接将有关资料的名称写上，资料较多时，也可将有关资料进行编号填写，注明份数。

（3）"检查结论"部分。

【检查结论】由总监理工程师或建设单位项目负责人对施工单位报送的各项资料进行验收核查，并签署意见。"检查结论"应明确是否符合要求。如验收检查不合格，施工单位必须限期改正，否则不准许开工。

3.1.5 分包单位资质报审表范例与填写说明

3.1.5.1 分包单位资质报审表范例（以总包单位报建为例）

表 C.1.3　分包单位资质报审表

工程名称	厦门万丽酒店	施工编号	03-00-C1-XXX
		监理编号	03-00-B5-XXX
		日　　期	2017 年 04 月 15 日

致　圆方监理公司　（监理单位）：

　　经考察，我方认为拟选择的　新鸿装饰公司　（专业承包单位）具有承担下列工程的施工资质和施工能力，可以保证本工程项目按合同的约定进行施工或安装。分包后，我方仍然承担总承包单位的责任。请予以审查和批准。

附：

1. ☑分包单位资质材料
2. ☑分包单位业绩材料
3. ☑中标通知书

分包工程名称（部位）	工程量	分包工程合同额	备注
厦门万丽酒店	7550m²	17495857.94 元	
合计	7550m²	17495857.94 元	

施工项目经理部（盖章）建工有限公司

项目经理：郑建国

2017年04月15日

专业监理工程师审查意见：

同意

专业监理工程师：冯小明

2017年04月16日

总监理工程师审核意见：

同意

监理单位：圆方监理公司

总监理工程师：赵方圆

2017年04月18日

本表由施工单位填报，一式三份，监理单位、建设单位、施工单位各一份。

表 C.1.3 附件 1：

企业营业执照（副本）

表 C.1.3 附件 2：

企业安全生产许可证（副本）

表 C.1.3 附件 3：

新鸿装饰公司近三年主要业绩一览表

序号	项目名称	造价（万元）	工程概况	工程地点	在建/已完工	开工时间/竣工时间
1	福州奥体希尔顿酒店	3371	本项目为五星级酒店套房装修工程，施工面积为 12300m²	福州市仓山区	已完工	2014 年 8 月至 2015 年 8 月
2	苏州愉景湾售楼处样板房装修工程	580	本项目包含示范区售楼部及样板房，装修面积约 1840m²	苏州吴中区赏湖路与东方大道交界	已完工	2016 年 3 月至 2016 年 8 月
3	太原洲际酒店精装修工程	5400	该项目为五星级酒店装修工程，建筑面积 41022.74m²，共 329 间客房，装修面积约 2.3 万 m²	太原市长风商务区谐园路、集阜北路、集阜西路及长兴南街交叉口	在建	2016 年 7 月开工
4	西安希尔顿酒店	3951	本项目为五星级酒店客房装修工程，施工面积内约 14268m²	西安市新城区东新街	已完工	2014 年 12 月至 2015 年 11 月
5	太原国际广场公寓二标段精装工程	2266	该项目工程为 16～38 层，包括但不限于公寓户内、公共走道、电梯厅、电梯轿厢及电梯前室、避难层公共部分等	山西省太原市长风商务区阳光城·国际广场	已完工	2015 年 5 月至 2015 年 10 月
6	厦门世茂御海墅 03 地块公共部分及户内精装修工程	2200	该项目为世茂御海墅 03 地块公共部分及户内精装修工程，户内精装：1 号 A、1 号 B、1 号 C、2 号、3 号 A、3 号 B 共计 1088 户及公共区域装修	厦门滨海大道与新城中路交叉口东南侧	在建	2016 年 11 月开工
7	苏州乐风酒店	1570	本项目建筑面积约 6893m²，建筑高度 26.6m，共 129 间客房	苏州干将东路 461 号	已完工	2016 年 3 月至 2016 年 8 月

表 C.1.3 附件 4：

项目管理机构人员配备名单

工程名称：厦门万丽酒店

工程编号：001

施工人员	岗位职务	文化程度	技术职称（技术等级）	专业	专业工龄	资格证书编号	发证机关
蒋祖科	项目经理	本科	一级建造师	建筑工程	25年	闽13506080283	中华人民共和国建设部
周亮	项目技术负责人	本科	一级建造师	建筑工程	20年	闽15264964966	中华人民共和国建设部
赵晓冬	施工员	本科	二级建造师	建筑工程	15年	闽35161	福州市城乡建设委员会
曹建华	质检员	本科	二级建造师	建筑工程	15年	035161079	福建省住房和城乡建设厅
张德扬	资料员	本科	二级建造师	建筑工程	10年	闽13733	福州市城乡建设委员会
顾增华	材料员	本科	二级建造师	建筑工程	10年	闽351511	福州市城乡建设委员会
吴焕	安全员	本科	助理工程师	建筑工程	10年	闽建安C20161009	福州市城乡建设委员会
周晓聪	造价员	本科	二级建造师	安装工程	10年	闽14A005	福州市城乡建设委员会
朱军	试验员	本科	助理工程师	建筑工程	10年	36242619930	福建省住房和城乡建设厅

填报人：

项目经理：郑建国

项目技术负责人：陈思远

（章）

填报单位

2017年04月12日

监理单位审查意见：

人符合要求

总监理工程师：赵云园

（章）

2017年04月14日

注：表格内容要求用碳素墨水笔填写。

表 C.1.3 附件 5：

岗位资格证件

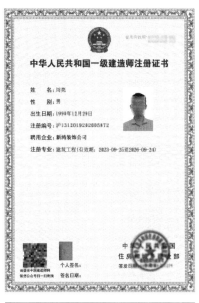

3.1.5.2 分包单位资质报审表填写说明

1. 基本要求

"分包单位资质报审表"应符合现行国家标准《建设工程监理规范》GB/T 50319 的有关规定。施工总承包单位填报的分包单位资质报审表应一式三份，并应由建设单位、监理单位、施工总承包单位各保存一份。

应由施工总承包单位填写"分包单位资质报审表"，项目监理部核查分包单位的营业执照、企业资质等级证书、施工许可证、岗位证书、业绩等证明文件。

如装饰装修阶段以装饰施工单位独立报建、申报施工许可证的情况，则由装饰施工单位自行上报专业承包单位资质证明文件及相关专业人员岗位证书等文件。

2. 填写要点

（1）施工总承包单位填写部分

1）根据工程分包的具体情况，可在【附】栏中勾选"分包单位资质材料、分包单位业绩材料、中标通知书"等内容，并将所附资料随本表一同报验。

2）在【分包工程名称（部位）】栏中填写分包单位所承担的工程名称及部位、工程数量、其他说明。

（2）监理单位填写部分

1）专业监理工程师应审查分包单位的营业执照、企业资质等级证书、施工许可证、管理人员和技术人员资格（岗位）证书以及所获得的业绩材料的真实性、有效性。审查合格后，在【专业监理工程师审查意见】栏中填写审查意见，并予以签认。

2）当一个分包项目涉及多个专业时，应由各个专业监理工程师在【专业监理工程师审查意见】栏会签。

3）总监理工程师审核后，在【总监理工程师审核意见】栏中填写具体的审核意见，并予以签认。

3.1.6　见证试验检测汇总表范例与填写说明

3.1.6.1　见证试验检测汇总表范例

表 C.1.5　见证试验检测汇总表

工程名称	厦门万丽酒店		编　号	03-00-C1-XXX
			填表日期	2018 年 12 月 20 日
建设单位	阳光有限公司		检测单位	实达检测试验有限公司
监理单位	圆方监理公司		见证人员	张小志
施工单位	新鸿装饰公司		取样人员	林燕玉
试验项目	应送试总次数	有见证试验次数	不合格次数	备注
砌块	8	8	0	
硅酸钙板	1	1	0	
室内用人造木板	6	6	0	
室内用石材	11	11	0	
瓷砖	9	9	0	
防水涂料	1	1	0	
云石胶	1	1	0	
AB 胶	1	1	0	
墙纸	2	2	0	
阻燃电线	6	6	0	
岩棉板	4	4	0	
膨胀螺栓	1	1	0	
地毯	4	4	0	

3.1.6.2 见证试验检测汇总表填写说明

1. 基本要求

施工单位填写的"见证试验检测汇总表"应一式两份，并应由监理单位、施工单位各保存一份。

装饰装修工程应按照国家现行标准规定或合同约定实行有见证试（检）验。通常情况下，装饰装修工程实行有见证取样和送检的项目包括：

（1）建筑外窗的三性能检验。

（2）建筑幕墙的四性能检验。

（3）安全玻璃安全性能检验。

（4）后置埋件的拉拔强度检验。

（5）室内用石材、瓷砖放射性检验。

（6）室内用人造木板甲醛检验等。

2. 填写要点

（1）正式施工前，施工单位应编制有见证取样试验计划、施工试（检）验方案，明确装饰装修工程应见证试验项目、见证试验比例、取样数量等，并报送监理单位审查确认。

（2）有见证取样和送检次数不得少于试验总数的30%，试验总次数在10次以下的不得少于2次。

（3）见证记录应由（监理单位或建设单位）见证人员填写，一式三份，其中施工单位、监理单位和检测单位各一份，不得缺项、缺章。

（4）见证记录应由见证人员、取样人员分别在"见证记录"上签字。送检时随试验委托合同单和试件一起提交检测单位。

（5）取样数量填写应明确具体，如×樘（门窗）、×（防水涂料），符合国家现行试验检验规范要求。

（6）见证记录中宜将与试样相关的特征参数一一列入，如试样（试件）品种、规格和试件编号、类型、牌号、等级等。

（7）重要工程或工程重要部位可以增加有见证取样和送检次数，有见证试样应在现场施工试验中随机抽检，不得另外增加。

（8）见证记录应由项目试验员负责收集，项目资料员负责分类编目整理。监理单位、施工单位留存并归档。

3.1.6.3 见证取样和送检见证人员备案表范例

表 B.3.2　见证取样和送检见证人员备案表

工程名称	厦门万丽酒店	编　号	03-00-C1-005
质量监督站	厦门市建设工程质量监督站	日　期	2017年04月20日
检测单位	实达检测试验有限公司		
施工总承包单位	建工有限公司		
专业承包单位	新鸿装饰公司		
见证人员签字	张小志	见证取样和送检印章	福建省见证员 张小志 FZ1100553 圆方监理公司
建设单位（章）：阳光有限公司 资料示范章		监理单位（章）：圆方监理公司 资料示范章	

75

3.1.6.4 见证取样和送检见证人员备案表填写说明

1. 基本要求

监理单位填写的"见证取样和送检见证人员备案表"应一式五份，质量监督站、检测单位、建设单位、监理单位、施工单位各保存一份。"见证取样和送检见证人员备案表"宜采用表 B.3.2 的格式。

（1）每个单位工程须设定 1～2 名见证取样和送检见证人，见证人由施工现场监理人员担任，或由建设单位委派具备一定试验知识的专业人员担任。施工单位、材料和设备供应单位人员不得担任。

见证人员经培训考试合格并取得见证人员岗位资格证书后，方可上岗任职。单位工程见证人设定后，建设单位应向承监该工程的质量监督机构递交"有见证取样和送检见证人备案书"进行备案。见证人更换须办理变更备案手续。

（2）承担有见证试验的实验室，应在有资格承担对外试验业务的实验室或法定检测单位中选定，并向承监工程的质量监督机构备案。承担该项目的施工单位实验室不得承担该试验业务。

（3）应进行有见证取样和送检的有以下项目：

1）地下、屋面、厕浴间使用的防水材料；

2）重要钢结构用钢材和焊接材料；

3）室内用花岗岩放射性元素含量检测；

4）室外幕墙用石材弯曲强度、冻融循环检测；

5）装饰单面贴面人造板甲醛释放量检测、浸渍剥离强度、表面胶合强度检测；

6）细木工板甲醛释放量检测、含水率、横向静曲强度、胶合强度检测；

7）层板胶合木甲醛释放量检测、含水率、指形接头的弯曲强度、胶缝的抗剪强度、耐久性（脱胶试验）检测；

8）节能保温材料；

9）合同约定应进行见证检验的项目；

10）对材料质量发生争议需要进行仲裁时可采取见证试验。

2. 填写要点

（1）监理单位的见证人附上见证取样和送检印章并签字。

（2）建设单位名称盖章，监理单位名称盖章。

3.1.6.5 见证记录范例

见证记录

资料编号：___JYTD-E15-1700418___

工程名称：_____厦门万丽酒店_____

取样部位：____F5 厕浴间防水材料____

样品名称：___JS 聚合物水泥防水涂料___ 取样数量：__1 组__

取样地点：___施工现场___ 取样日期：__2017 年 10 月 15 日__

见证记录：

试件编号：001

该楼层厕浴间采用 JS 聚合物水泥防水涂料，用量为 7t，现场随机取样，有见证试验 1 组，取样数量为 2kg，见证取样和送检符合规定要求。

见证取样和送检印章：

> 福建省见证员
> 张 小 志
> FZ1100553
> 圆方监理公司

取样人签字：___林燕玉___

见证人签字：___张小志___

填制日期：2017 年 10 月 15 日

3.1.6.6 见证记录填写说明

1. 基本要求

施工过程中，应由施工单位取样人员在现场进行原材料取样和试件制作，并在"见证记录"上签字。见证记录应分类收集、汇总整理。有见证取样和送检的各项目，凡未按规定送检或送检次数达不到要求的，其工程质量应由相应资质等级的检测单位进行检测确定。相关规定及要求：

（1）施工过程中，见证人应按照有见证取样和送检计划，对施工现场的取样和送检进行见证，并在试样或其包装上做出标识、封志。标识和封志应标明样品名称、样品数量、工程名称、取样部位、取样日期，并有取样人和见证人签字。见证人应填写"见证记录"，"见证记录"应列入工程档案。承担有见证取样的试验室，在检查确认委托试验文件和试样上的见证标识、封志无误后方可进行试验，否则应拒绝试验。

（2）单位工程有见证取样和送检次数不得少于试验总数的 30%，试验总次数在 10 次以下的不得少于 2 次。

（3）重要工程或工程的重要部位可以增加有见证取样和送检次数。送检试样在现场施工试验中随机抽检，不得另外进行。

（4）有见证取样和送检的各种试验项目，凡未按规定送检或送检次数达不到要求的，其工程质量应由法定检测单位进行检测确定，其检测费用由责任方承担。

2. 填写要点

有见证试验完成，各试验项目的试验报告齐全后，应填写"有见证试验汇总表"。

（1）此表由施工单位汇总填写，与其他施工资料一起纳入工程档案，作为评定工程质量的依据。

（2）有见证取样和送检的试验结果若达不到规定标准，试验室应向承监工程的质量监督机构报告。当试验不合格按有关规定允许加倍取样复试时，加倍取样、送检与复试也应按规定实施。

（3）各种有见证取样和送检试验资料必须真实、完整、符合规定。对于伪造、涂改、抽换或丢失试验资料的行为，应对责任单位和责任人依法追究责任。

3.1.7　施工日志范例与填写说明

3.1.7.1　施工日志范例

表 C.1.6　施工日志

工程名称	厦门万丽酒店	编号	03-00-C1-XXX
		日期	2017 年 12 月 03 日
施工单位	新鸿装饰公司		
天气状况	风力		最高 / 最低温度
阴转多云	2 级		18 ～ 30℃
施工情况记录：（施工部位、施工内容、机械使用情况、劳动力情况，施工中存在的问题等）			
施工部位	1 号楼首层大堂、2 号楼 3 ～ 7 层标准层		
施工内容	木工基层制作、油工腻子打磨、电工穿线、瓦工瓷砖铺贴		
完成情况	1 号楼进度 20%；2 号楼进度 40%		
人员施工记录	1. 1 号楼首层大堂： 木工 4 人吊层基层制作，进度 20%；电工 5 人穿线，进度 15%； 2. 2 号楼 3 ～ 7 层标准层： 油工 6 人腻子打磨，进度 20%；瓦工 8 人瓷砖铺贴，进度 35%		
施工中存在的问题	1. 上午 8：00 ～ 10：00，因总包工人讨薪，有工人围堵拉闸导致停电 2h； 2. 2 号楼 3 ～ 7 层标准层，公司工管检查瓷砖铺贴存在部分空鼓情况（检查整改单 XX-001），瓦工王 XX 班组 4 人于 19：00 ～ 22：00 加班返工整改		
技术、质量、安全工作记录：（材料进场记录、技术、质量安全活动、检查验收、技术质量安全问题等）			
材料进场记录	9.5mm 厚龙牌石膏板 1000 张到场，检查报告及合格证书（共 4 份）等进场手续齐全，已会同监理工程师冯小明一起到场点验，本批货物经验收合格，仓库已做入库手续。详见到场点验单 XX-01		
技术、质量安全活动	1. 今日对新进场电工 3 人进行安全交底（文件编号 XX-03），水电施工技术交底（文件编号 XX-05）； 2. 今日收到甲方关于首层大堂石材变更通知（文件编号 XXX-0010）		
检查验收	首层大堂吊顶隐蔽工程，经监理工程师冯小明验收，符合国家标准及图纸设计要求，同时空调消防等各配合单位工作均已验收完成，同意封板。详见隐蔽验收单 XX-03		
技术质量安全问题	1. 一层大堂木工在脚手架上施工时，未按要求使用安全带，存在高处坠落隐患； 2. 临电电缆外皮有破损，存在漏电安全隐患。 以上事项已通知班组长宋 XX 安排立即整改到位		
记录人	赵晓冬		

3.1.7.2 施工日志填写说明

1. 基本要求

施工日志是施工活动的原始记录，是编制施工文件、积累资料、责任追溯、总结经验的重要依据，施工单位应按不同专业指定专业施工负责人逐日记录，并保证内容真实、连续和完整。施工日志应由施工单位留存归档。

（1）施工日志应从工程开工起至完工止逐日记录，保证施工日志的真实、连续和完整。工程施工期间有间断，应在施工日志中加以说明，可以在停工的最后一天或复工第一天的施工日志中描述。停工时也需要针对现场的成品保护情况、重点部位的巡查情况、设备的巡检情况填写施工日志。

（2）施工日志应记录与工程施工有关的生产、技术、质量、安全、资源配置等情况；施工过程中发生的重大、重要事件，如工程停/复工、分部/单位工程验收、对分包工程验收、建设行政或上级主管部门大检查、工程创优检查、工程质量事故勘察与处理等情况。

2. 填写要点

（1）"表头"部分。

1）【工程名称】【日期】【施工单位】等栏按实际情况填写。

2）【天气状况】【风力】【最高/最低温度】等栏按当日的实际情况填写。

（2）"施工情况记录"部分。

1）施工情况记录应包括当日的施工部位、施工内容、施工机具/材料的准备、人员进退场的情况、施工中存在的问题与处理结果等。

2）施工中出现的特殊情况（如停电、停水、停工、窝工等）。

（3）"技术、质量、安全工作记录"部分。

1）【技术、质量安全活动】如在施工过程中，针对质量控制、安全生产的自检、巡查、预检、互检等检查活动的记述。

2）【检查验收】包括原材及设备的进场检验和复试、隐蔽验收、施工记录、交接检查、检测试验、工序、检验批、分项工程、分部工程、单位工程等验收活动。

3)【技术质量安全问题】在质量、安全会议及现场检查中提出的主要问题，并持续记录相关问题的解决过程及结果。包括施工方案、技术交底等技术文件下发与责任落实情况；设计文件与实际施工不符；变更施工方法；质量、安全、设备事故（或未遂事故）发生的原因、处理意见和处理方法。

3.1.8 卷内备考表范例

卷内备考表

本案卷共有文件材料_50_页，其中：文字材料_45_张，图样材料_5_张，照片_/_张。

说明：

本案卷完整准确。

立卷人：张德扬

2019 年 01 月 20 日

审核人：蒋祖科

2019 年 01 月 20 日

施工技术资料（C2）

3.2　施工技术资料（C2）范例

3.2.1　案卷封面范例

档　　号＿＿＿＿＿＿＿＿＿＿＿＿＿＿

案卷题名＿＿＿＿＿＿**厦门万丽酒店**＿＿＿＿＿＿

＿＿＿**建筑装饰装修工程施工资料**＿＿＿

＿＿＿＿＿＿**C2 施工技术资料**＿＿＿＿＿

（1）工程技术文件报审表

（2）施工组织设计及施工方案

（3）技术交底记录

（4）图纸会审记录

（5）设计变更通知单

（6）工程变更洽商记录

编制单位＿＿＿＿＿＿新鸿装饰公司＿＿＿＿＿

起止日期自 2017 年 04 月 16 日起至 2018 年 12 月 30 日止

密级＿＿秘密＿＿　保管期限＿＿长期保管＿＿

本工程共＿＿11＿＿卷　　本案卷为第＿＿3＿＿卷

3.2.2 卷内目录范例

卷内目录						
工程名称	厦门万丽酒店		资料类别		C2 施工技术资料	
序号	文件材料题名	原编字号	编制单位	编制日期	页次	备注
1	工程技术文件报审表		新鸿装饰公司	2017.04.23	1	
2	施工组织设计及施工方案		新鸿装饰公司	2017.04.16	2～179	略
3	技术交底记录		新鸿装饰公司	2017.04.15～2018.12.30	180～209	
4	图纸会审记录		新鸿装饰公司	2017.04.16	210	
5	设计变更通知单		新鸿装饰公司	2017.06.15～2018.04.15	211～213	
6	工程变更洽商记录		新鸿装饰公司	2017.06.15～2018.04.15	214～216	

编者：表格备注栏"略"，表示该行记录范例省略

3.2.3 工程技术文件报审表范例与填写说明

3.2.3.1 工程技术文件报审表范例

表 C.2.1 工程技术文件报审表

工程名称	厦门万丽酒店	施工编号	03-00-C2-001
		监理编号	03-00-B3-XXX
		日 期	2017 年 04 月 21 日

致： ___圆方监理公司___ （监理单位）

　　我方已完成 ___厦门万丽酒店项目精装修___ 工程施工组织设计 /～（专项）施工方案的编制和审核，请予以审查。

附件：□施工组织总设计
　　　☑施工组织设计
　　　□专项施工方案
　　　□施工方案

施工总承包单位：建工有限公司　　　　　项目经理 / 负责人：郑建国

专业承包单位：新潮装饰公司　　　　　　项目经理 / 负责人：蒋祖科

专业监理工程师审查意见：

　　　　　同意按方案施工

　　　　　　　　　　　　　　专业监理工程师：冯小明

　　　　　　　　　　　　　　日期：2017年04月23日

总监理工程师审核意见：

　　同意按方案施工，施工过程中如工艺发生变化应应补充新内容。

　　　　　　　　监理单位：圆方监理公司厦门万丽酒店项目部
　　　　　　　　总监理工程师：赵方圆
　　　　　　　　日期：2017年04月23日

本表由施工单位填写，一式三份，监理单位、建设单位、施工单位各一份。

表 C.2.1 附件 1:

施工组织设计（专项方案）审批表

工程名称	厦门万丽酒店	编制日期	2017.4.16
类　别	施工组织设计 ☑　专项技术方案 □	附件页数	186 页
专项技术方案名称	厦门万丽酒店精装修工程施工组织设计		

申报简述：
　　我方已完成厦门万丽酒店施工组织设计方案的编制，请予以审查。

　　　　　编制人（签字）：周光　　项目经理（签字）：蒋祖科　　日期：2017.4.16

审核意见：（可附页）

　　　　　同意

　　　　　　　　　　　　　工程部经理（签字）：马荣华　　日期：2017.4.20

审核意见：

　　　　　同意

　　　　　　　　　　　　　总工程师（签字）：陆军　　日期：2017.4.20

附：施工组织设计 / 专项技术方案。附页 1：公司盖章所需，督导审核表单。
　　1. 施工组织设计 / 专项技术方案应按公司管理要求，由项目部编制，交公司相关部门审核、批准。
　　2. 经公司审核的施工组织设计 / 专项技术方案按行业管理规定提交建设单位、监理单位或相关行政监管部门审核后实施。

表 C.2.1 附件 2:

厦门万丽酒店精装修工程

施
工
组
织
设
计

编制单位：新鸿装饰公司

编制：_____

审核：_____

审批：_____

新鸿装饰公司

2017 年 4 月 16 日

> **编者:** 表 C.2.1 附件 2 施工组织设计，因篇幅原因此处省略具体内容。实践中需附上施工组织设计作为报审附件。

3.2.3.2 工程技术文件报审表填写说明

1. 基本要求

施工组织设计应在正式施工前编制，并经施工单位技术负责人审核，填报"工程技术文件报审表"，经监理单位审核通过后方可参照实施，超过一定规模的危险性较大的分部分项工程专项方案需要报建设单位审核。在实际施工过程中，施工组织设计与招标投标的技术文件发生较大的技术变更时，应征求建设单位意见。

总包合同范围内，与总包签订合同的专业分包单位所编制的施工组织设计须经编制单位内部审核后，报总包单位总工程师审核。与建设单位直接签订合同的，总包单位可参与审核意见，但不需审核签字。

2. 专项说明

（1）总包单位、装饰装修工程专业施工单位应各自负责其合同范围内施工组织设计（施工方案）的编制、整理。装饰装修工程正式施工前应编制施工组织设计（施工方案），包括装饰装修工程施工组织设计、主要分项工程施工方案、施工试（检）验方案、冬（雨）期施工方案、安全文明施工方案等。

（2）装饰装修工程施工组织设计（施工方案）应以组织分部（项）工程实施为目的，以施工图、系统原理图及其他相关资料、单位工程施工组织设计为依据，指导分部（项）施工全过程的各项施工活动。主要内容应包括：工程概况、施工部署、施工进度计划、施工准备与资源配置计划、主要施工方案和施工现场平面位置等。施工方案编制的主要内容有：工程概况、施工安排、施工进度计划、施工准备与资源配置计划、施工方法及工艺要求、防火措施等。

（3）审核施工组织设计（施工方案）的主要内容：

1）审核施工单位内部审核手续是否齐全。

2）评估采用的施工方法和技术是否合理、可行，是否符合工程要求和相关标准。

3）审查进度计划的合理可行性，包括各个阶段的时间安排、关键节点的控制等。

4）检查人力、物力、财力等资源的配置是否合理，是否能够满足施工需求。

5）审核质量措施是否完善，包括质量控制点的设置、质量检验和验收标准等。

6）检查安全管理方案是否得当，包括安全防护措施、应急预案等。

7）关注环境保护与文明施工措施的合理性，如现场管理、临时设施布置、废弃物处理、噪声控制等。

3.2.4 技术交底记录范例与填写说明

3.2.4.1 技术交底记录范例

表 C.2.3 技术交底记录

工程名称	厦门万丽酒店	编 号	03-12-C2-XXX
		交底日期	2017年05月22日
施工单位	新鸿装饰公司	分项工程名称	基层铺设
交底摘要	水泥砂浆地面施工技术交底	页 数	共2页

交底内容：
一、材料要求
1. 普通硅酸盐水泥 P·O 42.5，严禁混用不同品种、不同强度等级的水泥。
2. 中砂，用前过8mm孔径的筛子，含泥量不大于3%。
3. 界面剂，存放于专用的库房内。
4. 麻袋片。
二、主要机具
搅拌机、手推车、木刮杠、木抹子、铁抹子、小水桶、扫帚、钢丝刷、錾子、锤子、铁皮等。
三、作业条件
1. 预埋在地面内的各种管线已做完，穿过楼面的竖管已经安装完毕，孔洞已用1:2:4的C20豆石混凝土填塞密实，并经验收合格。有地漏的地方找好泛水。
2. 墙面已弹好室内建筑+1000mm水平控制线，要求每层的+1000mm水平标高线交圈。
3. 墙、顶抹灰、找补、腻子已做完，屋面防水已做完。
4. 检查楼、地面结构标高，对结构超高部分必须剔凿5~10mm（视地面结构超高情况而定，但必须保证结构楼板钢筋保护层10mm），未经项目技术人员许可，不得私自抬高地面标高。
5. 地面设备专业已经弹好管路走向线，并填好工序交接单。
6. 先做样板间，经验收合格后方可大面积施工。
7. 穿楼面管线堵头已封好，配备足够的照明设备，已与水电专业办完工序交接单。已完工部位的阴阳角及管线等设备做好成品保护。

1. 本表由施工单位填写，交底单位与接受交底单位各保存一份。
2. 内容较多时本表作为首页，交底内容可续页。

交底内容：

四、操作工艺

 编者：因篇幅原因，此处列举技术交底记录的部分内容

1. 工艺流程：

基层处理→找标高、弹线（包括设备专业的管路走向线）→凿毛→洒水湿润→抹灰饼、冲筋→搅拌砂浆→刷水泥浆结合层→铺水泥砂浆面层→木抹子搓平→铁抹子第一、二、三遍压光→养护

2. 基层处理、凿毛：

对结构光面楼板进行凿毛，凿毛深度 3mm，间距 3cm。对楼板超高部分进行剔凿，保证水泥砂浆地面的厚度为 20mm。将基层上的灰尘清理干净，用钢丝刷和錾子刷净、剔掉灰浆皮和灰渣层，用 10% 的火碱水溶液刷掉基层上的油垢，并用清水及时将碱液去掉。

3. 根据室内建筑 +1000mm 往下量测出水泥砂浆面层标高，客房地面找平层为建筑 +1000mm 线下返 1080mm，并弹在四周墙上。

4. 洒水湿润：在做水泥砂浆找平层前一天洒水湿润楼面，但楼面不得积水。

5. 抹灰饼和冲筋：

根据房间四周墙上弹的面层标高水平线，确定面层抹灰厚度（一般为 20mm），然后拉水平线开始抹灰饼（50mm×50mm），间距为 1.5～2.0m。其材料配合比与砂浆地面相同；根据设备专业弹好的管路走向线作出标志，预留好管路走向槽。

6. 搅拌砂浆：客房地面水泥砂浆找平层的配合比为水泥：砂 =1：3（体积比），用砂浆搅拌机搅拌均匀，颜色一致。采用机械拌料，投料顺序：砂→水泥→水，搅拌时间不少于 2min。

7. 刷素水泥浆结合层：

在铺设水泥砂浆之前，涂刷素水泥浆一层（水灰比为 0.4～0.5），内掺水泥用量 10%～15% 的界面剂，注意设备专业的管路走向槽不用刷素水泥浆。

8. 铺水泥砂浆面层：

涂刷水泥浆结合层之前，要将抹灰饼的余灰清扫干净。涂刷水泥浆后紧跟铺水泥砂浆，在灰饼之前将砂浆铺均匀，用刮杠按灰饼高度刮平。铺砂浆时如果灰饼已硬化，刮杠刮平后，同时将用过的灰饼敲掉，并用砂浆填平。水泥砂浆的强度等级为 M15；预留好设备专业的管路走向槽，槽内不铺水泥砂浆。

9. 木抹子搓平：

刮杠刮平后，立即用木抹子用力抹压搓平。由内向外退着操作，并随时用 2m 靠尺检查其平整度；清理设备专业管线槽内多余的砂浆。

……

签字栏	交底人	赵晓冬	审核人	周亮
	接受交底人	林木森 陈仁斌 林小明 周连福 王小丫 周广生 赵志鸿 么志东		

1. 本表由施工单位填写，交底单位与接受交底单位各保存一份。

2. 内容较多时本表作为首页，交底内容可续页。

3.2.4.2 技术交底记录填写说明

1. 基本要求

技术交底应当包含施工组织设计交底、专项施工方案技术交底、分项工程施工技术交底、"四新"技术交底以及设计变更技术交底等。其目的是让操作人员和管理人员了解工程的整体情况、特性、设计意图、所采用的施工方法和技术措施等。施工技术交底通常是在有形媒介（如文字、影像、示范、样板等）的辅助下，向工程实施人员传达如何实施工程的信息，以实现工程成果与文字要求或影像、示范、样板所展示的效果相符合。

（1）技术交底必须在对应项目施工前进行，并应为施工留出足够的准备时间。技术交底不得后补。

（2）技术交底应以书面形式进行，并辅以口头讲解。交底人和被交底人应履行交接签字手续。技术交底资料应及时归档。

（3）技术交底应根据施工过程的变化，及时补充新内容。施工方案、方法改变时，也要及时进行重新交底。

（4）分包单位应负责其分包范围内技术交底资料的收集整理，并应在规定时间内向总包单位移交。总包单位负责对各分包单位技术交底工作进行监督检查。

2. 专项说明

（1）重点和大型工程施工组织设计交底应由施工单位的技术负责人对项目主要管理人员进行交底。其他工程施工组织设计交底应由项目技术负责人进行交底。交底的内容应包括：工程特点、难点、主要施工工艺及施工方法、进度安排、组织机构设置与分工及质量、安全技术措施等。

（2）专项施工方案技术交底应由项目专业技术负责人负责，根据专项施工方案对专业工长进行交底，如有编制关键、特殊工序的作业指导书以及特殊环境、特种作业的指导书，也必须向施工作业人员交底，交底内容为该专业工程、过程、工序的施工工艺、操作方法、要领、质量控制、安全措施等。

（3）分项工程施工技术交底应由专业工长对专业施工班组（或专

业分包）进行交底。

（4）"四新"技术交底应由项目技术负责人组织有关专业人员负责交底。

（5）设计变更技术交底应由项目技术部门根据变更要求，并结合具体施工步骤、措施及注意事项等对专业工长进行交底。

3.2.5 图纸会审记录范例与填写说明

3.2.5.1 图纸会审记录范例

表 C.2.4　图纸会审记录

工程名称		厦门万丽酒店		编　号	00-00-C2-001
				日　期	2017年04月16日
设计单位		鸿图设计公司		专业名称	建筑装饰装修工程
地　点		项目部会议室		页　数	共1页
序号	图号	图纸问题		图纸问题交底	
1	001	1. 五层板厚没有具体注明是否与四层板厚相同。 2. 三层走道立面图线条找不到详图。 3. 卫生间防水台是否二次浇筑？		1. 五层板厚与四层板厚相同，为100mm。 2. 三层走道立面图线条与二层大厅立面图线条相同。 3. 二次浇筑。	
签字栏	建设单位 资料示范章 贾颖	监理单位 资料示范章 赵方圆		设计单位 资料示范章 周鸿图	施工单位 资料示范章 蒋祖科

本表由施工单位整理、汇总。

3.2.5.2　图纸会审记录填写说明

1. 基本要求

通过图纸会审，可以让施工单位、监理单位等更好地理解设计意图，明确施工要求和技术标准，确保施工质量。在施工前发现图纸中存在的问题，排除施工过程中的一些技术障碍，优化技术方案，避免在施工过程中出现返工、浪费等问题。

（1）图纸会审工作应在正式施工前完成，重点审查施工图的有效性、对施工条件的适应性、各专业之间以及全图与详图之间的协调一致性等。

（2）施工单位领取图纸后，应由项目技术负责人组织技术、生产、预算、测量、翻样及分包单位等相关部门和人员对图纸进行审查。

（3）监理单位和施工单位应将各自提出的图纸问题及意见，按专业分类整理、汇总后报送给建设单位，由建设单位提交给设计单位，为交底工作做好准备。

（4）图纸会审应由建设单位组织，设计单位、监理单位和施工单位的技术负责人及相关人员都要参加。设计单位要对各专业问题进行交底，施工单位负责把设计交底的内容按专业汇总、整理，形成图纸会审记录。

（5）图纸会审记录需要由建设单位、设计单位、监理单位和施工单位的项目相关负责人签字确认，形成正式的图纸会审记录。任何人都不得擅自在图纸会审记录上涂改或更改其内容。

2. 专项说明

（1）在图纸会审时，应重点审查施工图的有效性、施工条件适应性以及各专业和详图的协调一致性。

（2）检查建筑装饰装修、设备安装等设计图纸是否齐全，手续是否完备；评估设计是否符合国家政策和规范，图纸的做法说明是否完整清晰，与其他图纸有无矛盾；检查各设计图纸间的配合尺寸是否相符，有无错误和遗漏；确认设计图纸在空间上是否存在矛盾，大样图或标准构配件图的型号、尺寸是否正确。

（3）主要材料的强度、刚度、稳定性等方面是否存在问题，主要部位的建筑构造是否合理，设计是否能保障工程质量和安全施工。

（4）设计图纸的建筑装饰是否与施工单位的施工能力、技术水平、技术装备相匹配；采用新技术、新工艺时，施工单位是否有困难；特殊建筑材料的品种、规格、数量能否得到满足，专用机械设备是否有保障。

3.2.6 设计变更通知单范例与填写说明

3.2.6.1 设计变更通知单范例

表 C.2.5 设计变更通知单

工程名称	厦门万丽酒店	编 号	03-00-C2-XXX
		日 期	2017年05月20日
设计单位	鸿图设计公司	专业名称	建筑装饰装修工程
变更摘要	一层大理石材料及一层大堂吊顶标高设计变更	页 数	共1页

序号	图号	变更内容
01	001	一层大厅墙面大理石材料由原来的西班牙灰石材变更为西班牙米黄石材
02	002	一层大堂吊顶标高由原来的6.5m变更为6.4m。
签字栏	建设单位 贾茏	设计单位 周鸿图	监理单位 赵方圆	施工单位 蒋祖科

本表由变更提出单位填写。

3.2.6.2 设计变更通知单填写说明

1. 基本要求

设计变更是在施工过程中，由于设计图纸差错、与实际情况不符、施工条件变化、原材料问题以及参建各方合理化建议等原因，对设计图纸部分内容进行修改而产生的变更设计文件。

设计变更是施工图补充和修改的记载，应及时办理，修改内容和轴线位置应详实，并逐条注明应修改图纸的图号。必要时应附施工图，并逐条注明应修改图纸的图号。凡保存图纸的部门和人员在收到设计变更、工程洽商后，均应及时在施工图纸对应部位标注变更号（洽商号）、日期、更改内容，对于变化较大、无法在原图上修改注明的还需绘制详图。

2. 专项说明

（1）设计单位应及时下发设计变更通知单，该通知单由设计专业负责人以及建设（监理）单位和施工单位的相关负责人签认。

（2）由建设单位对建筑构造、装饰效果、细部做法、使用功能等方面提出设计变更时，必须经过设计单位同意，并由设计单位签发设计变更通知单或设计变更图纸。

（3）若设计单位提出工程设计变更，如设计计算错误、做法改变、尺寸矛盾、结构变更等问题，必须由设计单位出具设计变更通知单或设计变更图纸。施工单位则需根据施工准备和工程进展情况，决定是否进行变更。

（4）当施工单位提出工程设计变更，如涉及装饰材料变化、细部尺寸修改等重大技术问题时，必须征得设计单位和建设（监理）单位的同意。

（5）凡需要设计变更的项目，施工单位应在收到有效的设计变更通知单或办理工程洽商后，方可进行施工。如设计变更对现场或备料已造成影响，应及时请建设单位、监理单位确认，以便为今后的工程结（决）算、质量责任追溯、工程维修等提供依据。技术部门应协助商务部门做好变更工程量的计算工作。

（6）若在后期施工中，对前期变更（洽商）或其中条款重新更改，应在新变更（洽商）中注明原变更（洽商）日期、编号、更改内容，并在原变更（洽商）或被修正条款上注明"作废"标记和新变更（洽商）日期、编号。

3.2.7 工程洽商记录范例与填写说明

3.2.7.1 工程洽商记录范例

表 C.2.6 工程洽商记录

工程名称	厦门万丽酒店	编 号	03-00-C2-XXX
		日 期	2018年05月03日
提出单位	阳光有限公司	专业名称	建筑装饰装修工程
内容摘要	F5～F7过道墙面的大理石更改为仿大理石瓷砖	页 数	共1页

序 号	图 号	洽商内容
01	001	F5～F7过道墙面的大理石更改为仿大理石瓷砖的尺寸规格及颜色纹理,并重新绘制F5～F7过道墙面的立面图纸。
签字栏		建设单位 资料示范章 贾甄　设计单位 资料示范章 周海国　监理单位 资料示范章 赵方圆　施工单位 资料示范章 蒋祖科

本表由变更提出单位填写。

3.2.7.2　工程洽商记录填写说明

1. 基本要求

工程洽商记录（或技术核定单）是在施工期间，为保证工程顺利推进并确保质量、安全，由发包方、设计方、施工方等针对工程内容、设计变更、施工条件等进行商讨并达成共识的记录。

工程洽商记录主要侧重于工程整体内容的商议和记录，如工程进度、施工条件等，通常包含洽商的具体内容、原因及解决办法等。而技术核定单则更关注技术方面的事项，如施工工艺、技术方案等，常作为施工过程中的技术依据，明确具体的施工要求和措施。

2. 专项说明

（1）在实际工程中，发包方、设计方、施工方或其他相关单位均可提出工程洽商。而该过程实质上是各方协商与沟通的成果，需要各方共同参与，以确保洽商内容的合理性和可行性，并得到各方的认可。

（2）当施工方在施工过程中遇到难题或发现与设计图纸不相符的情况时，一般由项目技术负责人负责办理工程洽商，专业洽商则应由专业工程师负责办理；总包合同管理范围内专业分包工程的工程洽商，需经总包单位审查后再进行办理。

（3）工程洽商记录的信息必须准确，不能存在任何模糊或歧义。这包括对工程内容、设计变更、施工条件等的描述，以及对解决方案的详细说明。准确性对于后续施工和结算至关重要。

（4）洽商内容确定后，应立即填写并签署工程洽商记录或技术核定单。及时记录可以防止信息遗漏和误解，同时也有利于工程的顺利推进。为保证工程洽商记录的合法性和有效性，通常需要经过相关单位、部门和负责人的审核与批准。

（5）工程洽商记录和技术核定单应妥善保存，以方便后续的查询和审阅。可以建立专门的档案系统或数据库，对这些记录进行分类、编号和存储。

（6）如果工程洽商记录或技术核定单涉及设计变更，需要按照变更管理流程进行处理。这可能包括评估变更影响、通知相关方、更新设计文件等。

3.2.8 卷内备考表范例

卷内备考表

本案卷共有文件材料 _217_ 页，其中：文字材料 _202_ 张，图样材料 _/_ 张，照片 _15_ 张。

说明：

本案卷完整准确。

立卷人：*张德扬*

2018 年 12 月 30 日

审核人：*蒋祖科*

2018 年 12 月 30 日

进度造价资料（C3）

3.3 施工进度及造价资料（C3）范例

3.3.1 案卷封面范例

档　　号＿＿＿＿＿＿＿＿＿＿＿＿＿＿＿＿＿

案卷题名＿＿＿＿＿＿＿＿**厦门万丽酒店**＿＿＿＿＿＿＿

＿＿＿＿**建筑装饰装修工程施工资料**＿＿＿＿

＿＿＿＿**C3 施工进度及造价资料**＿＿＿＿

（1）工程开工报审表

（2）工程复工报审表

（3）施工进度计划报审表

（4）施工进度计划

（5）人、机、料动态表

（6）工程款支付申请表

（7）工程延期申请表

（8）工程变更费用报审表

（9）费用索赔申请表

编制单位＿＿＿＿＿＿＿＿新鸿装饰公司＿＿＿＿＿＿

起止日期自 2017 年 04 月 14 日起至 2019 年 01 月 25 日止

密级＿＿＿秘密＿＿＿保管期限＿＿＿长期保管＿＿＿

本工程共＿＿11＿＿卷　　本案卷为第＿＿4＿＿卷

3.3.2 卷内目录范例

卷内目录						
工程名称	厦门万丽酒店		**资料类别**	C3 施工进度及造价资料		
序号	文件材料题名	原编字号	编制单位	编制日期	页次	备注
1	工程开工报审表		新鸿装饰公司	2017.04.14	1~22	
2	工程复工报审表		新鸿装饰公司	2017.06.16	23~24	
3	施工进度计划报审表		新鸿装饰公司	2017.04.15	25~29	
4	人、机、料动态表		新鸿装饰公司	2017.04.20~2018.12.20	30~50	
5	工程延期申请表		新鸿装饰公司	2017.05.25~2018.05.25	51~53	
6	工程款支付申请表		新鸿装饰公司	2017.05.25~2019.01.25	54~75	
7	工程变更费用报审表		新鸿装饰公司	2017.06.25~2018.12.26	76~80	
8	费用索赔申请表		新鸿装饰公司	2017.06.25~2018.12.26	81~85	

3.3.3 工程开工报审表范例与填写说明

3.3.3.1 工程开工报审表范例

表 C.3.1 工程开工报审表

工程名称	厦门万丽酒店	施工编号	03-00-C3-001
		监理编号	03-00-B2-001
		日　期	2017年04月25日

致：＿＿＿圆方监理公司＿＿＿（监理单位）

　　我方承担的＿＿＿厦门万丽酒店项目精装修＿＿＿工程，已完成相关准备工作，具备开工条件，申请于 2017年04月30日开工，请予以审批。

 编者：因篇幅原因，省略附件范例

附件：证明文件资料

施工单位（章）：新鸿装饰公司
厦门万丽酒店项目部

项目经理：蒋祖科

审查意见：

开工准备工作全部就绪，证明文件资料审核齐全、有效，同意开工

监理单位（章）：圆方监理公司
厦门万丽酒店项目部

总监理工程师：赵方圆

日期：2017年04月28日

本表由施工单位填写，一式三份，监理单位、建设单位、施工单位各一份。

3.3.3.2 工程开工报审表填写说明

1. 基本要求

"工程开工报审表"主要施工单位根据现场实际情况达到开工条件时，向监理单位或建设单位申请工程开工，用于审核和确认工程是否可以正式开始施工的文件。

填写"工程开工报审表"时，需要认真如实填写各项内容，并经过施工单位内部审核和批准，然后将报审表提交给监理单位或建设单位进行审核。监理单位或建设单位确保工程具备开工条件后，给予施工单位申请开工的批准。

2. 专项说明

（1）"表头"部分。

【工程名称】工程名称应按照建设单位出具的书面文件确定。

（2）"申请内容及附件"部分。

开工之前的各项准备工作，施工单位应逐一落实，完成后需将"施工现场质量管理检查记录"及其要求的有关证件、"建设工程施工许可证"、现场专职管理人员资格证、上岗证、现场管理人员、机具、施工人员进场情况、工程主要材料落实情况等作为附件同时报送。

（3）"审查意见"部分。

总监理工程师应指派专业监理工程师核查承包单位的准备状况。除审查所申报内容外，还应核验施工现场临时设施是否符合开工条件；地下障碍物是否已清除或探明；测量控制桩是否已有效移交；委托的第三方检测机构资质及诚信状况是否经项目监理部审核通过。专业监理工程师应逐项记录核查结果，报项目总监理工程师审核。总监理工程师确认满足开工条件时，签署同意开工时间，并报建设单位。否则，应简单扼要地指出不满足开工条件的具体方面。

3.3.4 工程复工报审表范例与填写说明

3.3.4.1 工程复工报审表

表 C.3.2 工程复工报审表

工程名称	厦门万丽酒店	施工编号	03-00-C3-XXX
		监理编号	03-00-B2-XXX
		日 期	2018 年 03 月 01 日

致：__圆方监理公司__（监理单位）

　　根据__001__号"工程暂停令"，我方已按照要求完成了以下各项工作，具备了复工条件，我方申请于__2018__年__03__月__05__日复工，请予以审批。

附件：证明文件资料

专业承包单位：新鸿装饰公司　　　项目经理/负责人：蒋祖科

施工总承包单位：建工有限公司　　项目经理/负责人：郑建国

审查意见：

　　同意复工

监理单位：圆方监理公司
厦门万丽酒店项目部

总监理工程师：赵方圆

日期：2018年03月02日

本表由施工单位填写，一式三份，监理单位、建设单位、施工单位各一份。

表 C.3.2 工程复工报审表附件：

复工报告

工程名称	厦门万丽酒店	建设单位	阳光有限公司
施工单位	新鸿装饰公司		
停工日期	2018.02.20	复工日期	2018.03.05
复工原因及情况	安全隐患整改到位，安全文明施工工作已就绪，已具备复工条件。 特申请复工，请给予批准为盼！		
施工单位	同意复工 2018 年 03 月 01 日		
监理单位	同意复工 2018 年 03 月 02 日		
建设单位	同意复工 2018 年 03 月 02 日		

本表由施工单位填写，一式三份，监理单位、建设单位、施工单位各一份。

3.3.4.2　工程复工报审表填写说明

1. 基本要求

"工程暂停令"是总监理工程师根据工程实际情况，按照合同约定签发的要求承包单位在特定情况下暂停施工指令。比如，当建设单位有要求、工程出现质量问题、存在安全隐患等情况时。签发"工程暂停令"可以避免工程质量受损或危及人员安全。如监理合同有约定或必要时，签发"工程暂停令"前应征求建设单位意见。工程暂停期间，应要求承包单位保护该部分或全部工程免遭损失或损害。工程暂停令格式如表 B.1.3 所示。

表 B.1.3　工程暂停令

工程名称		编　号	
致＿＿＿＿＿＿＿（施工总承包单位 / 专业承包单位） 　　由于＿＿＿＿＿＿原因，现通知你方必须于＿＿＿年＿＿月＿＿日 ＿＿＿＿时起，对本工程的＿＿＿＿＿部位（工序）实施暂停施工，并按要求做好下述各项工作： 　　　　　　　　　　　　　监理单位： 　　　　　　　　　　　　　总监理工程师： 　　　　　　　　　　　　　日　　期：　　年　月　　日			

"工程复工报审表"是施工单位根据"工程暂停令"相关工程暂停因素整改或消除后，用于申请工程项目恢复施工的文件。其附件应包含：工程暂停原因的分析、工程暂停原因已消除的证据、避免再次出现类似问题的预防措施，以及复工报告审批文件等。暂停及复工基本程序如图 3-1 所示。

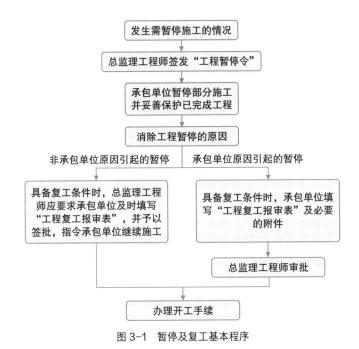

图 3-1　暂停及复工基本程序

2. 专项说明

（1）工程暂停指令签发后，总监理工程师应与有关单位通力协作，依合同规约，妥善处理工程暂停引发的各类工期、费用相关问题，力保工程在合理时限内恢复施工，保护各方权益无损。

（2）工程暂停是由建设单位或其他非承包单位原因导致的，总监理工程师应该在暂停原因消失且具备复工条件时，要求承包单位及时填写"工程复工报审表"，并进行签批，下达让承包单位继续施工的指令。

（3）当工程暂停是由承包单位原因引起时，承包单位在其具备复工条件时，需要填写"工程复工报审表"，并附已经解决导致工程暂停的问题，并采取相应措施确保复工后工程顺利进行的相关证明材料，一起报送项目监理部进行审核。最终由总监理工程师签发审核意见。

（4）项目监理部应即刻审核具备复工条件的证明材料，这既有利于保证工程的质量和安全，推动工程顺利进行，又能避免因承包单位问题导致的不必要延误。

3.3.5 施工进度计划报审表范例与填写说明

3.3.5.1 施工进度计划报审表范例

表 C.3.3 施工进度计划报审表

工程名称	厦门万丽酒店	施工编号	03-00-C3-XXX
		监理编号	03-00-B2-XXX
		日　期	2017 年 04 月 20 日

致：　　圆方监理公司　　　（监理单位）

　　根据建设工程施工合同的约定，我方已完成　　厦门万丽酒店项目精装修　　工程施工进度计划编制，请予以审查和批准。

附件：施工进度计划及说明

施工承包单位：新鸿装饰公司　　　　　项目经理/负责人：蒋祖科

专业监理工程师审查意见：

　　经审查，施工内容完整，施工顺序合理，同意按此计划组织施工

　　　　　　　　　　专业监理工程师（签字）：冯小明

　　　　　　　　　　　　　　　日期：2017年04月23日

总监理工程师审核意见：

　　同意按此进度计划施工并严格控制工期

　　　　　　　　　　监理单位：圆方监理公司
　　　　　　　　　　厦门万丽酒店项目部
　　　　　　　　　　总监理工程师（签字）：赵方圆
　　　　　　　　　　日期：2017年04月23日

本表由施工单位填写，一式三份，监理单位、建设单位、施工单位各一份。

表 C.3.3 施工进度计划报审表附件:

厦门万丽酒店项目精装修

施
工
总
进
度
计
划

编制单位: 新鸿装饰公司

编制: _____周光_____

审核: _____蒋祖科_____

审批: _____陆军_____

新鸿装饰公司

2017 年 04 月 16 日

 编者: 表 C.3.3 施工进度计划报审表附件施工总进度计划,因篇幅原因此处省略具体内容。实践中需附上施工总进度计划作为报审附件

3.3.5.2 施工进度计划报审表填写说明

1. 基本要求

"施工进度计划报审表"是施工单位向监理单位或建设单位提交的用于报审施工进度计划的文件，通常包括：工程项目的基本信息；施工进度计划的详细内容，包括各个施工阶段的起止时间、主要工作内容、工作量、进度安排等；施工单位的资源配置情况，如人力、物力、财力等；施工进度计划的编制依据，如合同要求、工程图纸、施工工艺等；保证施工进度的措施，如加强管理、优化施工方案、合理安排资源等。

监理单位或建设单位会对"施工进度计划报审表"进行审核，审核重点可能包括进度计划的合理性及可行性、与合同要求的符合性等。如果审核通过，施工单位可以按照报审的施工进度计划进行施工；如果审核不通过，施工单位需要根据审核意见进行修改和完善。

"施工进度计划报审表"对于确保工程项目按时完成具有重要意义，它可以帮助施工单位合理安排施工进度，保证资源的有效利用，同时也可以让监理单位或建设单位对工程进度进行有效监督和管理。

2. 专项说明

（1）施工进度计划应包括施工总进度计划、阶段性施工进度计划。虽然在施工前施工组织设计中有明确的计划，但是在实际施工过程中，计划是根据实际进度进行调整的，所以需要逐段调整、逐段审批。

（2）施工进度计划中需要专业监理工程师签字，也需要总监理工程师签字。在专业监理工程师签字一栏应由多个相关专业的监理工程师会签，因为工程进度是整体的工程进度，涉及多专业协调，由各专业监理工程师出具意见后，最后由总监理工程师整体审核签认。

3.3.6　人、机、料动态表范例与填写说明

3.3.6.1　人、机、料动态表范例

表 C.3.4 ____2017____ 年 __6__ 月人、机、料动态表

工程名称		厦门万丽酒店		编　　号			03-00-C3-XXX	
				日　　期			2017 年 06 月 25 日	

致：　__圆方监理公司__　（监理单位）

　　根据 __2017__ 年 __6__ 月施工进度情况，我方现报上 __2017__ 年 __6__ 月人、机、料统计表。

劳动力	工种	木工（人）	瓦工（人）	油漆工（人）	水电工（人）	焊工（人）	其他（人）	合计（人）
	人数	20	35	10	20	8	2	95
	持证人数	13	20	—	20	8	—	61

主要机械	名称	生产厂家	规格型号	数量
	空气压缩机	博世（中国）投资有限公司	BOSCH	4 台
	角度切割机	日立工机股份有限公司	HITACHI-14	10 台
	冲击钻	博世（中国）投资有限公司	GSB 570	20 把
	云石机	牧田（中国）有限公司	4100 牧田	10 台
	电锯	日立工机股份有限公司	日立 C12	2 台

主要材料	名称	单位	上月库存量	本月进场量	本月消耗量	本月库存量
	石材	m^2	956	387	1343	0
	木工板（18mm）	张	125	200	310	15
	干粉腻子	袋	20	60	60	20
	电线	圈	30	30	50	10

附件：

编者：因篇幅原因，省略附件范例

特种作业人员资格证书复印件。

施工单位名称：潮鸿装饰公司　　　　　项目经理（签字）：蒋祖科

本表由施工单位于每月 25 日填报。

3.3.6.2 人、机、料动态表填写说明

1. 基本要求

"人、机、料动态表"是一种用于记录和跟踪工程项目中人员、机械设备和材料使用情况及变动的表格，其可以帮助施工管理人员更好地掌握项目的资源状况，及时进行调整和优化。汇总后的各项数据也是检验施工成本、检查影响施工进度原因的原始资料，它是对整个施工投入的动态控制。该表应按月（或按约定时间）如实汇总填写，报项目监理部和本施工企业。

2. 专项说明

（1）"表头"部分。

按实填写【工程名称】与【日期】。

（2）"劳动力"部分。

按实填写当月劳动力的各【工种】名称、每个工种当月的【人数】，以及特殊工种的【持证人数】。通过劳动力信息统计，可以使管理人员了解项目现场的人员配备情况，合理安排工作任务，确保施工顺利进行。

（3）"主要机械"部分。

记录机械设备的【名称】【生产厂家】【规格型号】【数量】等情况，有助于管理人员在保障生产所需机械设备的基础上，对主要机械设备进行高效调配和维护，进而提高设备的利用率和工作效率。

（4）"主要材料"部分。

按实填写各类材料的【名称】【上月库存量】【本月进场量】【本月消耗量】，以及【本月库存量】等数据信息，有助于管理人员及时掌握材料的供应和使用情况，避免出现材料短缺或浪费的情况。

3.3.7 工程延期申请表范例与填写说明

3.3.7.1 工程延期申请表范例

表 C.3.5 工程延期申请表

工程名称	厦门万丽酒店	编 号	03-00-C3-XXX
		日 期	2017 年 06 月 15 日

致：___圆方监理公司___（监理单位）

　　根据建设工程施工合同__1.1.7__（条款），由于__甲方大理石延迟 3 天供货__的原因，我方申请工程临时 / 最终延期__3__（日历天），请予以批准。

附件：**1. 工程延期的依据及工期计算**

　　　　合同竣工日期：2019 年 03 月 19 日

　　　　申请延长竣工日期：2019 年 03 月 22 日

　　　　👤 编者：因篇幅原因，省略附件范例

　　　2. 证明材料

专业承包单位：新鸿装饰公司　　　　　项目经理 / 负责人：蒋祖科

施工总承包单位：建工有限公司　　　　项目经理 / 负责人：郑建国

本表由施工单位填写，一式三份，监理单位、建设单位、施工单位各一份。

3.3.7.2　工程延期申请表填写说明

1. 基本要求

当某一事件持续影响工期，且短期内无法排除影响因素时，施工单位应按约定时间填写工程延期申请表。待影响因素消除后，施工单位应对整个事件对工期的影响进行全面评估。在合同约定的时间内，将所有提供的细节材料和详细记录汇总整理齐全，填写工程最终延期报审表。

工程延期审批表格式如表 B.5.1 所示。

表 B.5.1　工程延期审批表

工程名称		编　　号	
致＿＿＿＿＿＿＿＿＿＿＿＿＿＿（施工总承包 / 专业承包单位） 　　根据施工合同＿＿＿＿条＿＿＿＿款的约定，我方对你方提出的＿＿＿＿＿＿工程延期申请（第＿＿＿号）要求延长工期＿＿＿日历天的要求，经过审核评估： 　　□同意工期延长＿＿＿日历天。使竣工日期（包括已指令延长的工期）从原来的＿＿＿年＿＿＿月＿＿＿日延迟到＿＿＿年＿＿＿月＿＿＿日。请你方执行。 　　□不同意延长工期，请按约定竣工日期组织施工。 说明： 　　　　　　　　　　　　　　　　监 理 单 位＿＿＿＿＿＿＿ 　　　　　　　　　　　　　　　　总监理工程师＿＿＿＿＿＿＿ 　　　　　　　　　　　　　　　　日　　　　期＿＿＿＿＿＿＿			

2. 专项说明

（1）符合施工单位申请工程延期的条件：

1）非施工单位的责任造成工程不能按合同原定日期开工；

2）合同缺陷、设计错误等原因造成设计修改、工程返工；

3）工程内容或工程量发生实质性变化导致工期延长；

4）非施工单位原因停水、停电、停气造成停工时间超过合同约定；

5）不可抗力或不利的物质条件。

（2）施工单位提出的工程延期申请应同时满足的条件：

1）施工单位在合同约定期限内提交了书面工程延期意向报告；

2）施工单位按合同约定，提交有关工程延期事件的详细资料和证明材料；

3）延期事件终止后，施工单位在合同约定期限内提交了"工程延期申请表"。

（3）项目监理机构审核工程延期的原则：

1）工程延期事件属实，且发生在施工进度网络计划的关键线路上。工程延期申请依据的合同条款准确，且施工单位按规定要求提交。

2）监理单位评估并与建设单位协商一致最终延期天数后，由总监理工程师签发"工程延期审批表"。

3）评审较复杂或持续时间较长的延期申请，总监理工程师可根据初步评审，先给予承包单位一个暂定的延期时间，经过详细分析、评审后，再签发"工程延期审批表"。

工程延期申请的程序如图 3-2 所示。

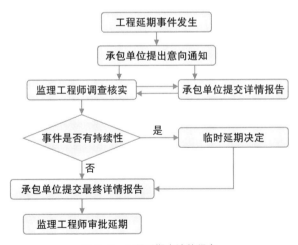

图 3-2　工程延期申请的程序

3.3.8　工程款支付申请表范例与填写说明

3.3.8.1　工程款支付申请表范例

表 C.3.6　工程款支付申请表

工程名称	厦门万丽酒店	编　号	03-00-C3-XXX
		日　期	2018 年 06 月 25 日

致：　　圆方监理公司　　（监理单位）

　　根据施工合同的约定，我方已完成了　　一至五层地面的铺贴　　工作，建设单位应在
　2018　年　7　月　15　日前支付该项工程款共计（大写）　　柒拾叁万贰仟伍佰元整　　，
（小写）　¥732500.00　，请予以审批。

附件：☑已完成工程量报表
　　　　□工程竣工结算证明资料
　　　　□相应支持性文件

施工总承包单位：新鸿装饰公司　　　　　　　　项目经理/负责人：蒋祖科

本表由施工单位填写，一式三份，监理单位、建设单位、施工单位各一份；工程竣工结算报审
时本表一式四份，监理单位、建设单位各一份、施工单位两份。

表 C.3.6 工程款支付申请表附件：

已完成工程量报表

		厦门万丽酒店进度款分摊表						
序号	工程名称	厦门万丽酒店			预算价（元）	单方造价（元/m²）	预算面积	6464.04 m²
	分项	合同工程量	综合单价（元）	本月完成工程量（m²）	本月产值（元）	累计完成工程量（m²）	累计产值（元）	备注
		1	2	3	4=3×2	5	6=5×2	
一	户内精装修							
1	吊顶	6464.04m²	75.42	2488.29	187666.83	2488.29	187666.83	
2	腻子及乳胶漆	6464.04m²	56.22	336.81	18935.46	336.81	18935.46	
3	顶棚其他工程	6464.04m²	29.93	4775.56	142932.51	4775.56	142932.51	
4	地砖	6464.04m²	20.09	0.00	0.00	0.00	0.00	
5	石材	6464.04m²	10.74	4442.20	47709.23	4442.20	47709.23	
6	防水及其他	6464.04m²	35.40	0.00	0.00	0.00	0.00	
7	墙砖及石材	6464.04m²	64.14					
二	户内机电							
1	给水排水管道工程	6464.04m/个	0.50	0.00	0.00	0.00	0.00	
2	洁具及五金件	6464.04m/个	14.52	0.00	0.00	0.00	0.00	
3	电气配管、配线	6464.04m/个	56.36	1178.50	66420.26	1178.50	66420.26	
4	照明灯具及电气设备	6464.04m/个	5.75	0.00	0.00	0.00	0.00	
5	开关插座	6464.04m/个	11.15	0.00	0.00	0.00	0.00	
6	卫生间等电位	6464.04m/个	3.70	6464.04	23916.95	6464.04	23916.95	
三	措施费							
1	户内措施费	6464.04m/个	49.38	600.10	29632.94	1084.59	53557.05	

编者：因篇幅原因，此表列举部分内容，实际操作应完整

3.3.8.2　工程款支付申请表填写说明

1. 基本要求

"工程款支付申请表"是施工单位用于向业主或付款方申请支付工程款项的文件，通常包含工程基本信息、合同支付条款、申请支付的款项，以及已完成的工作量验工计价附件等。

（1）施工单位应严格执行建设工程施工合同中所约定的合同价、单价、工程量计算规则和工程款支付方法申请工程款。

（2）施工单位应报验资料齐全、符合合同文件约定、经监理工程师质量验收合格且工程量计量符合合同与规范要求。

（3）对有争议的工程量计量和工程款支付，应采取协商的方法确定。在协商无效时，由总监理工程师作出决定。若仍有争议，可执行合同争议调解的基本程序。

工程款支付的基本程序如图 3-3 所示。

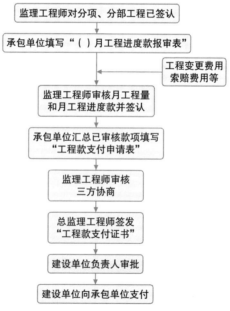

图 3-3　工程款支付的基本程序

118

2. 专项说明

（1）工程量计量。

1）工程量计量原则上每月计量一次，计量周期根据合同中约定的时间节点；

2）施工单位应于每月26日前，根据工程实际进度及监理工程师签认的分项工程，上报月完成工程量；

3）监理工程师对承包单位的申报进行核实，必要时应与承包单位协商，所计量的工程量应经总监理工程师同意，由监理工程师签认；

4）对某些特定的分项、分部工程的计量方法，由项目监理部、建设单位和承包单位协商约定；

5）对一些不可预见的工程量，监理工程师应会同承包单位如实进行计量。

（2）工程款支付。

1）施工单位根据已经计量确认的当月完成工程量，按建设工程施工合同约定计算月工程进度款，并填写"工程款支付报审表"报项目监理部，监理工程师审核签认后，在监理月报中向建设单位报告。

2）项目总监理工程师审核"工程款支付申请表"是否符合建设工程施工合同约定，并及时签发工程预付款的"工程款支付证书"，如表B.4.1所示。

表 B.4.1　工程款支付证书

工程名称		编　号	

致_____（建设单位）

　　根据施工合同_____条_____款的约定，经审核施工单位的支付申请及附件，并扣除有关款项，同意本期支付工程款共（大写）_____（小写：_____）。请按合同约定及时支付。

其中：

1. 施工单位申报款为：_____

2. 经审核施工单位应得款为：_____

3. 本期应扣款为：_____

4. 本期应付款为：_____

附件：

编者： 因篇幅原因，省略附件范例

1. 施工单位的工程支付申请表及附件；

2. 项目监理机构审查记录。

监 理 单 位 _____

总监理工程师 _____

日　　　期 _____

3.3.9 工程变更费用报审表范例与填写说明

3.3.9.1 工程变更费用报审表范例

表 C.3.7 工程变更费用报审表

工程名称	厦门万丽酒店	施工编号	03-00-C3-XXX
		监理编号	03-00-B4-XXX
		日 期	2018 年 12 月 22 日

致： 圆方监理公司 （监理单位）

兹申报第 002 号工程变更单，申请费用见附表，请予以审核。

附件：工程变更费用计算书

编者：因篇幅原因，省略附件范例

专业承包单位：顺鸿装饰公司　　　　　项目经理/负责人：蒋祖科

施工总承包单位：建工有限公司　　　　项目经理/负责人：郑建国

监理工程师审查意见：

1. 工程量符合所报工程实际。

2. 符合《工程变更单》所包括的工作内容。

3. 定额项目选用准确，单价、合价计算正确。

同意施工单位提出的变更费用申请。

专业监理工程师：冯小明

日期：2018年12月24日

总监理工程师审核意见：

同意变更后工程量、价格

监理单位：圆方监理公司

总监理工程师：赵方圆

日期：2018年12月26日

本表由施工单位填写，监理单位签署审核意见。

3.3.9.2 工程变更费用报审表填写说明

1. 基本要求

"工程变更费用报审表"是当工程项目发生变更时，施工单位用于申报和审核工程变更所产生费用的文件。为了规范工程变更费用的管理，确保变更费用的合理性和准确性，通过"工程变更费用报审表"的审核，相应的费用可被纳入工程结算。

施工单位在填写该表时，应明确"工程变更单"所列项目名称，变更前后的工程量、单价、合价的差别，以及工程款的增减额度。

负责造价控制的监理工程师对承包单位所报审的工程变更费用进行审核。审核内容为工程量是否符合所报工程实际；是否符合"工程变更单"所包括的工作内容；定额项目选用是否正确，单价、合价计算是否正确。

2. 专项说明

（1）建设单位提出工程变更，应填写"工程变更单"经项目监理部签转。必要时应委托设计单位编制设计变更文件，并签转项目监理部。

（2）设计单位提出工程变更，应填写"工程变更单"并附设计变更文件，提交建设单位，并签转项目监理部。

（3）施工单位提出工程变更，应填写"工程变更单"报送项目监理部。项目监理部审查同意后转呈建设单位，需要时由建设单位委托设计单位编制设计变更文件，并签转项目监理部。

（4）实施工程变更发生增加或减少的费用，由施工单位填写"工程变更费用报审表"，报项目监理部，项目监理部进行审核并与承包单位和建设单位协商后，由总监理工程师签认，建设单位批准。

（5）工程变更的工程完成并经项目监理部验收合格后，应按正常的计量和支付程序办理变更工程费用的支付。

工程变更管理的基本程序如图 3-4 所示。

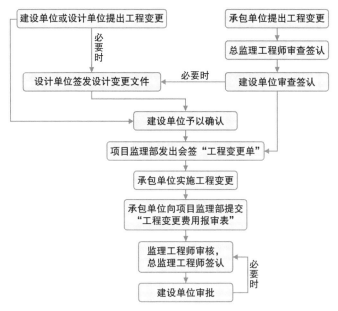

图 3-4 工程变更管理的基本程序

3.3.10 费用索赔申请表范例与填写说明

3.3.10.1 费用索赔申请表范例

表 C.3.8 费用索赔申请表

工程名称	厦门万丽酒店	编　号	00-00-C3-XXX
		日　期	2018 年 05 月 03 日

致：　　圆方监理公司　　（监理单位）

　　根据施工合同第　25　条款的规定，由于　甲供材供应方未能按照约定的质量要求提供产品，导致我方停工 8 天　的原因，我方要求索赔金额共计人民币（大写）　贰万　元，请批准。

附件：

 编者：因篇幅原因，省略附件范例

1. 索赔的详细理由及经过
2. 索赔金额的计算
3. 证明材料

专业承包单位：新鸿装饰公司

施工总承包单位：建工有限公司

项目经理 / 负责人：蒋祖科

项目经理 / 负责人：郑建国

本表由施工单位填写，一式三份，监理单位、建设单位、施工单位各一份。

3.3.10.2 费用索赔申请表填写说明

1. 基本要求

"费用索赔申请表"是施工单位因非己方原因导致的额外费用支出，向建设单位或监理单位提出费用索赔要求的文件。"费用索赔申请表"有助于施工单位合理维护自身权益，同时也为建设单位或监理单位提供了评估和处理索赔的依据。

索赔并不仅是施工单位向建设单位索赔，建设单位也可以向施工单位索赔。由于承包单位原因造成建设单位的额外损失，建设单位向承包单位提出费用索赔时，总监理工程师在审查索赔报告后，应公正地与建设单位和承包单位进行协商，并及时作出答复。

2. 专项说明

（1）"申请内容"部分

1）施工单位应根据施工合同相应条款的规定，说明造成费用索赔的详细理由及经过，以及索赔的金额，在填写索赔金额时应使用大写。

2）施工单位发起索赔时，应详细明确索赔的项目、理由以及造成索赔的详细经过。

3）附件中【索赔的详细理由及经过】【索赔金额的计算】【证明材料】，应包括监理单位与施工单位对工程变更暂停工时的施工进度记录、工程变更单及图纸、工程变更费用报审表、索赔金额的依据材料及计算书等资料。

（2）"费用索赔审批"部分

项目监理部应加强对导致索赔原因的预测和防范，通过合同管理防止或减少索赔事件的发生，对已发生的索赔事件及时采取措施以降低影响及损失；参与索赔事件的处理过程，审核索赔报告，批准合理的索赔或驳回施工单位不合理的索赔要求、索赔要求中不合理的部分。总监理工程师审查后，经与建设单位和施工单位协商，确定批准的赔付金额，并签发"费用索赔审批表"，如表 B.4.2 所示。

表 B.4.2　费用索赔审批表

工程名称		编　号	

致_____（施工总承包 / 专业承包单位）

　　根据施工合同_____条_____款的约定，你方提出的_____费用索赔申请（第　　　号），索赔（大写）_____元，经我方审核评估：

　　□不同意此项索赔。

　　□同意此项索赔，金额为（大写）_____元。

同意 / 不同意索赔的理由：

索赔金额的计算：

监 理 单 位 _____

总监理工程师 _____

日　　　　期 _____

3.3.11　卷内备考表范例

卷内备考表

本案卷共有文件材料　85　页，其中：文字材料　70　张，图样材料　15　张，照片　/　张。

说明：

本案卷完整准确。

立卷人：*张德扬*

2019 年 01 月 25 日

审核人：*蒋祖科*

2019 年 01 月 25 日

施工物资资料（C4）

3.4 施工物资资料（C4）范例

3.4.1 案卷封面范例

档　　号_____

案卷题名_____**厦门万丽酒店**_____

_____**建筑装饰装修工程施工资料**_____

_____**C4 施工物资资料**_____

（1）出厂质量证明文件及检测报告

（2）物资进场检验记录

（3）进场复试报告

编制单位_____新鸿装饰公司_____

起止日期自 2017 年 05 月 05 日起至 2018 年 11 月 25 日止

密级_____秘密_____保管期限_____长期保管_____

本工程共_____11_____卷　　本案卷为第_____5_____卷

3.4.2　卷内目录范例

卷内目录						
工程名称	厦门万丽酒店		资料类别	C4 施工物资资料		
序号	文件材料题名	原编字号	编制单位	编制日期	页次	备注
1	出厂质量证明文件及检测报告		新鸿装饰公司	2017.05.05～2018.11.18	1～201	
2	物资进场检验记录		新鸿装饰公司	2017.05.05～2018.11.18	202～257	
3	进场复试报告		新鸿装饰公司	2017.05.05～2018.11.18	258～317	

3.4.3 出厂质量证明文件及检测报告目录范例

				资料管理专项目录（质量证明文件）					
工程名称			厦门万丽酒店			**资料类别**	材料质量证明文件		
序号	物资（资料）名称	厂名	品种规格型号	产品质量证明编号	数量	进场日期	使用部位	资料编号	页次	备注
1	水泥出厂合格证、检验报告	厦门华金龙建材有限公司	P·C32.5R	0725	120t	2017.05.05	Z1单体室内地面	001	1~16	
2	砂检验报告	三化砂石厂	中砂	CE151700319	330m³	2017.05.05	Z1单体室内地面	002	17~24	
3	碎石检验报告	三化砂石厂	碎石	CE151700720	300t	2017.05.05	Z1单体室内地面	003	25~32	
4	钢材出厂合格证、检验报告	新泰钢铁有限公司	HM350×350×12×19/12	0532	26.46t	2017.08.08	F1~F5层室内	004	33~36	
5	防水涂料出厂合格证、检验报告	东方雨虹民用建材有限责任公司	Ⅱ型	ES2017-CJ368	7t	2017.10.15	卫生间	005	37~52	
6	花岗石出厂合格证、检验报告	山西金圣石业建筑装饰工程有限公司	800mm×800mm×18mm	0818	500m²	2018.03.19	室内地面	006	53~73	
7	瓷砖出厂合格证、检验报告	佛山市中裕弗贝思陶瓷有限公司	600mm×1200mm×10mm	GJCF-B0033J	3000m²	2018.04.24	室内墙地面	007	74~89	
8	轻钢龙骨出厂合格证、检验报告	北新集团建材股份有限公司	DC50mm×19mm×0.5mm	0515	8500m	2017.11.20	吊顶骨架基层	008	90~109	

续表

资料管理专项目录（质量证明文件）										
工程名称		厦门万丽酒店			资料类别		材料质量证明文件			
序号	物资（资料）名称	厂名	品种规格型号	产品质量证明编号	数量	进场日期	使用部位	资料编号	页次	备注
9	石膏板出厂合格证、检验报告	北新集团建材股份有限公司	PC 2440mm×1220mm×9.5mm	0516	2000张	2017.10.15	客厅吊顶	009	110～125	
10	细木工板出厂合格证、检验报告	吉森木业有限公司	1220mm×2440mm×18mm	201810185	2000m²	2017.12.05	室内隔墙	010	126～141	
11	乳胶漆出厂合格证、检验报告	广州立邦涂料有限公司	合格品（白色）	18052A23	5t	2018.05.06	墙面涂饰	011	142～157	
12	钢化玻璃出厂合格证、检验报告	福建省港达玻璃制品有限公司	1930mm×864mm×12mm	20180520	600m²	2018.06.01	室内玻璃隔断	012	158～169	
13	木门出厂合格证、检验报告	怡发实创木业有限公司	2100mm×800mm×50mm	20181026	100樘	2018.11.12	F1～F5 室内木门	013	170～185	
14	壁纸出厂合格证、检验报告	北京皇庭丽彩装饰有限公司	N1913-19/1.37m×50m	20180525	1630m²	2018.11.18	室内墙面	014	186～201	
15	隔墙龙骨出厂合格证、检验报告	北新集团建材股份有限公司	QC 75mm×45mm×0.6mm	0518	5500m	2017.11.20	骨架隔墙	015	202～217	略
16	木饰面板出厂合格证、检验报告	上海声达木业有限公司	1220mm×2440mm×15mm	201810163	2000m²	2018.08.15	室内隔墙	016	218～233	略

续表

序号	物资（资料）名称	厂名	品种规格型号	产品质量证明编号	数量	进场日期	使用部位	资料编号	页次	备注
资料管理专项目录（质量证明文件）										
工程名称		厦门万丽酒店			资料类别		材料质量证明文件			
17	大理石出厂合格证、检验报告	山西金圣石业建筑装饰工程有限公司	1200mm×2400mm×18mm	201810152	2500m²	2018.05.24	室内墙地面	017	234~249	略
18	活动隔墙出厂合格证、检验报告	怡发实创木业有限公司	2300mm×900mm×80mm	201810305	15套	2018.05.28	室内活动隔墙	018	250~265	略
19	橱柜出厂合格证、检验报告	天格家具公司	详见产品图纸	201810136	85套	2018.11.05	F1~F5室内	019	266~281	略
20	木地板出厂合格证、检验报告	天格地板	910mm×122mm×15mm	201810123	7000m²	2018.09.20	室内地面	020	282~297	略
21	地毯出厂合格证、检验报告	山花地毯	2400mm×3400mm	201810223	1500m²	2018.10.05	室内地面	021	298~313	略

 编者：1. 表格备注栏"略"，表示该行记录范例省略
　　　2. 因篇幅原因，水电材料进场范例省略

3.4.3.1 水泥出厂合格证、检验报告

合格证粘贴页

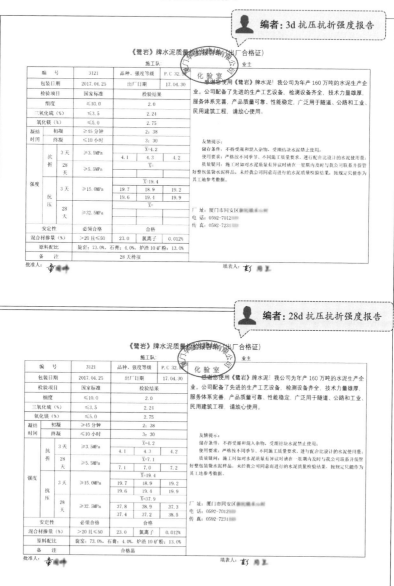

编者：3d 抗压抗折强度报告

编者：28d 抗压抗折强度报告

附件：生产单位检验报告（复印件要标明原件保管单位）

（鹭岩）牌水泥检验报告单

151300110074　　　2015阿质监验字001号　　　　　　　　TESTING CNAS L1402

检 验 报 告

TEST REPORT

No： (2017) SJWJ0-049

样品名称：　　　复合硅酸盐水泥

委托单位：　　　厦门华金龙建材有限公司

检验类别：　　　委托检验

报告日期：　　　2017.04.30

三明市产品质量检验所

福建省水泥产品质量监督检验中心（三明）

检 验 报 告

福建省水泥产品质量监督检验中心（三明）

编　号：（2017）SJWJ0-049
（第 1 页　共 2 页）

检验结果：

<table>
<tr><td rowspan="4">□ ☑
委 受
托 检
单 位</td><td>名称</td><td colspan="3">厦门华金龙建材有限公司</td><td>样品名称</td><td colspan="2">复合硅酸盐水泥</td></tr>
<tr><td>地址</td><td colspan="3">厦门市同安区××××××××</td><td>商标
型号
规格
等级</td><td colspan="2">鹭岩
32.5R
/
/</td></tr>
<tr><td>电话</td><td>180300626××</td><td>邮编</td><td>3611××</td><td rowspan="2">出厂编号
生产日期</td><td rowspan="2" colspan="2">3062
2017.03.28</td></tr>
<tr><td>传真</td><td>/</td><td>电子信箱</td><td>/</td></tr>
<tr><td colspan="2">生产单位</td><td colspan="6">厦门华金龙建材有限公司</td></tr>
<tr><td rowspan="3">抽样
概况</td><td>日期</td><td colspan="3">2017-04-04</td><td>抽样单位</td><td colspan="2">福建省水泥产品质量监督检验
中心（三明）</td></tr>
<tr><td>地点</td><td colspan="3">该公司水泥运输车上
（车号：闽 D961××）</td><td>抽样基数</td><td colspan="2">3t</td></tr>
<tr><td>方法</td><td colspan="3">简单随机</td><td>抽样数量</td><td colspan="2">12kg（含备份样品 6kg）</td></tr>
<tr><td rowspan="2">样品
概况</td><td>数量</td><td colspan="3">6kg</td><td>接收日期</td><td colspan="2">2017.04.04</td></tr>
<tr><td>说明</td><td colspan="6">样品符合试验要求</td></tr>
<tr><td colspan="2">检 验
依 据</td><td colspan="6">1.《通用硅酸盐水泥》GB 175-2007
2.《福建省质量技术监督局关于下达 2017 年第二季度工业品质量省级监督抽查任务
的通知》
3.《2017 年第二季度水泥产品质量省级监督抽查实施方案》</td></tr>
<tr><td colspan="2">检 验
结 果</td><td colspan="6">（详见续页）</td></tr>
<tr><td colspan="2">检 验
结 论</td><td colspan="6">经抽样检验，所检项目符合 GB 175-2007 标准要求，依据 FJCCX7 检验 13202.02-
2015《通用硅酸盐水泥产品质量监督抽查实施细则》，判定为合格</td></tr>
<tr><td colspan="2">说 明</td><td colspan="6">/</td></tr>
<tr><td colspan="2">检验日期</td><td colspan="6">2017.04.04 ~ 2017.04.29</td></tr>
</table>

批准：　　　　　　　审核：李旭阳　　　　　　主检：

检 验 报 告

福建省水泥产品质量监督检验中心（三明）

检验结果：

检验项目		计量单位	标准要求	检验结果					
标准稠度用水量		%	/	26.1					
凝结时间	初凝	min	≥ 45	137					
	终凝	min	≤ 600	199					
安定性（试饼）		/	合格	合格					
胶砂流动度	水灰比	/	/	0.50					
	流动度	mm	≥ 180	218					
氯离子		%	≤ 0.06	0.024					
氧化镁		%	≤ 6.0	2.3					
三氧化硫		%	≤ 3.5	1.8					
抗折强度	3 天	MPa	≥ 3.5	1	4.7	2	4.3	3	4.2
				$\overline{X}$=4.4					
	28 天	MPa	≥ 5.5	1	7.9	2	8.0	3	7.9
				$\overline{X}$=7.9					
抗压强度	3 天	MPa	≥ 15.0	1	22.2	2	21.1	3	21.3
				4	21.1	5	20.3	6	20.8
				$\overline{X}$=21.1					
	28 天	MPa	≥ 32.5	1	50.1	2	48.5	3	49.2
				4	49.8	5	47.9	6	48.6
				$\overline{X}$=49.0					

以下空白

3.4.3.2 砂检验报告

附件：生产单位检验报告（复印件要标明原件保管单位）

砂检验报告单

检 验 报 告

TEST REPORT

中心编号(No): ___WT2017B01N00725___

样品名称：_____天然砂_____

委托单位：_____三化砂石厂_____

检验类别：_____委托检验_____

报告日期：_____2017.04.25_____

国家建筑材料测试中心

National Research Center of Testing Techniques for Building Materials

国 家 建 筑 材 料 测 试 中 心
National Research Center of Testing Techniques for Building Materials
检 验 报 告
（Test Report）

中心编号：WT2017B01N00725　　　　　　　　　　　　　共 2 页第 1 页

产品名称	天然砂	检验类别	委托检验
委托单位	三化砂石厂	来样方式	送样
生产单位	三化砂石厂	样品数量	20kg
样品状态	无杂物	代表数量	400m³
样品编号	A201702335	来样日期	2017 年 04 月 20 日
型号规格	中砂	检验日期	2017 年 04 月 21 日～2017 年 04 月 25 日
检测依据	《普通混凝土用砂、石质量及检验方法标准》JGJ 52—2006		

颗粒级配							
公称粒径(mm)	10.0	5.00	2.50	1.25	0.630	0.315	0.160
标准要求砂颗粒级配区	0	10～0	25～0	50～10	70～41	92～70	100～90
实际累计筛余(%)	—	2	7	30	53	80	95
细度模数	2.6	颗粒级配区		II			

其他检验项目	
检验项目	检验结果
含泥量(%)	2.7
泥块含量(%)	0.8
表观密度（kg/m³）	2640
紧密密度（kg/m³）	—
堆积密度（kg/m³）	1460
检测结论	依据《普通混凝土用砂、石质量及检验方法标准》JGJ52-2006 标准试验，判定该砂为中砂 签发日期：2017 年 04 月 25 日
备注	委托方接到检验报告后，如有异议，请在十五日内提出

批准：徐春燕　　　　审核：单文邦　　　　编制：王阳

3.4.3.3 碎石检验报告

附件：生产单位检验报告（复印件要标明原件保管单位）

碎石检验报告单

检 验 报 告

TEST REPORT

中心编号(No)：　WT2017B1N00723

样品名称：　　　　　碎石

委托单位：　　　三化砂石厂

检验类别：　　　委托检验

报告日期：　　　2017.07.23

国 家 建 筑 材 料 测 试 中 心

National Research Center of Testing Techniques for Building Materials

国 家 建 筑 材 料 测 试 中 心

National Research Center of Testing Techniques for Building Materials

检 验 报 告

（Test Report）

中心编号：WT2017B1N00723　　　　　　　　　　　　　　共 2 页第 1 页

产品名称	碎石	检验类别	委托检验
委托单位	三化砂石厂	来样方式	送样
生产单位	三化砂石厂	样品数量	40kg
样品状态	无杂物	代表数量	400m³
样品编号	A201702458	来样日期	2017 年 04 月 18 日
型号规格	中砂	检验日期	2017 年 04 月 19 日～2017 年 04 月 23 日
检测依据	《普通混凝土用砂、石质量及检验方法标准》JGJ 52-2006		

颗粒级配

石的公称粒径(mm)	标准颗粒级配范围累计筛余（%）	实际累计筛余(%)
100.0	—	—
80.0	—	—
63.0	—	—
50.0	—	—
40.0	—	—
31.5	—	—
25.0	—	—
20.0	—	—
16.0	0	0
10.0	0～15	9
5.00	80～100	89
2.50	95～100	98

其他检验

检验项目	检验结果
含泥量(%)	0.8
泥块含量（%）	—
针片状颗粒含量（%）	7
压碎指标值（%）	—
表观密度（kg/m³）	2640
紧密密度（kg/m³）	—
含水率（%）	—
堆积密度（kg/m³）	1470

检测结论	依据《普通混凝土用砂、石质量及检验方法标准》JGJ 52-2006 标准试验，该碎石符合连续粒级 5～10mm 碎石要求。 签发日期：2017 年 04 月 23 日
备注	委托方接到检验报告后，如有异议，请在十五日内提出

批准：　　　　　　　审核：　　　　　　　编制：

3.4.3.4 钢材出厂合格证、检验报告

附件：产品质量证明书（复印件要标明原件保管单位）

新泰钢铁有限公司产品质量证明书

订货单位	安泰型钢有限公司		产品名称	H型钢		执行标准	GB/T11263-2010		交货状态	热轧		车号	52170						
收货单位	恒帅盛旺商贸有限公司																		
序号	炉号	牌号	规格（mm）	支数	重量（t）	化学成份（%） C	Si	Mn	P	S	抗拉强度	屈服强度	伸长率	常温冲击	冷弯 B	表面质量
1	15110529H15B7570	Q235B	HM350×350×12×19/12	21	26.4600	0.16	0.17	0.50	0.026	0.016	426	292	37.0	138	完好	合格
2	15110528H15B7571	Q235B	HM350×350×12×19/12	12	15.1200	0.17	0.16	0.50	0.020	0.016	429	290	37.5	124	完好	合格
合计支数	33				合计重量（t） 1.5800											

说明：
1. 如有质量异议，第一时间联系各户代表或合同供货方，来函标明合同号、合同数量、炉号、交货量、交货日期、问题描述、联系方式。
2. 现场核实时，请提供存在问题的实物（我方供货状态的实物）及样品质量证明书原件。
3. 本产品质量证明书无产品质量专用章无效

地址：安泰工业园　　电话：0354-75314××　　传真：0354-75365××
邮编：　　　　　　　　制表人：郭远

声明：本产品已按上述要求进行制造和检验。其结果符合要求，特此证明。

3.4.3.5 防水涂料出厂合格证、检验报告

合格证粘贴页

东方雨虹民用建材有限责任公司

产品名称： JS聚合物水泥防水涂料
产品类型、分类： 防水涂料–水性
产品标记： 防水涂料 Ⅱ
产品标准： GB/T 23445
挥发性有机化合物含量： ≤10g/L
施工配合比： 液：粉=10：23
生产日期或批号： 2017年0月18日
检验员签章： 检001
净含量： 18kg
制造商： 东方雨虹民用建材有限责任公司

合 格 证

9020 3227

📞 400-700-xxxx WWW.▇▇▇▇.COM.CN

东方雨虹民用建材有限责任公司

产品名称： JS聚合物水泥防水涂料
产品类型、分类： 防水涂料–水性
产品标记： 防水涂料 Ⅱ
产品标准： GB/T 23445
挥发性有机化合物含量： ≤10g/L
施工配合比： 液：粉=10：23
生产日期或批号： 2017年0月18日
检验员签章： 检001
净含量： 18kg
制造商： 东方雨虹民用建材有限责任公司

合 格 证

9020 3227

📞 400-700-xxxx WWW.▇▇▇▇.COM.CN

附件：生产单位检验报告（复印件要标明原件保管单位）

检 验 报 告

TEST REPORT

№: ES 2017－CJ 368

样品名称：　　　JS聚合物水泥防水涂料

委托单位：东方雨虹民用建材有限责任公司

检验类别：　　　　委托检验

报告日期：　　　2017.09.17

福建省工程质量检测中心

161301060102

福建省工程质量检测中心
检验报告(TEST REPORT)

报告编号 NO. <u>ES2017－CJ368</u>　　　　　　　　　第1页 共2页

产品名称	聚合物水泥防水涂料	规格类型	Ⅱ型
受控单位	东方雨虹民用建材有限责任公司	商　标	创益
生产单位	东方雨虹民用建材有限责任公司	检验类别	委托
委托方	东方雨虹民用建材有限责任公司	到样日期 制样日期	2017-08-24 2017-08-25
委托方地址	/	原编号或 生产日期	/
样品状态	液料、粉料，完好	样品数量	各1kg
检验依据	《聚合物水泥防水涂料》GB/T 23445-2009		
检验项目	外观、固体含量、拉伸强度（无处理）、断裂伸长率（无处理）、粘结强度（无处理）、抗渗性		
检验结论	样品经检验外观等共六项性能符合《聚合物水泥防水涂料》GB/T 23445-2009标准规定的型要求。以下空白 签发日测试验商2017年8月17日		
备注			

批　准：王开印　　　审　核：严建实　　　主　检：李化安
Approved by：　　　**Inspected by：**　　　**Tested by：**

161301060102

福建省工程质量检测中心
检 验 报 告(TEST REPORT)

报告编号 NO.　ES 2017－CJ368　　　　　　　　第 2 页　共 2 页

序号	项目		标准规定	检验结果	单项评定
1	外观		液体组分应为无杂质、无凝胶的均匀乳液,固体组分应为无杂质、无结块的粉末	液体组分为无杂质、无凝胶的均匀乳液,固体组分为无杂质、无结块的粉末	合格
2	固体含量（%）		≥70	83	合格
3	拉伸强度	无处理（MPa）	≥1.8	1.9	合格
4	断裂伸长率	无处理（%）	≥80	95	合格
5	粘结强度	无处理（MPa）	≥0.7	1.2	合格
6	抗渗性（砂浆背水面）（MPa）		≥0.6	0.6	合格
	以下空白				
备注					

批 准：　王开印　　　审 核：严律实　　　主 检：李化安
Approved by：　　　　Inspected by：　　　　Tested by：

（测试检验章：福建省工程质量检测中心）

3.4.3.6 花岗石出厂合格证、检验报告

合格证粘贴页

附件：生产单位检验报告（复印件要标明原件保管单位）

检 验 报 告

TEST REPORT

石中[2018]质检字第 757763-1 号

样品名称：　　　　　花岗石

委托单位：山西金圣石业建筑装饰工程有限公司

检验类别：　　　　　委托检验

报告日期：　　　　2018.03.08

国 家 建 筑 材 料 测 试 中 心
National Research Center of Testing Techniques for Building Materials

国 家 建 筑 材 料 测 试 中 心
National Research Center of Testing Techniques for Building Materials
检 验 报 告
（Test Report）

石中[2018]质检字第 757763-1 号   共 3 页第 1 页

产品名称	花岗石	型号规格	（600×600×18）mm
受检单位	山西金圣石业建筑装饰工程有限公司	检验类别	委托检验
生产单位	山西金圣石业建筑装饰工程有限公司	样品等级	—
抽样地点	—	到样日期	2018 年 3 月 3 日
样品数量	2 件	送样者	王永年
抽样基数	—	原编号或生产日期	—
检验依据	《天然饰面石材试验方法 第1部分：干燥、水饱和、冻融循环后压缩强度试验》GB/T 9966.1-2001《天然饰面石材试验方法 第2部分：干燥、水饱和和弯曲强度试验方法》GB/T 9966.2-2001《天然饰面石材试验方法 第3部分：体积密度、真密度、真气孔率、吸水率试验方法》GB/T 9966.3-2001《天然花岗石建筑板材》GB/T 18601-2009	检验项目	体积密度、吸水率、干燥压缩强度、干燥与水饱和弯曲强度
仪器设备	WD-10c 电子万能试验机、WE-60 液压式万能试验机、TS2000 电子天平、CS1012 电热鼓风干燥箱		

检验结论：

按 GB/T 9966-2001 标准对该单位送检的样品进行了体积密度、吸水率、干燥压缩强度、干燥与水饱和弯曲强度四项检验，检验结果（见附页）均达到 GB/T 9966.1-2001、GB/T 9966.2-2001、GB/T 9966.3-2001 标准的技术要求

2017 年 月 23

测试检验章

备 注：

本结果只对检验样品负责

批准：   审核：   编制：

国 家 建 筑 材 料 测 试 中 心
National Research Center of Testing Techniques for Building Materials
检 验 报 告
（Test Report）

石中〔2018〕质检字第 757763-1 号　　　　　　　　　　共 **3** 页第 **2** 页

序号	检验项目	计量单位	标准技术[GB/T18601–2009]	检验数量（块）	检验数据			低于、达到或超过标准	备注
					最大值	最小值	平均值		
1	体积密度	g/cm³	≥2.56	4	2.75	2.73	2.74	达到	
2	吸水率	%	≤0.60	4	0.51	0.49	0.50	达到	
3	干燥压缩强度	MPa	≥100.0	4	120.4	120.4	120.4	达到	
4	干燥弯曲强度	MPa	≥8.0	4	8.5	8.5	8.5	达到	
	水饱和弯曲强度			4	8.6	8.8	8.7	达到	
以 下 空 白									

国 家 建 筑 材 料 测 试 中 心
National Research Center of Testing Techniques for Building Materials
检 验 报 告
（Test Report）

石中〔2018〕质检字第 757763-1 号　　　　　　　　　　　共 3 页第 3 页

产品名称	花岗石	型号规格	（600×600×18）mm
受检单位	山西金圣石业建筑装饰工程有限公司	检验类别	委托检验
生产单位	山西金圣石业建筑装饰工程有限公司	样品等级	—
抽样地点	—	到样日期	2018 年 3 月 3 日
样品数量	30 块	送样者	王永年
抽样基数	—	原编号或生产日期	
检验依据	《建筑材料放射性核素限量》GB 6566-2010	检验项目	放射性素比活度

检验结论：

　　根据室内低本底高分辨率多道 Y 能谱仪分析结果，该单位送检的石材

样品中的放射性核素比活度为：

镭（Ra）—226	钍（Th）—232	钾（K）—40
10.50±2.16Bq/kg	14.47±2.85 Bq/kg	112.58±18.90Bq/kg

　　依据 GB 6566-2001 标准，该样品的内照射指数（I_{Ra}）为 0.31，外照射指数（I_r）

为 0.98，综合判定为 A 类装修材料。A 类装修材料产销与使用范围不受限制。

备　注：
1. A 类装修材料要求为：$I_{Ra} \leqslant 1.0$ 和 $I_r \leqslant 1.3$
2. 本结果只对检验样品负责

批准：　　　　　　审核：　　　　　　编制：

3.4.3.7 瓷砖出厂合格证、检验报告

合格证粘贴页

产 品 合 格 证

执行标准：GB/T4100-2015附录G有釉

本产品符合GB6566-2010《建筑材料放射性核素限量》

标准中A类装修材料要求 其产销与使用范围不受限制

检验员：08 600mm×1200mm×10mm

新明珠集团股份有限公司

本产品已经过防污处理

产 品 合 格 证

执行标准：GB/T4100-2015附录G有釉

本产品符合GB6566-2010《建筑材料放射性核素限量》

标准中A类装修材料要求 其产销与使用范围不受限制

检验员：08 600mm×1200mm×10mm

新明珠集团股份有限公司

本产品已经过防污处理

附件：生产单位检验报告（复印件要标明原件保管单位）

2015002856Z　　(2015)国认监认字(342)号

检 验 报 告

TEST REPORT

中心编号(No): ___WT2018B01N00322___

样品名称：　　　　　柔抛砖

委托单位：佛山市中裕弗贝思陶瓷有限公司

检验类别：　　　　委托检验

报告日期：　　　　2018.03.22

国 家 建 筑 材 料 测 试 中 心
National Research Center of Testing Techniques for Building Materials

国 家 建 筑 材 料 测 试 中 心
National Research Center of Testing Techniques for Building Materials

检 验 报 告
（Test Report）

中心编号：WT2018B01N00322   第 1 页 共 2 页

产品名称	柔抛砖	检验类别	委托检验
委托单位	佛山市中裕弗贝思陶瓷有限公司	商　　标	弗贝思
生产单位	佛山市中裕弗贝思陶瓷有限公司	样品状态	块状（有釉）
来样方式	送样	样品数量	30 片
样品编号	A201803026	来样日期	2018 年 03 月 12 日
型号规格	600mm×1200mm×10mm	检验日期	2018 年 03 月 13 日 ～ 2018 年 03 月 22 日
检测依据	《陶瓷砖》GB/T 4100-2015（附录 G）； 《建筑材料放射性核素限量》GB 6566-2010		
检测结论	经检验，所检项目符合 GB/T 4100-2015 标准中附录 G 及 GB 6566-2010 标准中 A 类装饰装修材料要求 签发日期：2018 年 03 月 22 日		
备注	本报告仅对来样负责		

批准：   审核：   编制：

国 家 建 筑 材 料 测 试 中 心
National Research Center of Testing Techniques for Building Materials
检 验 报 告
(Test Report)

中心编号：WT2018B01N00322　　　　　　　　　　第2页 共2页

序号	检测项目	单位	标准要求			检验结果	判定
1	尺寸及偏差	%	长度	相对于工作尺寸的允许偏差	±0.6	0~+0.04	合格
		mm			最大值±0.6	0~+0.5	
		%	宽度	相对于工作尺寸的允许偏差	±0.6	0~+0.05	
		mm			最大值±2.0	0~+0.3	
		mm	厚度	工作尺寸≤11.0		10	
		%		相对于工作尺寸的允许偏差	±5	0~+2.1	
		mm			最大值±0.5	0~+0.3	
2	边直度	%	±0.5			-0.03~+0.04	合格
		mm	最大值±1.5			-0.23~+0.28	
3	直角度	%	±0.5			-0.04~+0.04	合格
		mm	最大值±2.0			-0.24~+0.23	
4	表面平整度	mm	上凸	≤2.0		0.2	合格
			下凹	≤2.0		0.2	
5	表面质量	—	至少砖的95%的主要区域无明显缺陷			符合	合格
6	吸水率	%	平均值≤0.5 单个值≤0.6			0.06 0.04~0.06	合格
7	破坏强度	N	当厚度≥7.5mm时，平均值≥1300			3424	合格
8	断裂模数	MPa	平均值≥35 单个值≥32			39 36~40	合格
9	抗釉裂性	—	经试验应无釉裂			符合	合格
10	抗冻性	—	经试验应无裂纹或剥落			符合	合格
11	耐污染性	—	最低 3 级			5 级	合格
12	耐家庭化学试剂和游泳池盐类	—	不低于 GB 级			GA 级	合格
13	地砖摩擦系数		单个值≥0.50			干法 0.60~0.62	合格
14	内照射指数 I_{Ra}	—	A 类装饰装修材料：I_{Ra}≤1.0			0.5	合格
			B 类装饰装修材料：I_{Ra}≤1.3				
	外照射指数 I_r	—	A 类装饰装修材料：I_r≤1.3			0.7	
			B 类装饰装修材料：I_r≤1.9				
			C 类装饰装修材料：I_r≤2.8				

3.4.3.8　轻钢龙骨出厂合格证、检验报告

合格证粘贴页

龙牌轻钢龙骨　出厂检验证

符合GB/T 11981

2017年10月26日

规格　吊顶龙骨 (50x19x0.5x3000)mm　12根

合格
检1

工程备案以专用合格证为准

BNBM 北新集团建材股份有限公司

北京市海淀区三里河路XX号　010-598129XX

产地：河北涿州　厂址：河北省XX市东开发区北新工业园

龙牌轻钢龙骨　出厂检验证

符合GB/T 11981

2017年10月26日

规格　吊顶龙骨 (50x19x0.5x3000)mm　12根

合格
检1

工程备案以专用合格证为准

BNBM 北新集团建材股份有限公司

北京市海淀区三里河路XX号　010-598129XX

产地：河北涿州　厂址：河北省XX市东开发区北新工业园

附件：生产单位检验报告（复印件要标明原件保管单位）

2015002856Z　(2015)国认监认字(342)号　　　　　　　　CNAS L0690

检 验 报 告

TEST REPORT

№: (2017)SJWJO-023

样品名称：　　　轻钢吊顶承载龙骨

委托单位：　　北新集团建材股份有限公司

检验类别：　　　　委托检验

报告日期：　　　　2017.10.25

国 家 建 筑 材 料 测 试 中 心

ational Research Center of Testing Techniques for Building Material

国 家 建 筑 材 料 测 试 中 心
National Research Center of Testing Techniques for Building Materials
检 验 报 告
(Test Report)

中心编号：(2017)SJWJ0-023　　　　　　　　　　　　　　　　　第1页　共3页

样品名称	轻钢吊顶承载龙骨	检验类别	委托检验
委托单位	国家建筑材料测试中心	来样编号	——
生产单位	北新集团建材股份有限公司	商　标	龙牌
来样日期	2017年10月18日	型号规格	D38、D50、D60
检验依据	《建筑用轻钢龙骨》GB/T 11981		
检验项目	按照国家标准GB/T 11981检测全套技术要求		
检验结论	送检产品轻钢吊顶承载龙骨(D38、D50、D60)检测结果符合国家标准GB/T 11981优等品指标要求		
附注：			

批准：　　　　　　审核：　　　　　　编制：

国 家 建 筑 材 料 测 试 中 心
National Research Center of Testing Techniques for Building Materials
检 验 报 告
(Test Report)

中心编号：(2017)SJWJ0-023　　　　　　　　　　　　　　　　　第2页　共3页

序号	检验项目		标准指标(优等品)	检验值	单项判定
1	外观质量	D38	无腐蚀、损伤、黑斑、麻点	通过	合格
		D50	无腐蚀、损伤、黑斑、麻点	通过	合格
		D60	无腐蚀、损伤、黑斑、麻点	通过	合格
2	镀锌量（g/m^2）	D38	$\geqslant 120$	135	合格
		D50	$\geqslant 120$	132	合格
		D60	$\geqslant 120$	138	合格
3	断面尺寸（mm）	D38	尺寸$A：\pm 0.3$；尺寸$B：\pm 1.0$	$A：-0.3\sim+0.2$ $B：-0.5\sim+0.4$	合格
		D50	尺寸$A：\pm 0.3$；尺寸$B：\pm 1.0$	$A：-0.2\sim+0.3$ $B：-0.5\sim+0.6$	合格
		D60	尺寸$A：\pm 0.3$；尺寸$B：\pm 1.0$	$A：-0.2\sim+0.3$ $B：-0.5\sim+0.6$	合格
4	侧面平直度（mm/1000mm）	D38	$\leqslant 0.5$	0.3	合格
		D50	$\leqslant 0.5$	0.4	合格
		D60	$\leqslant 0.5$	0.4	合格
5	底面平直度（mm/1000mm）	D38	$\leqslant 1.0$	0.6	合格
		D50	$\leqslant 1.0$	0.7	合格
		D60	$\leqslant 1.0$	0.7	合格

备注：

批准：　　　　　　　　审核：　　　　　　　　编制：

国 家 建 筑 材 料 测 试 中 心
National Research Center of Testing Techniques for Building Materials
检 验 报 告
(Test Report)

中心编号：(2017)SJWJ0-023

第 3 页 共 3 页

序号	检验项目		标准指标(优等品)	检验值	单项判定
6	弯曲内角半径 （mm）	D38	≤1.75	1.50	合格
		D50	≤2.00	1.64	合格
		D60	≤2.00	1.65	合格
7	角度偏差	D38	≤±1°00′	50′	合格
		D50	≤±1°00′	50′	合格
		D60	≤±1°00′	50′	合格
8	静载试验	D38	加载挠度不大于10.0mm,残余变 形量不大于2.0mm	加载挠度为7.9mm, 残余变形量为1.6mm	合格
		D50	加载挠度不大于10.0mm,残余变 形量不大于2.0mm	加载挠度为7.1mm, 残余变形量为1.5mm	合格
		D60	加载挠度不大于10.0mm,残余变 形量不大于2.0mm	加载挠度为6.8mm, 残余变形量为1.5mm	合格

备注：

批准：　　　　　　　审核：　　　　　　　编制：

3.4.3.9 石膏板出厂合格证、检验报告

合格证粘贴页

附件: 生产单位检验报告(复印件要标明原件保管单位)

检 验 报 告

TEST REPORT

No: (2017)SJWJ0-049

样品名称: 复合硅酸盐水泥

委托单位: 厦门华金龙建材有限公司

检验类别: 委托检验

报告日期: 2017.04.30

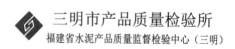

三明市产品质量检验所

福建省水泥产品质量监督检验中心(三明)

国 家 建 筑 材 料 测 试 中 心
National Research Center of Testing Techniques for Building Materials
检 验 报 告
(Test Report)

中心编号：CY2017C03C00277　　　　　　　　　　　　第 1 页　共 2 页

产品名称	耐水纸面石膏板	检验类别	抽样检验
受检单位	北新集团建材股份有限公司	申请编号	CTC-CY-2017-0014
生产单位	北新集团建材股份有限公司	商　　标	龙牌
抽样单位	国家建筑材料测试中心	型号规格	SC2440×1220×9.5mm
生产日期	2016 年 12 月	抽样基数	2500 张
抽样日期	2017 年 01 月 13 日	抽样数量	5 张
来样日期	2017 年 01 月 19 日	抽样人	王永年
抽样方式	随机抽样	封样人	李化安
抽样地点	北新集团建材股份有限公司	封样状态	完好
检验依据	《纸面石膏板》GB/T 9775-2008 《建筑材料放射性核素限量》GB 6566-2010		
检验项目	外观质量、尺寸偏差等共 12 项，详见第 2 页。		
检验结论	经检验，抽样样品所检项目第 1～11 项的检验结果符合 GB/T 9775-2008 中 9.5mm 厚耐水板的技术要求；放射性核素限量的检验结果符合 GB 6566-2010 中 A 类装饰装修材料的技术要求 签发日期：2017 年 02 月 23 日 （检验检测专用章）		
备注	此处空白		

批准：张春君　　　　　审核：单文峰　　　　　编制：王力

国 家 建 筑 材 料 测 试 中 心

National Research Center of Testing Techniques for Building Materials

检 验 报 告

(Test Report)

中心编号：CY2017C03C00277　　　　　　　　　　　　　　　第 2 页　共 2 页

序号	检验项目		标准要求 （9.5mm厚、耐水板）	检验结果	单项评定
1	外观		纸面石膏板板面应平整，不应有影响使用的波纹、沟槽、亏料、漏料和划伤、破损、污痕等缺陷	纸面石膏板板面平整，无影响使用的波纹、沟槽、亏料、漏料和划伤、破损、污痕等缺陷	合格
2	尺寸偏差	长度（mm）	−6～0	0	合格
		宽度（mm）	−5～0	0	合格
		厚度（mm）	±0.5	−0.3	合格
3	对角线长度差（mm）		≤5	1	合格
4	楔形棱边断面尺寸（mm）	楔形棱边宽度	30～80	34	合格
		楔形棱边深度	0.6～1.9	1.1	合格
5	护面纸与芯材粘结性		护面纸与芯材应不剥离	护面纸与芯材不剥离	合格
6	面密度（kg/m²）		≤9.5	7.3	合格
7	断裂荷载（N）	纵向	平均值≥400 最小值≥360	平均值445 最小值438	合格
		横向	平均值≥160 最小值≥140	平均值203 最小值198	合格
8	硬度（N/mm²）	棱边	≥70	157	合格
		端头	≥70	182	合格
9	抗冲击性		经冲击后，板材背面应无径向裂纹	无径向裂纹	合格
10	吸水率（%）		≤10	7.2	合格
11	表面吸水量（g/m²）		≤160	144	合格
12	放射性核素限量（A类装饰装修材料）		内照射指数 I_{Ra}≤1.0	0.08	合格
			内照射指数 I_r≤1.3	0.06	合格
备注			此处空白		

批准：徐春兔　　　　　　审核：单峰　　　　　　编制：王阳

3.4.3.10 细木工板出厂合格证、检验报告

合格证粘贴页

附件：生产单位检验报告（复印件要标明原件保管单位）

检 验 报 告

TEST REPORT

№：（2018）SJWJO-020

样品名称：＿＿＿＿＿＿细木工板＿＿＿＿＿＿

委托单位：＿＿＿＿吉森木业有限公司＿＿＿＿

检验类别：＿＿＿＿＿委托检验＿＿＿＿＿＿＿

报告日期：＿＿＿＿2018.04.28＿＿＿＿＿＿

国 家 建 筑 材 料 测 试 中 心

National Research Center of Testing Techniques for Building Materials

国 家 建 筑 材 料 测 试 中 心
National Research Center of Testing Techniques for Building Materials
检 验 报 告
（Test Report）

中心编号：(2018)SJWJ0—020   第1页 共2页

样品名称	细木工板	检验类别	委托检验
委托单位	吉森木业有限公司	来样编号	
生产单位	吉森木业有限公司	商　标	吉森木业
来样日期	2018年4月23日	型号规格	1220×2440×18(mm)
检验依据	《室内装饰装修材料 人造板及其制品中甲醛释放限量》GB 18580-2001	产品类型	细木工板
检验项目	甲醛释放量	生产日期/批号	2018.4.15
检验结论	所送样品检验结果符合国家强制性标准《室内装饰装修材料 人造板及其制品中甲醛释放限量》GB 18580－2001 规定的 E₁ 级甲醛释放量限量指标。 综合结论：该样品甲醛释放量合格 签发日期：2018年4月28日		
附注：			

批准：徐春东　　　　　审核：单文华　　　　　编制：王力

国 家 建 筑 材 料 测 试 中 心
National Research Center of Testing Techniques for Building Materials
检 验 报 告
(Test Report)

中心编号：(2018)SJWJ0-020 　　　　　　　　　　　　　　　　　　第 2 页　共 2 页

检验项目	实验方法	标准要求	使用范围	检验结果	单项结论	判断等级
甲醛释放量 (mg/L)	干燥器法	≤1.5	E_1 级：可直接用于室内	0.8	合格	E_1

(以下空白)

备注：

批准： 审核： 编制：

3.4.3.11 乳胶漆出厂合格证、检验报告

合格证粘贴页

附件：生产单位检验报告（复印件要标明原件保管单位）

检 验 报 告

TEST REPORT

中心编号(N₀):   WT2017B01N00425

样品名称：   内墙乳胶漆

委托单位：   国家建筑材料测试中心

受检单位：   广州立邦涂料有限公司

报告日期：   2018.04.25

国 家 建 筑 材 料 测 试 中 心
National Research Center of Testing Techniques for Building Materials

国 家 建 筑 材 料 测 试 中 心

National Research Center of Testing Techniques for Building Materials

检 验 报 告

（Test Report）

中心编号：WT2017B01N00425　　　　　　　　　　　　共 2 页第 1 页

产品名称	内墙乳胶漆	检验类别	普通送样
受检单位	广州立邦涂料有限公司	申请编号	CTC-CY-2018-0312
生产单位	广州立邦涂料有限公司	商　标	立邦
抽样单位	国家建筑材料测试中心	型号规格	合格品（白色）
生产日期	2018 年 03 月	抽样基数	200 桶
抽样日期	2018 年 03 月 07 日	抽样数量	1 桶
来样日期	2018 年 03 月 08 日	抽样人	王永年
封样人	李化安	封样状态	完好
检验依据	《合成树脂乳液内墙涂料》GB/T 9756-2009 《室内装饰装修材料 内墙涂料中有害物质限量》GB 18582-2008		
检验项目	挥发性有机物含量、游离甲醛、苯、甲苯、乙苯、二甲苯总和、容器中状态、施工性、低温稳定性等共 12 项，详见第 2 页		
检验结论	送检样品所检项目，符合上述检测依据的相关要求。检测结果详见检测结果汇总页 签发日期：2018 年 04 月 25 日		
备注	此处空白		

批准：徐春宏　　　　　审核：单文峰　　　　　编制：王芳

国 家 建 筑 材 料 测 试 中 心
National Research Center of Testing Techniques for Building Materials
检 验 报 告
(Test Report)

中心编号：<u>WT2017B01N00425</u>   共 <u>2</u> 页第 <u>2</u> 页

序号	检测项目		技术要求	检测结果	单项评定
1	挥发性有机物含量（VOC）(g/L)		≤120	26	合格
2	游离甲醛（mg/kg）		≤100	17	合格
3	苯、甲苯、乙苯、二甲苯总和（mg/kg）		≤300	未检出	合格
4	容器中状态		无硬块，搅拌后呈均匀状态	无硬块，搅拌后呈均匀状态	合格
5	施工性		刷涂二道无障碍	刷涂二道无障碍	合格
6	低温稳定性		不变质	不变质	合格
7	涂膜外观		正常	正常	合格
8	干燥时间（表干/h）		≤2	<1	合格
9	耐碱性（24h）		无异常	无异常	合格
10	对比率（白色和浅色）		≥0.90	0.91	合格
11	耐洗刷性（次）		≥300	300 次不漏底	合格
12	可溶性重金属	铅 Pb（mg/kg）	≤90	7	合格
		镉 Cd（mg/kg）	≤75	未检出	合格
		铬 Cr（mg/kg）	≤60	3	合格
		汞 Hg（mg/kg）	≤60	未检出	合格
备注	未检出说明： ——甲醛<5mg/kg ——挥发性有机物含量（VOC）<2g/L ——苯、甲苯、乙苯、二甲苯总和<50mg/kg ——可溶性铅<2.2mg/kg 　　可溶性镉<0.5mg/kg 　　可溶性铬<1.5mg/kg 　　可溶性汞<0.5mg/kg				

3.4.3.12 钢化玻璃出厂合格证、检验报告

合格证粘贴页

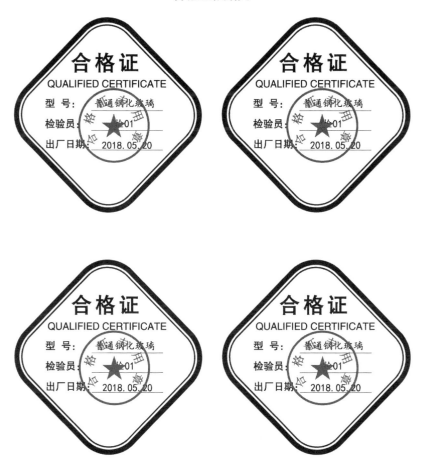

中国国家强制性产品认证证书

CERTIFICATE FOR CHINA COMPULSORY PRODUCT CERTIFICATION

证书编号：2006051302004197

委托人名称、地址：

福建省港达玻璃制品有限公司
福建莆田市高新技术产业园区富丽明轻工业园内

生产者（制造商）名称、地址：

福建省港达玻璃制品有限公司
福建莆田市高新技术产业园区富丽明轻工业园内

生产企业名称及地址：

福建省港达玻璃制品有限公司
福建莆田市高新技术产业园区富丽明轻工业园内

产品名称和系列规格型号：

玻璃公称厚度6mm<D≤12mm建筑钢化玻璃
（具体参数范围见本证书附表）

产品标准和技术要求：

《建筑安全玻璃 第2部分：钢化玻璃》GB 15763.2-2005

上述产品符合国家强制性产品认证实施规划《安全玻璃类强制性认证实施规则安全玻璃产品》CNCA-04C-028：2014的要求，特发此证。

发证日期：2016年11月15日　　　　　　　　有效期至：2021年11月14日

本证书首次颁发日期：2006年11月20日
证书有效期内本证书的有效性依据发证机构的定期监督获得保持，
本证书的相关信息可通过国家认监委网站www.cnca.gov.cn查询。

证书签发人：

中国建材认证

中国建材检验认证集团股份有限公司
认证专用章

中国·北京·朝阳区管庄东里 100024　　网址：www.ctc.accn　　查询电话：+86-10-51167395，7396

附件：生产单位检验报告（复印件要标明原件保管单位）

检 验 报 告

TEST REPORT

中心编号(No): ___WT2018B01N00620___

样品名称：___普通钢化玻璃___

委托单位：___福建省港达玻璃制品有限公司___

检验类别：___委托检验___

国家建筑材料测试中心
National Research Center of Testing Techniques for Building Materials

国家建筑材料测试中心
National Research Center of Testing Techniques for Building Materials
检验报告
Test Report

中心编号：WT2018B01N00620   第1页 共3页

受检单位	福建省港达玻璃制品有限公司				
地　　址	福建莆田市高新技术产业园区富丽明轻工业园内				
样品名称	普通钢化玻璃				
样品描述	610mm×610mm×12mm　6 块 1930mm×864mm×12mm　8 块				
检验类别	认证检验	到样日期	2018 年 05 月 10 日	样品状态	符合检验要求
检测依据	《建筑用安全玻璃 第 2 部分：钢化玻璃》GB 15763.2-2005				
检测项目	抗冲击性、霰弹袋冲击性能、碎片状态				
检测结论	经检验，所检项目符合 GB 15763.2-2005 标准要求 签发日期：2018 年 05 月 15 日				
备注					

批准：　　　　　　　　审核：　　　　　　　　编制：

176

国家建筑材料测试中心
National Research Center of Testing Techniques for Building Materials
检 验 报 告
Test Report

中心编号：WT2018B01N00620

样品规格	610mm×610mm×12mm	仪器设备	冲击试验机
环境温度	20℃	环境相对湿度	63%RH
检验项目	抗冲击性		
标准要求	1. 质量约1040g的钢球（直径63.5m），落下高度1000mm。 2. 取6块钢化玻璃进行试验，样品破坏数不超过1块为合格，多于或等于3块为不合格。破坏数为2块时，再另取6块进行试验，样品必须全部不被破坏为合格		
检测结果			
样品细分号	样品厚度（mm）	冲击后样品状态	
1	11.89	未破坏	
2	11.82	未破坏	
3	11.87	未破坏	
4	11.83	未破坏	
5	11.88	未破坏	
6	11.84	未破坏	
单项判定	合格		
备　注	此项目为TMP方式检验		

批准：　　　　　　审核：　　　　　　编制：

国家建筑材料测试中心
National Research Center of Testing Techniques for Building Materials
检验报告
Test Report

中心编号：WT2018B01N00620   第3页 共3页

样品规格	1930mm×864mm×12mm	仪器设备	霰弹袋冲击试验机
环境温度	20℃	环境相对湿度	63%RH
检验项目	霰弹袋冲击性能		
标准要求	取4块平型玻璃样品进行试验，应符合下列1）、2）中任意一条的规定： 1）样品破碎时，每块样品的最大10块碎片质量的总和不得超过相当于样品65cm²面积的质量，10mm玻璃最大10块碎片质量的总和不大于81.2g，保留在框内的任何无贯穿裂纹的玻璃碎片长度不能超过120mm。 2）霰弹袋下落高度为1200mm时，样品不破坏		

检验结果				
样品细分号	样品厚度（mm）	冲击高度（mm）	冲击后样品状态/最大10块碎片的总质量（g）	长度超过120mm的碎片数（片）
7	11.86	1200	未破碎/—	—
8	11.90	1200	未破碎/—	—
9	11.90	1200	未破碎/—	—
10	11.88	1200	未破碎/—	—
单项判定	合格			
备 注	此项目为TMP方式检验			

批准：　　　　　　　审核：　　　　　　　编制：

3.4.3.13　木门出厂合格证、检验报告

合格证粘贴页

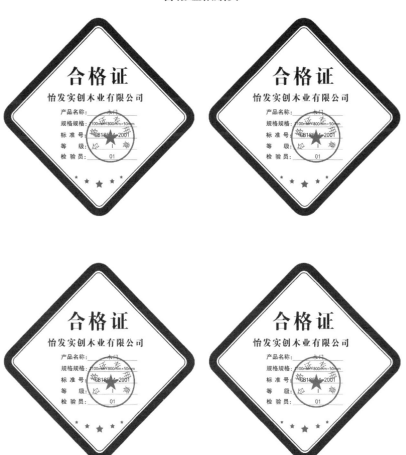

附件: 生产单位检验报告（复印件要标明原件保管单位）

检 验 报 告

TEST REPORT

中心编号(№): ___CY2018B1N00623___

样品名称: _____木门_____

委托单位: ____怡发实创木业有限公司____

检验类别: _____抽样检验_____

报告日期: _____2018.06.25_____

国 家 建 筑 材 料 测 试 中 心
National Research Center of Testing Techniques for Building Materials

国 家 建 筑 材 料 测 试 中 心
National Research Center of Testing Techniques for Building Materials
检 验 报 告
（Test Report）

中心编号：CY2018B1N00623 　　　　　　　　　　　　　　共 2 页第 1 页

产品名称	木门	检验类别	抽样检验
受检单位	怡发实创木业有限公公司	申请编号	CTC-CY-2018-0019
生产单位	怡发实创木业有限公司	商　标	怡发实创
抽样单位	国家建筑材料测试中心	型号规格	2100mm×800mm×50mm
生产日期	2018 年 06 月	抽样基数	100 樘
抽样日期	2018 年 06 月 20 日	抽样数量	3 樘
来样日期	2018 年 06 月 20 日	抽样人	王永年
抽样方式	随机抽样	封样人	李化安
抽样地点	怡发实创木业有限公司	封样状态	完好
检验依据	《室内装饰装修材料 木家具中有害物质限量》GB 18584-2001		
检验项目	甲醛释放限量，详见第 2 页		
检验结论	经检验，所送检样品检验结果符合国家强制性标准《室内装饰装修材料 木家具中有害物质限量》GB 18584-2001 规定的甲醛释放量限量指标。 　　综合结论：该样品甲醛释放量合格 　　　　　　　　　　　　　签发日期：2018 年 06 月 25 日 　　　　　　　　　　　　　测品检验专用章		
备注	此处空白		

批准：　　　　　　　　　审核：　　　　　　　　　编制：

国 家 建 筑 材 料 测 试 中 心
National Research Center of Testing Techniques for Building Materials
检 验 报 告
（Test Report）

中心编号：CY2018B1N00623 　　　　　　　　　　　　　　共 2 页第 2 页

序号	检测项目	标准要求	检测结果	单项结论
1	甲醛释放量（mg/L）	≤1.5	0.6	合格
备注	（以下空白）			

3.4.3.14 壁纸出厂合格证、检验报告

合格证粘贴页

附件：生产单位检验报告（复印件要标明原件保管单位）

检 验 报 告

TEST REPORT

中心编号(No): ___WT2017B01N01454___

样品名称： _____布基壁纸_____

委托单位： ___北京皇庭丽彩装饰有限公司___

检验类别： _____委托检验_____

报告日期： _____2018.07.30_____

国 家 建 筑 材 料 测 试 中 心
National Research Center of Testing Techniques for Building Materials

国 家 建 筑 材 料 测 试 中 心
National Research Center of Testing Techniques for Building Materials
检 验 报 告
（Test Report）

中心编号：<u>WT2017B01N01454</u>　　　　　　　　　　第 1 页　共 2 页

产品名称	布基壁纸	检验类别	委托检验
委托单位	北京皇庭丽彩装饰有限公司	商　标	LICAI
生产单位	北京皇庭丽彩装饰有限公司	样品状态	满足检验要求
来样日期	2018 年 07 月 25 日	样品数量	10m
生产日期/批号	14-1	型号规格	N1913-19/1.37m×50m
检测依据	《室内装饰装修材料　壁纸中有害物质限量》GB 18585-2001		
检测项目	全部检验项目		
检测结论	经检验，送检样品所检全部项目的检验结果符合 GB 18585-2001 的技术要求，送检样品为合格品。检验结果见第 2 页 签发日期：2018 年 07 月 28 日 （检验专用章）		
附注：	（委托方提供）等级：一级		

批准：　　　　　　　审核：　　　　　　　编制：

185

国 家 建 筑 材 料 测 试 中 心
National Research Center of Testing Techniques for Building Materials
检 验 报 告
（Test Report）

中心编号：<u>WT2017B01N01454</u>   第 2 页 共 2 页

序号	检测项目		标准要求	检验结果	单项结论
1	重金属（或其他）元素（mg/kg）	钡	≤1000	10.442	符合
		镉	≤25	未检出	符合
		铬	≤60	未检出	符合
		铅	≤90	2.158	符合
		砷	≤8	未检出	符合
		汞	≤20	未检出	符合
		硒	≤165	未检出	符合
		锑	≤20	未检出	符合
2	氯乙烯单体（mg/kg）		≤1.0	未检出	符合
3	甲醛（mg/kg）		≤120	未检出	符合

（以下空白）

备注：
　　未检出：重金属（镉、铬、砷、汞、硒、锑）<0.1mg/kg；
　　　　　　氯乙烯单体<0.5mg/kg；
　　　　　　甲醛<1mg/kg

3.4.4 物资进场检验记录目录范例

物资进场检验记录目录								
工程名称		厦门万丽酒店		资料类别	物资进场检验记录			
序号	物资名称	品种规格型号	检验单位	检验日期	外观检验结论	资料编号	页次	备注
1	水泥	P·C32.5R	新鸿装饰公司	2017.05.05	合格	03-12-C4-001	314～317	见证
2	砂	中砂	新鸿装饰公司	2017.05.05	合格	03-12-C4-002	318～321	见证
3	碎石	碎石	新鸿装饰公司	2017.05.05	合格	03-12-C4-003	322～325	见证
4	钢材	HM350×350×12×19/12	新鸿装饰公司	2017.08.08	合格	03-05-C4-002	326～329	见证
5	防水涂料	Ⅱ型	新鸿装饰公司	2017.10.15	合格	03-12-C4-004	330～333	见证
6	花岗石	800mm×800mm×18mm	新鸿装饰公司	2018.03.19	合格	03-06-C4-004	334～337	见证
7	瓷砖	600mm×1200mm×10mm	新鸿装饰公司	2018.04.24	合格	03-07-C4-006	338～341	见证
8	轻钢龙骨	DC50mm×19mm×0.5mm	新鸿装饰公司	2017.11.20	合格	03-04-C4-005	342～345	见证
9	石膏板	PC2440mm×1220mm×9.5mm	新鸿装饰公司	2017.10.15	合格	03-04-C4-006	346～349	见证
10	细木工板	1220mm×2440mm×18mm	新鸿装饰公司	2017.12.05	合格	03-06-C4-007	350～353	见证
11	乳胶漆	合格品（白色）	新鸿装饰公司	2018.05.12	合格	03-09-C4-001	354～357	见证
12	钢化玻璃	1930mm×864mm×12mm	新鸿装饰公司	2018.06.01	合格	03-05-C4-003	358～361	见证
13	木门	2100mm×800mm×50mm	新鸿装饰公司	2018.11.12	合格	03-03-C4-008	362～365	见证
14	壁纸	0.53m×10m	新鸿装饰公司	2018.11.18	合格	03-10-C4-001	366～369	见证

续表

序号	物资名称	品种规格型号	检验单位	检验日期	外观检验结论	资料编号	页次	备注
15	隔墙龙骨	QC75mm×45mm×0.6mm	新鸿装饰公司	2017.11.20	合格	03-05-C4-004	370～373	略
16	木饰面板	1220mm×2440mm×15mm	新鸿装饰公司	2018.08.15	合格	03-06-C4-008	374～377	略
17	大理石	1200mm×2400mm×18mm	新鸿装饰公司	2018.05.24	合格	03-12-C4-005	378～381	略
18	活动隔墙	2300mm×900mm×80mm	新鸿装饰公司	2018.05.28	合格	03-05-C4-001	382～385	略
19	橱柜	详见产品图纸	新鸿装饰公司	2018.11.05	合格	03-11-C4-001	386～389	略
20	木地板	910mm×122mm×15mm	新鸿装饰公司	2018.09.20	合格	03-12-C4-006	390～393	略
21	地毯	2400mm×3400mm	新鸿装饰公司	2018.10.05	合格	03-12-C4-007	394～397	略

编者：表格备注栏"略"，表示该行记录范例省略

3.4.4.1 水泥进场检验记录范例

表 C.4.1 材料、构配件进场检验记录

工程名称				厦门万丽酒店	编 号	03-12-C4-001	
					检验日期	2017 年 05 月 05 日	
序号	名称	规格型号	进场数量	生产厂家	外观检验项目	试件编号	备注
				质量证明书编号	检验结果	复验结果	
1	复合硅酸盐水泥	P·C32.5R	120t	厦门华金龙建材有限公司	颜色、形状	YP12SD170116	需要复验
				0725	合格	合格	
2							
3							

检查意见（施工单位）：

　　以上材料外观检查合格，材质、规格型号及数量经复检均符合设计及规范要求，产品质量证明文件齐全。

　　　　　　　　👤 编者：因篇幅原因，省略附件范例

附件：共（ 2 ）页

验收意见（监理/建设单位）：

☑同意　　　□重新检验　　　□退场　　　验收日期：2017 年 05 月 09 日

签字栏	施工单位	新鸿装饰公司	专业质检员	专业工长	检验员
			曹建华	杜少飞	张增华
	监理或建设单位	圆方监理公司	专业工程师	冯小明	

1. 本表由施工单位填写。

2. 本表由专业监理工程师签字批准后代替材料进场报验表。

3. 材料进场应按专业验收规范的规定进行检验，本表可代替材料进场检验批验收记录。

3.4.4.2 砂进场检验记录范例

表 C.4.1 材料、构配件进场检验记录

工程名称				厦门万丽酒店		编　号		03-12-C4-002
						检验日期		2017 年 05 月 05 日
序号	名称	规格型号	进场数量	生产厂家	外观检验项目	试件编号		备注
				质量证明书编号	检验结果	复验结果		
1	河砂	中砂	330m³	三化砂石厂	颜色、形状	YP12SD170123		需要复验
				CE151700319	合格	合格		
2								
3								

检查意见（施工单位）:

　　以上材料外观检查合格，材质、规格型号及数量经复检均符合设计及规范要求，产品质量证明文件齐全。

编者：因篇幅原因，省略附件范例

附件：共（ 2 ）页

验收意见（监理/建设单位）:

☑同意　　□重新检验　　□退场　　　验收日期：2017 年 05 月 12 日

签字栏	施工单位	新鸿装饰公司	专业质检员	专业工长	检验员
			曹建华	杜少飞	陈增华
	监理或建设单位	圆方监理公司		专业工程师	冯小明

1. 本表由施工单位填写。
2. 本表由专业监理工程师签字批准后代替材料进场报验表。
3. 材料进场应按专业验收规范的规定进行检验，本表可代替材料进场检验批验收记录。

3.4.4.3 碎石进场检验记录范例

表 C.4.1 材料、构配件进场检验记录

工程名称			厦门万丽酒店		编 号		03-12-C4-003
					检验日期		2017 年 05 月 05 日
序号	名称	规格型号	进场数量	生产厂家	外观检验项目	试件编号	备注
				质量证明书编号	检验结果	复验结果	
1	碎石	碎石	300t	三化砂石厂	颜色、形状	YP12SD170125	需要复验
				CE151700720	合格	合格	
2							
3							

检查意见（施工单位）：

　　以上材料外观检查合格，材质、规格型号及数量经复检均符合设计及规范要求，产品质量证明文件齐全。

> 编者：因篇幅原因，省略附件范例

附件：共（ 2 ）页

验收意见（监理/建设单位）：

☑同意　　□重新检验　　□退场　　　验收日期：2017 年 05 月 12 日

签字栏	施工单位	新鸿装饰公司	专业质检员	专业工长	检验员
			曹建华	杜少飞	胡增华
	监理或建设单位	圆方监理公司	专业工程师		冯小明

1. 本表由施工单位填写。

2. 本表由专业监理工程师签字批准后代替材料进场报验表。

3. 材料进场应按专业验收规范的规定进行检验，本表可代替材料进场检验批验收记录。

3.4.4.4 钢材进场检验记录范例

表 C.4.1 材料、构配件进场检验记录

工程名称				厦门万丽酒店		编　号	03-05-C4-002
						检验日期	2017 年 08 月 08 日
序号	名称	规格型号	进场数量	生产厂家	外观检验项目	试件编号	备注
				质量证明书编号	检验结果	复验结果	
1	H型钢	HM350×350×12×19/12	26.46t	新泰钢铁有限公司	形状、尺寸	YP12SD170230	需要复验
				0532	合格	合格	
2							
3							

检查意见（施工单位）：
　　以上材料外观检查合格，材质、规格型号及数量经复检均符合设计及规范要求，产品质量证明文件齐全。

> 编者：因篇幅原因，省略附件范例

附件: 共（ 1 ）页

验收意见（监理/建设单位）：

☑同意　　□重新检验　　□退场　　验收日期：2017 年 08 月 13 日

签字栏	施工单位	新鸿装饰公司	专业质检员	专业工长	检验员
			曹建华	杜少飞	胚增华
	监理或建设单位	圆方监理公司	专业工程师		冯小明

1. 本表由施工单位填写。
2. 本表由专业监理工程师签字批准后代替材料进场报验表。
3. 材料进场应按专业验收规范的规定进行检验，本表可代替材料进场检验批验收记录。

3.4.4.5 防水涂料进场检验记录范例

表 C.4.1 材料、构配件进场检验记录

工程名称			厦门万丽酒店		编 号	03-12-C4-004	
					检验日期	2017 年 10 月 15 日	
序号	名称	规格型号	进场数量	生产厂家	外观检验项目	试件编号	备注
				质量证明书编号	检验结果	复验结果	
1	JS 聚合物水泥防水涂料	Ⅱ型	7t	东方雨虹民用建材有限责任公司	颜色、形状	YP12SD170233	需要复验
				ES2017-CJ368	合格	合格	
2							
3							

检查意见（施工单位）：

　　以上材料外观检查合格，材质、规格型号及数量经复检均符合设计及规范要求，产品质量证明文件齐全。

　　编者：因篇幅原因，省略附件范例

附件：共（ 1 ）页

验收意见（监理／建设单位）：

☑同意　　□重新检验　　□退场　　　　验收日期：2017 年 10 月 21 日

签字栏	施工单位	新鸿装饰公司	专业质检员	专业工长	检验员
			曹建华	杜少飞	张增华
	监理或建设单位	圆方监理公司		专业工程师	冯小明

1. 本表由施工单位填写。

2. 本表由专业监理工程师签字批准后代替材料进场报验表。

3. 材料进场应按专业验收规范的规定进行检验，本表可代替材料进场检验批验收记录。

3.4.4.6 花岗石进场检验记录范例

表 C.4.1 材料、构配件进场检验记录

工程名称		厦门万丽酒店			编　号		03-06-C4-004
					检验日期		2018 年 03 月 19 日
序号	名称	规格型号	进场数量	生产厂家	外观检验项目	试件编号	备注
				质量证明书编号	检验结果	复验结果	
1	花岗石	800mm× 800mm× 18mm	500m²	山西金圣石业建筑装饰工程有限公司	颜色、形状	YP12SD180235	需要复验
				0818	合格	合格	
2							
3							

检查意见（施工单位）：

　　以上材料外观检查合格，材质、规格型号及数量经复检均符合设计及规范要求，产品质量证明文件齐全。

> 👤 **编者**：因篇幅原因，省略附件范例

附件：共（ 1 ）页

验收意见（监理 / 建设单位）：

☑同意　　□重新检验　　□退场　　验收日期：2018 年 03 月 24 日

签字栏	施工单位	新鸿装饰公司	专业质检员	专业工长	检验员
			曹建华	杜少石	陈增华
	监理或建设单位	圆方监理公司		专业工程师	冯小明

1. 本表由施工单位填写。

2. 本表由专业监理工程师签字批准后代替材料进场报验表。

3. 材料进场应按专业验收规范的规定进行检验，本表可代替材料进场检验批验收记录。

3.4.4.7　瓷砖进场检验记录范例

表 C.4.1　材料、构配件进场检验记录

工程名称				厦门万丽酒店	编　号	03-07-C4-006	
					检验日期	2018 年 04 月 24 日	
序号	名称	规格型号	进场数量	生产厂家	外观检验项目	试件编号	备注
				质量证明书编号	检验结果	复验结果	
1	瓷砖	600mm×1200mm×10mm	3000m²	佛山市中裕弗贝思陶瓷有限公司	颜色、形状	YP12SD180239	需要复验
				GJCF-B0033J	合格	合格	
2							
3							

检查意见（施工单位）：

　　以上材料外观检查合格，材质、规格型号及数量经复检均符合设计及规范要求，产品质量证明文件齐全。

> 编者：因篇幅原因，省略附件范例

附件：共（ 1 ）页

验收意见（监理/建设单位）：

☑同意　　□重新检验　　□退场　　验收日期：2018 年 04 月 30 日

签字栏	施工单位	新鸿装饰公司	专业质检员 曹建华	专业工长 杜少飞	检验员 沤增华
	监理或建设单位	圆方监理公司	专业工程师		冯小明

1. 本表由施工单位填写。
2. 本表由专业监理工程师签字批准后代替材料进场报验表。
3. 材料进场应按专业验收规范的规定进行检验，本表可代替材料进场检验批验收记录。

3.4.4.8 轻钢龙骨进场检验记录范例

表 C.4.1 材料、构配件进场检验记录

工程名称			厦门万丽酒店		编　号	03-04-C4-005	
					检验日期	2017 年 11 月 20 日	
序号	名称	规格型号	进场数量	生产厂家	外观检验项目	试件编号	备注
				质量证明书编号	检验结果	复验结果	
1	轻钢龙骨	DC 50mm× 19mm× 0.5mm	8500m	北新集团建材股份有限公司	颜色、形状	YP12SD170240	需要复验
				20170326	合格	合格	
2							
3							

检查意见（施工单位）:
　　以上材料外观检查合格，材质、规格型号及数量经复检均符合设计及规范要求，产品质量证明文件齐全。

> 👤 **编者**：因篇幅原因，省略附件范例

附件: 共（ **1** ）页

验收意见（监理 / 建设单位）:

☑同意　　□重新检验　　□退场　　　　验收日期: **2017年11月27日**

签字栏	施工单位	新鸿装饰公司	专业质检员	专业工长	检验员
			曹建华	杜少飞	臧增华
	监理或建设单位	圆方监理公司		专业工程师	冯小明

1. 本表由施工单位填写。
2. 本表由专业监理工程师签字批准后代替材料进场报验表。
3. 材料进场应按专业验收规范的规定进行检验，本表可代替材料进场检验批验收记录。

3.4.4.9 石膏板骨进场检验记录范例

表 C.4.1 材料、构配件进场检验记录

工程名称				厦门万丽酒店	编　号	03-04-C4-006	
					检验日期	2017 年 10 月 15 日	
序号	名称	规格型号	进场数量	生产厂家	外观检验项目	试件编号	备注
				质量证明书编号	检验结果	复验结果	
1	石膏板	PC 2440mm× 1220mm× 9.5mm	2000 张	北新集团建材股份有限公司	颜色、形状	YP12SD170241	需要复验
				20170225	合格	合格	
2							
3							

检查意见（施工单位）：
　　以上材料外观检查合格，材质、规格型号及数量经复检均符合设计及规范要求，产品质量证明文件齐全。

> 编者：因篇幅原因，省略附件范例

附件：共（ 1 ）页

验收意见（监理 / 建设单位）：

☑同意　　□重新检验　　□退场　　验收日期：2017 年 10 月 21 日

签字栏	施工单位	新鸿装饰公司	专业质检员	专业工长	检验员
			曹建华	杜少飞	临增华
	监理或建设单位	圆方监理公司		专业工程师	冯小明

1. 本表由施工单位填写。
2. 本表由专业监理工程师签字批准后代替材料进场报验表。
3. 材料进场应按专业验收规范的规定进行检验，本表可代替材料进场检验批验收记录。

3.4.4.10 细木工板进场检验记录范例

表 C.4.1 材料、构配件进场检验记录

工程名称			厦门万丽酒店		编　号		03-06-C4-007
					检验日期		2017 年 12 月 05 日
序号	名称	规格型号	进场数量	生产厂家	外观检验项目	试件编号	备注
				质量证明书编号	检验结果	复验结果	
1	细木工板	1220mm×2440mm×18mm	2000 m²	吉森木业有限公司	颜色、形状	YP12SD180243	需要复验
				201711205	合格	合格	
2							
3							

检查意见（施工单位）：

　　以上材料外观检查合格，材质、规格型号及数量经复检均符合设计及规范要求，产品质量证明文件齐全。

编者：因篇幅原因，省略附件范例

附件：共（ **1** ）页

验收意见（监理／建设单位）：

☑同意　　□重新检验　　□退场　　　　验收日期：2018 年 05 月 09 日

签字栏	施工单位	新鸿装饰公司	专业质检员	专业工长	检验员
			曹建华	林志明	胡增华
	监理或建设单位	圆方监理公司	专业工程师	冯小明	

1. 本表由施工单位填写。

2. 本表由专业监理工程师签字批准后代替材料进场报验表。

3. 材料进场应按专业验收规范的规定进行检验，本表可代替材料进场检验批验收记录。

3.4.4.11 乳胶漆进场检验记录范例

表C.4.1 材料、构配件进场检验记录

工程名称				厦门万丽酒店		编 号		03-09-C4-001
						检验日期		2018 年 05 月 12 日
序号	名称	规格型号	进场数量	生产厂家	外观检验项目	试件编号	备注	
				质量证明书编号	检验结果	复验结果		
1	乳胶漆	白色	5t	广州立邦涂料有限公司	颜色、形状	YP12SD180245	需要复验	
				18052A23	合格	合格		
2								
3								

检查意见（施工单位）：

　　以上材料外观检查合格，材质、规格型号及数量经复检均符合设计及规范要求，产品质量证明文件齐全。

　　编者：因篇幅原因，省略附件范例

附件：共（ 1 ）页

验收意见（监理/建设单位）：

☑同意　　□重新检验　　□退场　　　验收日期：2018年05月19日

签字栏	施工单位	新鸿装饰公司	专业质检员	专业工长	检验员
			曹建华	林志明	陈增华
	监理或建设单位	圆方监理公司	专业工程师	冯小明	

1. 本表由施工单位填写。

2. 本表由专业监理工程师签字批准后代替材料进场报验表。

3. 材料进场应按专业验收规范的规定进行检验，本表可代替材料进场检验批验收记录。

3.4.4.12 钢化玻璃进场检验记录范例

表 C.4.1 材料、构配件进场检验记录

工程名称				厦门万丽酒店		编　号	03-05-C4-003	
						检验日期	2018 年 06 月 01 日	
序号	名称	规格型号	进场数量	生产厂家	外观检验项目	试件编号	备注	
				质量证明书编号	检验结果	复验结果		
1	钢化玻璃	1930mm×864mm×12mm	600m²	福建省港达玻璃制品有限公司	颜色、形状	YP12SD180246	需要复验	
				20180520	合格	合格		
2								
3								

检查意见（施工单位）：

以上材料外观检查合格，材质、规格型号及数量经复检均符合设计及规范要求，产品质量证明文件齐全。

> 编者：因篇幅原因，省略附件范例

附件：共（ 1 ）页

验收意见（监理／建设单位）：

☑同意　　□重新检验　　□退场　　验收日期：2018 年 06 月 07 日

签字栏	施工单位	新鸿装饰公司	专业质检员	专业工长	检验员
			曹建华	林志明	臧增华
	监理或建设单位	圆方监理公司		专业工程师	冯小明

1. 本表由施工单位填写。
2. 本表由专业监理工程师签字批准后代替材料进场报验表。
3. 材料进场应按专业验收规范的规定进行检验，本表可代替材料进场检验批验收记录。

3.4.4.13 木门进场检验记录范例

表 C.4.1 材料、构配件进场检验记录

工程名称				厦门万丽酒店	编　号		03-03-C4-008
					检验日期		2018 年 11 月 12 日
序号	名称	规格型号	进场数量	生产厂家	外观检验项目	试件编号	备注
				质量证明书编号	检验结果	复验结果	
1	木门	2100mm× 800mm× 50mm	100 樘	怡发实创木业有限公司	颜色、形状	YP12SD180248	需要复验
				20181026	合格	合格	
2							
3							

检查意见（施工单位）：

　　以上材料外观检查合格，材质、规格型号及数量经复检均符合设计及规范要求，产品质量证明文件齐全。

> 编者：因篇幅原因，省略附件范例

附件：共（ 1 ）页

验收意见（监理 / 建设单位）：

☑同意　　□重新检验　　□退场　　验收日期：2018 年 11 月 19 日

签字栏	施工单位	新鸿装饰公司	专业质检员	专业工长	检验员
			曹建华	林志明	臧增华
	监理或建设单位	圆方监理公司	专业工程师		冯小明

1. 本表由施工单位填写。

2. 本表由专业监理工程师签字批准后代替材料进场报验表。

3. 材料进场应按专业验收规范的规定进行检验，本表可代替材料进场检验批验收记录。

3.4.4.14 壁纸进场检验记录范例

表 C.4.1 材料、构配件进场检验记录

工程名称		厦门万丽酒店			编　号		03-10-C4-001	
					检验日期		2018 年 11 月 18 日	
序号	名称	规格型号	进场数量	生产厂家	外观检验项目	试件编号	备注	
				质量证明书编号	检验结果	复验结果		
1	壁纸	0.53m×10m	1630 m²	北京皇庭丽彩装饰有限公司	颜色、形状	YP12SD180249	需要复验	
				20180801	合格	合格		
2								
3								

检查意见（施工单位）：

　　以上材料外观检查合格，材质、规格型号及数量经复检均符合设计及规范要求，产品质量证明文件齐全。

　　编者：因篇幅原因，省略附件范例

附件：共（ 1 ）页

验收意见（监理 / 建设单位）：

☑同意　　□重新检验　　□退场　　　验收日期：2018 年 11 月 25 日

签字栏	施工单位	新鸿装饰公司	专业质检员	专业工长	检验员
			曹建华	林志明	陈增华
	监理或建设单位	圆方监理公司	专业工程师		冯小明

1. 本表由施工单位填写。

2. 本表由专业监理工程师签字批准后代替材料进场报验表。

3. 材料进场应按专业验收规范的规定进行检验，本表可代替材料进场检验批验收记录。

3.4.5　进场复试报告目录范例

资料管理专项目录（材料复试报告）

厦门万丽酒店

序号	工程名称 物资（资料）名称	厂名	品种 规格型号	代表 数量	产品合格证编号 试件编号	资料类别 试验日期	试验 结果	使用 部位	材料复验报告 资料编号	页次	备注
1	水泥	厦门华全建材有限公司	P·C32.5R	120t	0725 YP12SD170116	2017.05.08	合格	Z1单体室内地面	03-12-C4-001	398～401	见证
2	砂	三化砂石厂	中砂	330m³	CE151700319 YP12SD170123	2017.08.04	合格	Z1单体室内地面	03-12-C4-002	402～405	见证
3	碎石	三化砂石厂	碎石	300t	CE151700720 YP12SD170125	2017.08.15	合格	Z1单体室内地面	03-12-C4-003	406～409	见证
4	钢材	新泰钢铁有限公司	HM350×350×12×19/12	26.46t	0532 YP12SD170230	2017.08.08	合格	F1～F5室内装修	03-05-C4-002	410～413	见证
5	防水涂料	东方虹民用建材有限责任公司	II型	7t	ES2017-CJ368 YP12SD170233	2017.10.16	合格	卫生间	03-12-C4-004	414～417	见证
6	花岗石	山西金圣石业建筑装饰工程有限公司	800mm×800mm×18mm	500m²	0818 YP12SD180235	2018.03.19	合格	室内地面装修	03-06-C4-004	418～421	见证
7	瓷砖	佛山市中裕弗贝思陶瓷有限公司	600mm×1200mm×10mm	500m²	GJCF-B0033J YP12SD180239	2018.04.24	合格	室内墙地面装修	03-07-C4-006	422～425	见证

续表

序号	物资（资料）名称	厂名	品种规格型号	代表数量	产品合格证编号 试件编号	试验日期	试验结果	使用部位	资料编号	页次	备注
8	轻钢龙骨	北新集团建材股份有限公司	DC50mm×19mm×0.5mm	8500m	20170326 / YP123SD170240	2017.11.21	合格	吊顶骨架基层	03-04-C4-005	426~429	
9	石膏板	北新集团建材股份有限公司	PC2440mm×1220mm×9.5mm	2000张	20170225 / YP123SD170241	2017.10.16	合格	客厅吊顶	03-04-C4-006	430~433	
10	铜木工板	吉森木业有限公司	1220mm×2440mm×18mm	2000m²	201810185 / YP123SD180243	2018.05.05	合格	室内隔墙	03-06-C4-007	434~437	见证
11	乳胶漆	广州立邦涂料有限公司	白色	5t	18052A23 / YP123SD180245	2018.05.13	合格	室内墙面	03-09-C4-001	438~439	
12	钢化玻璃	福建省港达玻璃制品有限公司	610mm×610mm×12mm	600m²	20180520 / YP123SD180246	2018.06.02	合格	室内玻璃隔断	03-05-C4-003	440~443	
13	木门	恰发实创木业有限公司	2100mm×800mm×50mm	100樘	20181026 / YP123SD180248	2018.11.13	合格	F1~F5 室内木门	03-03-C4-008	444~447	
14	壁纸	北京皇庭丽彩装饰有限公司	0.53m×10m	1630m²	20180801 / YP123SD180249	2018.11.19	合格	室内墙面	03-10-C4-001	448~451	
15	隔墙龙骨	北新集团建材股份有限公司	QC75mm×45mm×0.6mm	5500m	0518 / YP123SD180249	2017.11.20	合格	骨架隔墙	03-05-C4-004	452~455	略

续表

序号	物资（资料）名称	厂名	品种规格型号	代表数量	产品合格证编号 / 试件编号	试验日期	试验结果	使用部位	资料编号	页次	备注
16	木饰面板	上海声达木业有限公司	1220mm×2440mm×15mm	2000m²	201810163 / YP12SD180249	2018.08.15	合格	室内隔墙	03-06-C4-008	456～459	略
17	大理石	山西金圣石业建筑装饰工程有限公司	1200mm×2400mm×18mm	2500m²	201810152 / YP12SD180249	2018.05.24	合格	室内墙地面装修	03-12-C4-005	460～463	略
18	活动隔墙	怡发实创木业有限公司	2300mm×900mm×80mm	15套	201810305 / YP12SD180249	2018.05.28	合格	室内活动隔墙装修	03-05-C4-001	464～467	略
19	橱柜	天格家具公司	详见产品图纸	85套	201810136 / YP12SD180249	2018.11.05	合格	F1～F5室内装修	03-11-C4-001	468～471	略
20	木地板	天格地板	910mm×122mm×15mm	7000m²	201810123 / YP12SD180249	2018.09.20	合格	室内地面装修	03-12-C4-006	472～475	略
21	地毯	山花地毯	2400mm×3400mm	1500m²	201810223 / YP12SD180249	2018.10.05	合格	室内地面	03-12-C4-007	476～479	略

编者：表格备注栏"略"，表示该行记录范例省略。

3.4.5.1 水泥复试报告范例

厦门市工程检测中心有限公司
水泥检测报告

151301060148

报告编号 XJJG-E01-1700384-28DG1　　　　　　　　　　　　　　（第1页 共2页）

工程名称	厦门万丽酒店		资料编号				13-12-C4-011	
委托单位	阳光有限公司		委托日期	2017-05-05		委托编号	WT12FX170112	
施工单位	新鸿装饰公司		检测起始日期	2017-05-05		报告日期	2017-05-08	
监理单位	圆方监理公司		见证员	张小志		见证员证书编号	20152120	
使用部位	万丽酒店室内装饰装修		样品编号	YP12SD170116		检测性质	见证送检	
生产单位	厦门华金龙建材有限公司		出厂日期	2017-04-30		出厂编号	3121	
品　种	复合硅酸盐水泥	代号	P·C	商标	鹭岩牌		强度等级	32.5R
包装形式	袋装	混合材种类		样品数量（kg）	12		代表数量（t）	120
检测依据	《通用硅酸盐水泥》GB 175-2007							
主要仪器设备	水泥胶砂振实台（TAG27-1），水泥净浆搅拌机（TAG28），水泥胶砂搅拌机（TAG29），WE-600C 万能试验机（TAJ2-6），电动抗折试验机（TAJ3）							

物理性能	检测项目		技术指标	检测结果	检测项目		技术指标	检测结果
	凝结时间（min）	初凝	≥45	162	细度	负压筛法（%）	45μm 筛余≤30%	/
						比表面积（m²/kg）		/
		终凝	≤600	228	安定性	饼法	无裂纹、无弯曲	合格
						雷氏法（mm）		/

化学性能	检测项目	技术指标	检测结果	检测项目	技术指标	检测结果
	不溶物（%）			氧化镁（%）	≤6.0	
	烧失量（%）			氯离子（%）	≤0.06	
	三氧化硫（%）	≤3.5		碱含量（%）		

力学性能	检测项目	技术指标	抗压强度单值						检测结果
			1	2	3	4	5	6	
	3d 抗压强度（MPa）	≥15.0	16.8	16.9	16.5	16.3	16.4	16.0	16.5
	28d 抗压强度（MPa）	≥32.5							
	检测项目	技术指标	抗折强度单值						检测结果
			1		2		3		
	3d 抗折强度（MPa）	≥3.5	4.0		3.9		4.1		4.0
	28d 抗折强度（MPa）	≥3.5							

结　论	所检项目检测结果符合复合硅酸盐水泥 32.5R 的技术要求
备　注	2017 年 10 月 10 日第 1 次更改，根据《检验检测报告更改/补发审批表》XJJG20170198 重新发放本更改报告，原 XJJG-E01-1700384-28D 水泥检测报告作废

声　明	1. 本机构通过计量认证，享有使用"CMA"标志的资格。 2. 本报告（含复制件）未盖"检验检测专用章"无效，涂改无效。 3. 未经本机构同意不得全部或部分复制、摘抄；有关检测检验未经本检测机构或有关行政机关允许，任何单位不得擅自向社会发布信息。 4. 对本报告若有异议，请向质管部申诉，申诉电话为： （0592）22737××，电子信箱 fwurhex@qq.com	地址	地址：厦门市同安区凤岭路××号 邮编：3611×× 电话（0592）71311××

批准：陈达实　　审核：李彦真　　校核：陈伟好　　检测：孔详实

厦门市工程检测中心有限公司

水泥检测报告

（第2页 共2页）

报告编号 XJJG-E01-1700384-28DG1

CMA 151301060148

工程名称	厦门万丽酒店			资料编号	03-12-C				
委托单位	阳光有限公司			委托日期	2017-05-05		委托编号	WT12FX170112	
施工单位	新鸿装饰公司			检测起始日期	2017-05-08		报告日期	2017-06-03	
监理单位	圆方监理公司			见证员	张小志		证书编号	20152120	
使用部位	Z1单体室内地面			样品编号	YP12SD170116		检测性质	见证送检	
生产单位	厦门华金龙建材有限公司			出厂日期	2017-04-30		出厂编号	3121	
品 种	复合硅酸盐水泥	代号	P·C	商标	鹭岩牌		强度等级	32.5R	
包装形式	袋装	混合材种类	/	样品数量（kg）	12		代表数量（t）	120	

检测依据	《通用硅酸盐水泥》GB 175-2007
主 要 仪器设备	水泥胶砂振实台（TAG27 1），水泥净浆搅拌机（TAG28），水泥胶砂搅拌机（TAG29），WE-600C 万能试验机（TAJ2-6），电动抗折试验机（TAJ3）

物理性能	检测项目		技术指标	检测结果	检测项目		技术指标	检测结果
	凝结时间(min)	初凝	≥45	162	细度	负压筛法 (%)	45μm 筛余≤30%	/
						比表面积(m²/kg)	/	/
		终凝	≤600	228	安定性	饼法	无裂纹、无弯曲	合格
						雷氏法 (mm)	/	/

化学性能	检测项目	技术指标	检测结果	检测项目	技术指标	检测结果
	不溶物 (%)	/	/	氧化镁 (%)	≤6.0	/
	烧失量 (%)	/	/	氯离子 (%)	≤0.06	/
	三氧化硫 (%)	≤3.5	/	碱含量 (%)	/	/

力学性能	检测项目	技术指标	抗压强度单值						检测结果
			1	2	3	4	5	6	
	3d 抗压强度 (MPa)	≥15.0	16.8	16.9	16.5	16.3	16.4	16.0	16.5
	28d 抗压强度 (MPa)	≥32.5	39.5	37.9	38.8	39.6	39.2	40.2	39.2
	检测项目	技术指标	抗折强度单值						检测结果
			1		2		3		
	3d 抗折强度 (MPa)	≥3.5	4.0		3.9		4.1		4.0
	28d 抗折强度 (MPa)	≥3.5	8.0		8.2		8.1		8.1

结 论	所检项目检测结果符合复合硅酸盐水泥 32.5R 的技术要求
备 注	2017 年 10 月 10 日第 1 次更改，根据《检验检测报告更改/补发审批表》XJJG20170198 重新发放本更改报告，原 XJJG-E01-1700384-28D 水泥检测报告作废
声 明	1. 本机构通过计量认证，享有使用"CMA"标志的资格。 2. 本报告（含复制件）未盖"检验检测专用章"无效，涂改无效。 3. 本机构同意不得全部或部分复制、摘抄；有关检测检验未经本检测机构构成有关行政部门允许，任何单位不得擅自向社会发布信息。 4. 对本报告若有异议，请向质管部申诉，申诉电话：（0592）22737××，电子信箱 fwurhe××@qq.com	地 址	厦门市同安区凤岭路 ×× 号 邮编：3611×× 电话：（0592）71311××

批准：陈远宾　　审核：李彦真　　校核：陈伟好　　检测：孔泽宾

3.4.5.2 砂复试报告范例

砂试验报告 表 C4-10 151301060148		福建省见证员 张小志 FZ1100553 圆方监理公司	资料编号	03-12-C4-002
			试验编号	SZ12-0017
			委托编号	WT12FX170118
工程名称	厦门万丽酒店		使用部位	Z1 单体室内地面
委托单位	阳光有限公司		委托人	魏伟
施工单位	新鸿装饰公司		试样编号	YP12SD170123
见证人单位	圆方监理公司		见证人	张小志
种 类	河砂		产 地	三化砂石厂
代表数量	330m³	来样日期 2017 年 08 月 04 日	试验日期	2017 年 08 月 04 日 ~ 2017 年 08 月 08 日

试验结果	一、筛分析	1. 细度模数	2.6
		2. 级配区域	Ⅱ区
	二、含泥量（%）		2.0
	三、泥块含量（%）		0.0
	四、表观密度（kg/m³）		/
	五、堆积密度（kg/m³）		1420
	六、碱活性指标		/
	七、石粉含量（%）		/
	八、总压碎值指标（%）		/
	九、其他		/

结论：
依据 JGJ 52–2006 标准，含泥量、泥块含量指标合格。
本试样按细度模数分属中砂，其级配属Ⅱ区

备注：无

批 准	陈达宾	审 核	李春真	试 验	孔祥宾
检测试验机构		安达检测试验有限公司 资料示范章			
报告日期		2017 年 08 月 08 日			

本表由检测机构提供，建设单位、施工单位、城建档案馆各保存一份。

3.4.5.3 碎石复试报告范例

碎石试验报告

表 C4-11

CMA 151301060148

	福建省见证员 张小志 FZ1100553 圆方监理公司	资料编号	03-12-C4-003
		试验编号	SS12-0017
		委托编号	WT12FX170119

工程名称	厦门万丽酒店	使用部位	Z1 单体室内地面
委托单位	阳光有限公司	委托人	魏伟
施工单位	新鸿装饰公司	试样编号	YP12SD170125
见证人单位	圆方监理公司	见证人	张小志
种类、产地	碎石、三化砂石厂	公称粒径（mm）	5～25

代表数量	300t	委托日期	2017 年 08 月 15 日	试验日期	2017 年 08 月 15 日～ 2017 年 08 月 20 日

试验结果	一、筛分析	1. 级配情况	☑连续粒级　□单粒级	
		2. 级配结果	/	
		3. 最大粒级（mm）	25.0	
	二、含泥量（%）		0.6	
	三、泥块含量（%）		0.2	
	四、针、片状颗粒含量（%）		4.3	
	五、压碎指标值（%）		/	
	六、表观密度（kg/m³）		/	
	七、堆积密度（kg/m³）		/	
	八、碱活性指标		低碱活性	
	九、其他		/	

结论：
依据 JGJ 52-2006 标准，含泥量、针、片状颗粒含量指标合格。
其级配符合 5～25mm 连续粒级的要求

备注：

批准	陈达实	审核	李彦真	试验	孔祥实
检测试验机构	实达检测试验有限公司				
报告日期	2017 年 08 月 20 日				

本表由检测机构提供，建设单位、施工单位、城建档案馆各保存一份。

3.4.5.4 钢材复试报告范例

钢材试验报告 表C4-10 福建省见证员 张小志 FZ1100553 圆方监理公司		资料编号	03-05-C4-002
		试验编号	GC10-0030
		委托编号	WT12FX170120
工程名称	厦门万丽酒店	使用部位	F1 ～ F5 室内
委托单位	阳光有限公司	委托人	魏伟
施工单位	新鸿装饰公司	试样编号	YP12SD170230
见证人单位	圆方监理公司	见证人	张小志
种 类	H 型钢	产 地	新泰钢铁有限公司

代表数量	26.46t	来样日期	2017 年 08 月 08 日	试验日期	2017 年 08 月 08 日 ～ 2017 年 08 月 12 日

试验结果	抗拉强度	屈服强度	伸长率	常温冲击	冷弯 B
	429	290	37.5	124	完好
	C	Si	Mn	P	S
	0.17	0.16	0.50	0.020	0.016

结论:

该批热轧 H 型钢经检验所检项目符合 GB/T 11263 检验标准

备注:无

批 准	陈慧宋	审 核	李彦真	试 验	孔祥宋
检测试验机构		实达检测试验有限公司			
报告日期		2017 年 08 月 12 日			

本表由检测机构提供、建设单位、施工单位、城建档案馆各保存一份。

3.4.5.5 防水涂料复试报告范例

防水涂料试验报告

表 C4-14

		资料编号		03-12-C4-004
	省见证员 张小志 FZ1100553 圆方监理公司	试验编号		FS10-0030
151301060148		委托编号		WT12FX170123
工程名称	厦门万丽酒店	使用部位		卫生间
委托单位	阳光有限公司	委托人		魏伟
施工单位	新鸿装饰公司	试样编号		YP12SD170233
见证人单位	圆方监理公司	见证人		张小志
种 类	聚合物水泥防水涂料	代表数量		7t
型 号	Ⅱ型	委托日期		2017 年 10 月 15 日
生产厂家	东方雨虹民用建材有限责任公司	试验日期		2017 年 10 月 16 日 ~ 2017 年 10 月 20 日

试验结果	一、固体含量（%）	83				
	二、拉伸强度（MPa）	1.9				
	三、断裂伸长率（%）	95				
	四、不透水性（涂膜抗渗性）	水压（MPa）		时间（min）	结果	合格
	五、低温柔性（低温弯折性）	温度（℃）	-40	评定		合格
	六、耐热性	温度（℃）		评定		
	七、潮湿基面粘结强度（MPa）	合格				
	八、粘结强度（MPa）	1.2				
	九、浸水 168h 后拉伸强度（MPa）	/				
	十、浸水 168h 后断裂伸长率（%）	/				
	十一、抗渗性（MPa）	0.6	十二、耐水性（%）		/	
	十三、抗压强度（MPa）	/	十四、抗折强度（MPa）		/	
	十五、其他	/				

结论：
依据《聚合物水泥防水涂料》GB/T 23445-2009 标准，符合防水涂料要求

备注：						
批 准	陈达宾	审 核	李彦真	试 验	孔详宾	
检测试验机构	实达检测试验有限公司					
报告日期	2017 年 10 月 20 日					

本表由检测机构提供。

3.4.5.6 花岗石复试报告范例

花岗石试验报告

表 C4-23

工程名称	厦门万丽酒店	使用部位	室内墙地面
		资料编号	03-06-C4-004
		试验编号	SC10-0111
		委托编号	WT12FX180125
委托单位	阳光有限公司	委托人	魏伟
施工单位	新鸿装饰公司	试样编号	YP12SD180235
见证人单位	圆方监理公司	见证人	张小志
样品名称	花岗石	代表数量	500m²
种类及规格	800mm×400mm×18mm	委托日期	2018 年 03 月 19 日
产地、厂别	山西金圣石业建筑装饰工程有限公司	试验日期	2018 年 03 月 19 日 ~ 2018 年 03 月 23 日

要求试验项目及说明：
吸水率、放射性（内照射指数、外照射指数）

检测项目		技术要求	检测结果	单项评定
吸水率（%）		≤ 0.6	0.50	符合
放射性	内照射指数 I_{Ra}	≤ 1.0	0.0	符合
	外照射指数 I_γ	≤ 1.3	0.2	符合

结论：
所检项目检测结果符合 GB 6566 中 A 类装饰装修材料的技术要求

备注：
本次检测设备主要采用 γ 能谱仪（HJJ62-1）、铅室（HJG23）

批 准	陈达实	审 核	李彦真	试 验	孔祥实
检测试验机构	实达检测试验有限公司				
报告日期	2018 年 03 月 23 日				

本表由检测机构提供。

3.4.5.7　瓷砖复试报告范例

瓷砖试验报告
表 C4-23

CMA 151301060148	福建省见证员 张小志 FZ1100553 圆方监理公司	资料编号	03-07-C4-006
		试验编号	CZ10-0218
		委托编号	WT12FX180128

工程名称	厦门万丽酒店	使用部位	室内墙地面
委托单位	阳光有限公司	委托人	魏伟
施工单位	新鸿装饰公司	试样编号	YP12SD180239
见证人单位	圆方监理公司	见证人	张小志
样品名称	柔抛砖	代表数量	3000m²
种类及规格	600mm × 1200mm × 10mm	委托日期	2018 年 04 月 24 日
产地、厂别	佛山市中裕弗贝思陶瓷有限公司	试验日期	2018 年 04 月 24 日 ~ 2018 年 04 月 29 日

要求试验项目及说明：
吸水率、破坏强度、放射性（内照射指数、外照射指数）

检测项目		技术要求	检测结果	单项评定
吸水率（%）		平均值 ≤ 0.5	0.06	符合
		单个值 ≤ 0.6	0.04 ~ 0.06	
破坏强度（N）		当厚度 ≥ 7.5mm 时，平均值 ≥ 1300	3424	符合
放射性	内照射指数 I_{Ra}	≤ 1.0	0.5	符合
	外照射指数 I_γ	≤ 1.3	0.7	符合

结论：
所检项目检测结果符合 GB 6566 中 A 类装饰装修材料的技术要求

备注：
本次检测设备主要采用 γ 能谱仪（HJJ62-1）、铅室（HJG23）

批　准	陈达宾	审　核	李彦真	试　验	孔祥宾
检测试验机构		实达检测试验有限公司 资料示范章			
报告日期		2018 年 04 月 29 日			

本表由检测机构提供。

3.4.5.8 轻钢龙骨复试报告范例

轻钢龙骨试验报告 表 C4-23		资料编号	03-04-C4-005
省见证员 张小志 FZ1100553 圆方监理公司		试验编号	LG10-0219
151301060148		委托编号	WT12FX170129
工程名称	厦门万丽酒店	使用部位	吊顶骨架基层
委托单位	阳光有限公司	委托人	魏伟
施工单位	新鸿装饰公司	试样编号	YP12SD170240
见证人单位	圆方监理公司	见证人	张小志
样品名称	吊顶覆面龙骨	代表数量	8500mm
种类及规格	DC50mm×19mm×0.5mm	委托日期	2017 年 11 月 20 日
产地、厂别	北新集团建材股份有限公司	试验日期	2017 年 11 月 21 日～ 2017 年 11 月 26 日

检验依据:《建筑用轻钢龙骨》GB/T 11981-2008

检测项目	标准要求	检测结果	单项评定
外观质量	外形平整、棱角清晰、切口无毛刺变形。镀锌层无起皮、起瘤、脱落,龙骨无腐蚀、无损伤、无麻点,每米长度内面积不大于 $1cm^2$ 的黑斑不多于 3 处	符合	符合
双面镀锌量	$\geqslant 100g/m^2$	$120g/m^2$	符合
静载试验	吊顶覆面龙骨 加载挠度不大于 5.0mm, 残余变形量不大于 1.0mm	加载挠度为 3.8mm, 残余变形量为 0.2mm	符合

结论:
经检验,抽检样品所检项目符合 GB/T 11981-2008 中吊顶覆面龙骨的技术指标要求

批 准	薛达寅	审 核	李彦真	试 验	孔祥实
检测试验机构		实达检测试验有限公司			
报告日期		2017 年 11 月 26 日			

本表由检测机构提供。

3.4.5.9　石膏板复试报告范例

石膏板试验报告

表 C4-14

工程名称	厦门万丽酒店		资料编号	03-04-C4-006
			试验编号	SG10-1218
			委托编号	WT12FX170130
工程名称	厦门万丽酒店		使用部位	客厅吊顶
委托单位	阳光有限公司		委托人	魏伟
施工单位	新鸿装饰公司		试样编号	YP12SD170241
见证人单位	圆方监理公司		见证人	张小志
种　类	耐水纸面石膏板		代表数量	2000 张
型　号	PC2440mm×1220mm×9.5mm		委托日期	2017 年 10 月 15 日
生产厂家	北新集团建材股份有限公司		试验日期	2017 年 10 月 16 日～2017 年 10 月 20 日

见证员 张小志 FZ1100553 圆方监理公司

CMA 151301060148

试验结果	一、面密度（kg/m²）		≤ 9.5	9.1
	二、吸水率（%）		≤ 10	6.8
	三、硬度（N）	棱边	≥ 70	82
		端头	≥ 70	81
	四、断裂荷载（N）	纵向	平均值≥400 最小值≥360	平均值445 最小值438
		横向	平均值≥160 最小值≥140	平均值203 最小值198
	五、抗冲击性		经冲击后，板材背面应无径向裂纹	无径向裂纹
	六、表面吸水量（g/m²）		≤ 160	144

结论：
经检验，抽检样品所检项目的检验结果符合《纸面石膏板》GB/T 9775-2008 的技术要求

备注：

批　准	陈达宾	审　核	李庭真	试　验	孔祥宾
检测试验机构		实达检测试验有限公司			
报告日期		2017 年 10 月 20 日			

本表由检测机构提供。

3.4.5.10 细木工板复试报告范例

细木工板试验报告

表 C4-14

CMA 151301060148

福建省见证员
张小志
FZ1100553
圆方监理公司

		资料编号	03-06-C4-007
		试验编号	BC10-4218
		委托编号	WT12FX180131
工程名称	厦门万丽酒店	使用部位	室内隔墙
委托单位	阳光有限公司	委托人	魏伟
施工单位	新鸿装饰公司	试样编号	YP12SD180243
见证人单位	圆方监理公司	见证人	张小志
种 类	细木工板	代表数量	2000m²
型 号	1220mm × 2440mm × 18mm	委托日期	2018 年 05 月 04 日
生产厂家	吉森木业有限公司	试验日期	2018 年 05 月 05 日 ~ 2018 年 05 月 08 日

试验结果	检测项目	技术要求	检测结果	单项评定
	甲醛释放限量（mg/m³）	≤ 0.121	0.06	符合

依据标准：《室内装饰装修材料 人造板及其制品中甲醛释放限量》GB 18580-2017

结论：
经检验，抽检样品所检项目的检验结果符合《室内装饰装修材料 人造板及其制品中甲醛释放限量》GB 18580-2017 的技术要求

备注：

批 准	陈达宾	审 核	李骄真	试 验	孔祥宾
检测试验机构		宾达检测试验有限公司			
报告日期		2018 年 05 月 08 日			

本表由检测机构提供。

3.4.5.11 乳胶漆复试报告范例

乳胶漆试验报告
表 C4-14

		资料编号	03-09-C4-001
		试验编号	YQ10-4118
		委托编号	WT12FX180132
工程名称	厦门万丽酒店	使用部位	室内墙面
委托单位	阳光有限公司	委托人	魏伟
施工单位	新鸿装饰公司	试样编号	YP12SD180245
见证人单位	圆方监理公司	见证人	张小志
种类	内墙乳胶漆	代表数量	5t
型号	白色	委托日期	2018 年 05 月 12 日
生产厂家	广州立邦涂料有限公司	试验日期	2018 年 05 月 13 日 ~ 2018 年 05 月 19 日

检测项目		技术要求	检测结果	单项评定
挥发性有机物含量（VOC）（g/L）		≤ 120	26	符合
游离甲醛（mg/kg）		≤ 100	17	符合
苯、甲苯、乙苯、二甲苯总和（mg/kg）		≤ 300	未检出	符合
低温稳定性		不变质	不变质	符合
干燥时间（表干/h）		≤ 2	< 1	符合
可溶性重金属	铅 Pb（mg/kg）	≤ 90	7	符合
	镉 Cd（mg/kg）	≤ 75	未检出	符合
	铬 Cr（mg/kg）	≤ 60	3	符合
	汞 Hg（mg/kg）	≤ 60	未检出	符合

依据标准：《合成树脂乳液内墙涂料》GB/T 9756-2009
《室内装饰装修材料 内墙涂料中有害物质限量》GB 18582-2008

结论：
所检项目检测结果符合《合成树脂乳液内墙涂料》GB/T 9756-2009 和《室内装饰装修材料 内墙涂料中有害物质限量》GB 18582-2008 的技术要求

备注：

批 准	陈达宾	审 核	李彦真	试 验	孔祥宾
检测试验机构		实达检测试验有限公司			
报告日期		2018 年 05 月 19 日			

本表由检测机构提供。

3.4.5.12 钢化玻璃复试报告范例

钢化玻璃试验报告 表 C4-23			资料编号	03-05-C4-003
			试验编号	BL10-1025
			委托编号	WT12FX180133
工程名称	厦门万丽酒店		使用部位	室内玻璃隔断
委托单位	阳光有限公司		委托人	魏伟
施工单位	新鸿装饰公司		试样编号	YP12SD180246
见证人单位	圆方监理公司		见证人	张小志
材料名称	钢化玻璃		代表数量	600m²
规格型号	610mm×610mm×12mm		委托日期	2018 年 06 月 01 日
产地、厂别	福建省港达玻璃制品有限公司		试验日期	2018 年 06 月 02 日～2018 年 06 月 06 日

样品编号	外形尺寸	接触玻璃	检测现象	单项评定
AC081800013-1	610mm×610mm	12mm 钢化玻璃	样品未破坏	合格
AC081800013-2	610mm×610mm	12mm 钢化玻璃	样品未破坏	合格
AC081800013-3	610mm×610mm	12mm 钢化玻璃	样品未破坏	合格
AC081800013-4	610mm×610mm	12mm 钢化玻璃	样品未破坏	合格
AC081800013-5	610mm×610mm	12mm 钢化玻璃	样品未破坏	合格
AC081800013-6	610mm×610mm	12mm 钢化玻璃	样品未破坏	合格

依据标准:《建筑用安全玻璃 第 2 部分:钢化玻璃》GB 15763.2-2005

结论:
经检验,所检项目符合 GB 15763.2-2005 标准要求

备注:

批 准	陈达宾	审 核	李彦奎	试 验	孔祥宾
检测试验机构		兴达检测试验有限公司 资料示范章			
报告日期		2018 年 06 月 06 日			

本表由检测机构提供。

3.4.5.13 木门复试报告范例

木门试验报告 表 C4-14		资料编号	03-03-C4-008
		试验编号	MM10-4218
		委托编号	WT12FX180134
工程名称	厦门万丽酒店	使用部位	F1 ~ F5 室内木门
委托单位	阳光有限公司	委托人	魏伟
施工单位	新鸿装饰公司	试样编号	YP12SD180248
见证人单位	圆方监理公司	见证人	张小志
种类	木门	代表数量	100 樘
型号	2100mm × 800mm × 500mm	委托日期	2018 年 11 月 12 日
生产厂家	怡发实创木业有限公司	试验日期	2018 年 11 月 13 日 ~ 2018 年 11 月 18 日

试验结果	检测项目	技术要求	检测结果	单项评定
	甲醛释放量（mg/L）	≤ 1.5	0.6	符合

依据标准：《室内装饰装修材料 木家具中有害物质限量》GB 18584-2001

结论：
经检测，该样品检验结果符合国家强制性标准《室内装饰装修材料 木家具中有害物质限量》GB 18584-2001 规定的甲醛释放量限量指标

备注：

批 准	陈达宾	审 核	李彦真	试 验	孔祥宾
检测试验机构		实达检测试验有限公司			
报告日期		2018 年 11 月 18 日			

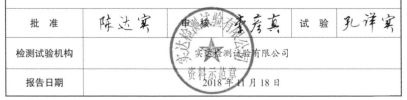

本表由检测机构提供。

3.4.5.14 壁纸复试报告范例

壁纸试验报告 表C4-14		资料编号	03-10-C4-001
		试验编号	BZ10-4220
151301060148		委托编号	WT12FX180135
工程名称	厦门万丽酒店	使用部位	室内墙面
委托单位	阳光有限公司	委托人	魏伟
施工单位	新鸿装饰公司	试样编号	YP12SD180249
见证人单位	圆方监理公司	见证人	张小志
种 类	壁纸	代表数量	1630m²
型 号	0.53m×10m	委托日期	2018年11月18日
生产厂家	北京皇庭丽彩装饰有限公司	试验日期	2018年11月19日～2018年11月23日

（CMA 福建省见证员 张小志 FZ1100553 圆方监理公司）

试验结果	检测项目	技术要求	检测结果	单项评定
	游离甲醛（mg/kg）	≤ 120	1.2	符合

依据标准：《室内装饰装修材料 壁纸中有害物质限量》GB 18585-2001

结论：
经检测，该样品甲醛含量达到《室内装饰装修材料 壁纸中有害物质限量》GB 18585-2001 中的技术指标要求

备注：

批 准	陈达实	审 核	李劳真	试 验	孔祥实
检测试验机构					
报告日期		2018年11月23日			

本表由检测机构提供。

3.4.6　施工物资资料综合说明

1. 基本要求

施工物资资料是指工程所用物资的质量、性能指标等各类证明文件及相关配套文件的统称。材料运抵施工现场后，施工单位项目相关管理人员须首先核验材料的技术、环保、消防等方面的资料。在确认资料符合要求后，再对进场材料的外观、颜色、几何尺寸、数量等进行检查。经自检合格后，填写"材料进场检验记录"（并附出厂质量证明、材料外观检验记录、检验报告、复验报告、进口产品商检证明等），报请监理单位验收。对于有现场取样复试要求的材料，还需进行现场取样，送检测单位检测，经检测合格后方可使用。

（1）施工物资主要包括建筑材料、成品、半成品、构配件以及设备等。建筑装饰装修工程所使用的施工物资，应附有出厂质量证明文件（如产品合格证、质量证明、检验报告、产品生产许可证和质量保证书等）。质量证明文件应详尽载明施工物资的品种、规格、数量、性能指标等信息，且与实际进场物资完全吻合。通常，质量证明文件应提供原件，若提供复印件时，应有原件存放单位公章，并注明原件存放处。

（2）建筑装饰装修工程所采用的主要材料、半成品、产品、构配件、器具、设备等均应进行现场验收，并留存进场检验记录；涉及安全、功能的相关物资应按照工程施工质量验收规范及相关规定进行复试、见证取样送检，并出具相应的复试（检验）报告。部分施工物资应具备的资料参考表3-1。

表3-1　部分施工物资应具备的资料参考表

序号	材料名称	出厂质量证明文件			进场复试	见证试验报告
		合格证	生产或供应单位检测报告	产品性能及使用说明		
1	钢材	√	√		√	√
2	水泥	√	√		√	√
3	砂子	√	√		√	

序号	材料名称	出厂质量证明文件			进场复试	见证试验报告
		合格证	生产或供应单位检测报告	产品性能及使用说明		
4	碎（卵）石	√			√	
5	外加剂	√	√	√	√	√
6	防水材料	√	√	√	√	√
7	混凝土掺合料	√	√		√	√
8	砖和砌块	√	√		√	√
9	轻骨料	√	√		√	√
10	焊接材料	√	√		√	√
11	防火、防腐涂料	√	√		√	√
12	高强度螺栓	√	√		√	
13	硅酮结构胶	√	√		√	
14	硅酮耐候胶	√	√			
15	防火涂料	√	√		√	√
16	人造木板和饰面人造木板	√	√		√	√
17	室内用天然花岗石	√	√		√	√
18	室内用瓷砖	√	√		√	√
19	外墙用陶瓷面砖	√	√		√	√
20	安全玻璃	√	√		√	
21	现场阻燃处理后的纺织物	√	√		√	√
22	燃烧性能受到影响的纺织物	√	√		√	√
23	现场处理后的木质材料	√	√		√	√
24	表面加工后的 B1 级木质材料	√	√		√	√
25	现场阻燃处理后的泡沫塑料	√	√		√	√

（3）石材、瓷砖、卫生陶瓷、石膏板、吊顶材料等应提供放射性检测报告。压力容器、消防设备、生活供水设备、卫生洁具等涉及安全、卫生、环保的物资应有相应资质等级检测单位的检测报告。

（4）凡使用新材料、新产品，应由具备鉴定资格的单位或部门出具鉴定证书，同时具有产品质量标准和试验要求，使用前应按其质量标准和试验要求进行试验或检验，新材料、新产品还应提供安装维修、使用和工艺标准等相关技术文件。

（5）进口材料和设备等应按规定进行商品检验，应具有商检证明文件（中国国家认证认可监督管理委员会公布的强制性认证 [CCC] 产品除外）、中文版的质量证明文件、性能检测报告以及中文版的安装、维修、使用、试验要求等技术文件。

（6）建筑电器产品中被列入《第一批实施强制性产品认证的产品目录》的，必须经过中国国家认证认可监督管理委员会认证，认证标志为"中国强制认证 [CCC]"，并在认证有效期内，符合认证要求方可使用。

（7）现行国家标准《建筑装饰装修工程质量验收标准》GB 50210强制条文规定，建筑装饰装修工程所用材料应符合国家有关建筑装饰装修有害物限量标准规定。严格查验进场材料的有害物含量检测报告，民用建筑工程室内装饰工程采用的花岗岩石材、人造木板、饰面人造木板等应严格按照现行国家标准《民用建筑工程室内环境污染控制标准》GB 50325 的规定进行材料抽样复验。

2. 专项说明

（1）材料、构配件进场检验。

材料、构配件进场后，应由施工单位会同建设单位、监理单位对进场物资进行检查验收，填写"材料、构配件进场检验记录"（表 C.4.1）。主要检验内容包括：

1）物资出厂质量证明文件及检测报告是否齐全；

2）实际进场数量、规格和型号等是否满足设计和施工计划要求；

3）物资外观质量是否满足设计要求或规范规定；

4）按规定须抽检的材料、构配件是否及时抽检等。

（2）水泥。

水泥进场后，项目物资（材料）部应组织质量、工程等部门的相关人员进行外观检查。检查内容包括：水泥的数量、品种、生产日期（是否在有效期内）、出厂编号、有无受潮结块现象，以及出厂合格证（质量证明文件）是否齐全等。检查完毕后，若无异常情况，需填写"材料进场检验记录"。若有异常，则应及时处理。

1）水泥的生产单位必须在水泥出厂后 7d 内提供出厂合格质量证明文件。该文件检验项目应涵盖除 28d 强度以外的所有试验结果。28d 强度的结果单应在水泥发出日起 32d 内进行补报。产品合格证应以 28d 的抗压和抗折强度为依据。

2）水泥出厂合格质量证明文件内容应详细完整，包括厂别、牌号、品种、强度等级、出厂日期、出厂编号（批号）和试验数据（抗压强度、抗折强度、安定性等），并加盖生产单位质检部门的印章。同时，使用单位还应在证明文件上注明水泥的进场日期、进场数量和使用部位。

3）水泥进场检验合格后，项目部需要按照相关规定，委托有资质的试验单位对水泥进行复验，粘结用的水泥应有凝结时间、安定性和抗压强度的复验。只有复验合格的水泥才能在工程中使用。当合同有约定或对水泥质量存在疑问时，应进行有见证取样和送检。

4）水泥必须按照规定的批量进行送检，要做到先复验再使用，禁止先施工后复验。对于抹灰工程、饰面砖工程和地面工程所使用的水泥，需要对其凝结时间和安定性进行复验。而用于粘贴板材的水泥，则需要进行凝结时间、安定性和抗压强度的复验。

（3）砂、石。

砂、石材料进场后，项目部应立刻组织相关人员对其进行外观检查，核对进场数量，然后由项目（物资）材料部门在质量证明文件上注明进场日期、数量以及使用部位。供货单位需要提供产品合格证。对于按规定需要做预防碱-骨料反应的工程或结构部位，供应单位还应提供砂、石的碱活性检验报告。

1）砂、石质量证明文件各项内容应填写齐全，不得漏填或随意涂改。

2）出厂质量证明文件与外观检查合格后，砂、石必须按照有关规定批量送检复验，复验合格后方可在工程中使用。做到先复验后使用，严禁先使用后复验。

3）砂（石）的复验项目包括筛分析（颗粒级配）、含泥量、泥块含量，必要时（重要工程或特殊工程）可根据工程需要增加检验项目；石的复验项目包括颗粒级配、含泥量、泥块含量、针片状颗粒含量、压碎指标，必要时（重要工程或特殊工程）可根据工程需要增加检验项目。

4）复验报告中的各项内容必须填写齐全、真实，无未了事项。试验结论明确，签字盖章齐全；复验代表数量应与对应砂、石出厂合格证上注明的实际进场砂、石数量一致，不得笼统填写验收批的最大批量400m³ 或600t。

（4）钢材、焊（连）接材料。

钢材、焊（连）接材料进场后，项目应组织质量、工程等部门的相关人员进行进场检查和验收。检查内容包括：数量、直径、标牌、外形、长度、弯曲度、裂痕、锈蚀情况等。合格后填写"材料进场检验记录"，如发现异常应及时处理。

1）钢材、焊（连）接材料（包括焊条、螺栓等）必须有供应单位的出厂质量证明书（或出厂合格证）。材料品种、规格、技术性能等应符合设计要求和有关规范、标准规定。

2）出厂质量证明文件（出厂合格证）应填写完整，无遗漏或随意涂改的情况。内容包括：生产厂、产品名称、级别、规格、炉（罐）批号、牌号、数量、机械性能数据（如屈服点、抗拉强度、伸长率、冷弯）、化学成分检验数据（如碳、锰、硅、硫、磷、钒等）、证明书号、出厂日期、检验部门印章等。同时，使用单位要注明进场日期、进场数量以及使用部位。

3）进场检验合格后，如合同有相关约定，或对钢材质量有疑问时，应对重要钢材进行力学性能复验。复验结果符合现行国家标准《碳素结构钢》GB/T 700 中规定的指标后，由有资质的试验单位出具检验报告。钢材复验合格后方可在工程中使用。

4）如钢材复验不合格，但双倍取样复验合格，则两次试验报告应同时归档；如双倍取样仍不合格，应上报有关部门进行处理，填写"不合格项处置记录"，不合格的复验报告则不归档。

（5）龙骨、板材类材料。

龙骨、板材类材料包括：（轻钢、铝合金、木质、钢质）龙骨、吊杆、（石膏、金属类、矿棉类、塑料类、木质类、纤维类、复合轻质类、玻璃类、隔栅类）面板、埋件及连接件等。材料进场后，应由项目部组织质量、工程等部门有关人员进行检查，内容包括：数量、品种、类型、规格、图案、颜色等是否符合设计要求和国家现行规范、标准规定，出厂质量证明文件是否齐全等，检查通过后填报"材料进场检验记录"，如发现异常应及时处理。

1）龙骨、板材类材料应由供应单位提供产品出厂合格证和性能检验报告。无机非金属吊顶材料、石膏板必须具备放射性指标检验报告，且需符合设计要求及国家现行规范、标准规定；木质材料的燃烧性能等级和有害物质限量应符合设计要求及国家现行规范、标准的规定，相关性能检验报告应齐全；对于有隔声、隔热、防火阻燃、防潮等特殊设计要求的工程，相关材料需具有符合设计要求性能等级的检验报告。

2）当室内装饰装修工程所用的某种人造木板或饰面人造木板面积超过 $500m^2$ 时，需对不同产品逐一进行游离甲醛含量或游离甲醛释放量的复验。复验合格，并经监理工程师（建设单位项目负责人）审查确认后方可正式使用。

3）试验报告内容应齐全真实、签字盖章齐全，有见证试验的应盖有见证试验专用章；复验代表数量、使用部位应与出厂质量证明文件上注明的进场数量、使用部位一致；复验报告中的试验日期、品种、规格应与隐蔽工程检查记录、施工日志、检验批质量验收记录、洽商记录、施工技术文件等交圈。

（6）饰面板（砖）材料。

饰面板（砖）材料包括：（天然、人造）石材、陶瓷砖、木饰面板、塑料板、玻璃板等。材料进场后，应由项目部组织质量、工程等部门有关人员进行检查，内容包括：数量、品种、类型、规格、图案、颜色、性能等是否符合设计要求，出厂质量证明文件是否齐全等，检查通过后填报"材料进场检验记录"，如发现异常应及时处理。

1）饰面板（砖）材料应有出厂产品合格证、性能检验报告，由材料供应单位提供。板块面层所用的大理石/花岗石、预制板块、料石面层、塑料板、地毯等应有物化性能检测报告，并符合国家现行规范、标准的有关规定。有特殊要求（如防火、吸声、隔热等）的材料，应有相关资质检测单位提供的检测报告。

2）饰面石材的品种、颜色、花纹、尺寸规格、抗压或抗折强度、吸水率、耐冻融循环、弯曲强度等性能需经过有资质的检测单位的检测，且具备合格有效的检测报告；大理石、花岗石等天然石材必须符合现行团体标准《天然石材选用与质量检验标准》T/CECS 1590 以及现行国家标准《民用建筑工程室内环境污染控制标准》GB 50325 中有关有害物质限量的规定，进场时应附有检测报告。当花岗石的使用面积超过 $200m^2$ 时，应对不同产品、不同批次的材料分别进行放射性指标的抽查复验。

3）室内装饰装修工程所用陶瓷面砖面积超过 $200m^2$，需对不同产品及不同批次的材料分别进行放射性指标的抽样复验；室内装饰装修工程如使用陶瓷面砖时，应对其进行吸水率复验，寒冷地区的外墙陶瓷面砖还应进行抗冻性复验；有防腐要求的砖面层所用耐酸瓷砖、浸渍沥青砖、缸砖等应具备相应的防腐指标检测报告。

4）人造木板、饰面人造板、胶粘剂、胶结料和涂料等材料需按设计要求选用，有害物质限量应符合现行国家标准《民用建筑工程室内环境污染控制标准》GB 50325 的规定，进场时应提供挥发性有机化合物（VOC）和游离甲醛含量（或游离甲醛释放量）的检测报告；室内用人造木板及饰面人造板总面积大于 $500m^2$ 时，应对不同产品、不同批次的游离甲醛含量或游离甲醛释放量进行复验。

5）对于采用玻璃板材饰面或使用玻璃板隔墙时，应采用安全玻璃或采取可靠的安全措施。单块玻璃大于 $1.5m^2$ 及落地玻璃、栏板玻璃等应使用安全玻璃。安全玻璃使用前应取样复验，凡获得中国强制认证标志（3C 标志）的可免做复验。

（7）涂饰材料。

涂饰材料包括：（乳液、无机、水溶性等）水性涂料、（丙烯酸酯、聚氨酯丙烯、有机硅丙烯酸涂料等）溶剂型涂料。材料进场后，应由项目部组织质量、工程等部门有关人员进行进场检查，内容包括：数量、品种、型号、颜色、性能等是否符合设计要求，出厂质量证明文件是否齐全等。检查通过后填报"材料进场检验记录"，如发现异常应及时处理。

1）涂饰材料应由材料供应单位提供出厂产品合格证、储存有效期、使用说明、性能检验报告等文件。

2）民用建筑工程室内装饰装修中采用的水性涂料、水性胶粘剂、水性处理剂必须有同批次产品的挥发性有机化合物（VOC）和游离甲醛含量检测报告，并符合设计要求和国家现行规范、标准的规定。

3）溶剂型涂料、溶剂型胶粘剂必须有同批次产品的挥发性有机化合物（VOC）、苯、游离甲苯二异氰酸酯（TDI）、聚氨酯类含量检测报告，并符合设计要求和国家现行规范、标准的规定。

4）防水涂料需要经过有资质的检测单位的认证，符合设计要求和国家产品标准的规定。防水材料还需要进行进场复验，按照有见证取样检验管理规定执行，复验合格并经监理工程师（或建设单位技术负责人）审查确认后，方可正式使用。

（8）裱糊、软包材料。

裱糊、软包材料包括壁纸、墙布、软包面料及内衬材料等。材料进场后，应由项目部组织质量、工程等部门有关人员进行进场检查，内容包括：数量、品种、规格、颜色、性能等是否符合设计要求，出厂质量证明文件是否齐全等。检查通过后填报"材料进场检验记录"，如发现异常应及时处理。

1）裱糊、软包材料应由材料供应单位提供出厂产品合格证、性能检验报告等质量证明文件。

2）裱糊、软包材料应用于有阻燃等特殊设计要求的工程时，相关材料的燃烧性能应符合设计要求及国家现行规范、标准的有关规定。

3）裱糊、软包材料有害物质含量应符合国家现行规范、标准的要求。

（9）应复试的装饰材料。

建筑装饰装修工程所用装饰材料，如人造木板、室内用花岗石、室内用瓷砖、外墙面砖和安全玻璃等须按照相关规定进行复试，有相应复试报告。建筑装饰装修工程应进行现场复试的部分材料见表3-1。

（10）建筑外窗应有抗风压性能、空气渗透性能和雨水渗透性能检测报告。

（11）有隔声、隔热、防火阻燃、防水防潮和防腐等特殊要求的物资应有相应的性能检测报告。

3.4.7 卷内备考表范例

卷内备考表

本案卷共有文件材料 <u>479</u> 页，其中：文字材料 <u>313</u> 张，图样材料 <u>166</u> 张，照片 <u>/</u> 张。

说明：

本案卷完整准确。

立卷人：张德扬

2018 年 11 月 25 日

审核人：蒋祖科

2018 年 11 月 25 日

施工记录（C5）

3.5　施工记录（C5）范例

3.5.1　案卷封面范例

档　　号＿＿＿＿＿＿＿＿＿＿＿＿＿＿

案卷题名＿＿＿＿＿＿**厦门万丽酒店**＿＿＿＿＿＿
＿＿＿＿＿**建筑装饰装修工程施工资料**＿＿＿＿＿
＿＿＿＿＿＿＿＿**C5 施工记录**＿＿＿＿＿＿＿＿
＿（1）隐蔽工程验收记录＿＿＿＿＿＿＿＿＿＿
＿（2）施工检查记录＿＿＿＿＿＿＿＿＿＿＿
＿（3）交接检查记录＿＿＿＿＿＿＿＿＿＿＿
＿（4）防水工程试水检查记录＿＿＿＿＿＿＿
＿（5）施工测量记录＿＿＿＿＿＿＿＿＿＿＿

编制单位＿＿＿＿＿＿＿新鸿装饰公司＿＿＿＿＿＿
起止日期自 2017 年 05 月 20 日起至 2018 年 12 月 21 日止
密级＿＿＿秘密＿＿＿　保管期限＿＿＿长期保管＿＿＿
本工程共＿＿11＿＿卷　　本案卷为第＿＿6＿＿卷

3.5.2 卷内目录范例

卷内目录						
工程名称	厦门万丽酒店		**资料类别**	C5 施工记录		
序号	文件材料题名	原编字号	编制单位	编制日期	页次	备注
1	隐蔽工程验收记录		新鸿装饰公司	2018.05.10 ~ 2018.12.21	1 ~ 50	
2	施工检查记录		新鸿装饰公司	2018.10.06	51 ~ 100	
3	交接检查记录		新鸿装饰公司	2017.05.30 ~ 2018.12.01	101 ~ 130	
4	防水工程试水检查记录		新鸿装饰公司	2017.11.23 ~ 2018.07.01	131 ~ 160	
5	施工测量记录		新鸿装饰公司	2017.05.20	161 ~ 180	

3.5.3　隐蔽工程验收记录范例

隐蔽工程验收记录目录						
工程名称	厦门万丽酒店	资料类别		隐蔽工程验收记录		
序号	内容摘要	编制单位	日期	资料编号	备注	
1	内墙腻子粉隐蔽工程验收记录	新鸿装饰公司	2018.05.10	03-01-C5-001		
2	木门安装隐蔽工程验收记录	新鸿装饰公司	2018.12.19	03-03-C5-002		
3	吊顶工程（暗龙骨吊顶安装）隐蔽工程验收记录	新鸿装饰公司	2017.12.20	03-04-C5-003		
4	骨架隔墙安装隐蔽工程验收记录	新鸿装饰公司	2017.12.20	03-05-C5-004		
5	玻璃隔墙安装隐蔽工程验收记录	新鸿装饰公司	2018.05.25	03-05-C5-005		
6	饰面板安装隐蔽工程验收记录	新鸿装饰公司	2018.09.07	03-06-C5-006		
7	饰面砖安装隐蔽工程验收记录	新鸿装饰公司	2018.09.17	03-07-C5-007	略	
8	裱糊、软包隐蔽工程验收记录	新鸿装饰公司	2018.11.21	03-10-C5-006	略	
9	细部工程骨架、埋件安装隐蔽工程验收记录	新鸿装饰公司	2018.09.09	03-11-C5-007		
10	地面找平层隐蔽工程验收记录	新鸿装饰公司	2017.11.24	03-12-C5-008		

 编者：表格备注栏"略"，表示该行记录范例省略

3.5.3.1 内墙腻子粉隐蔽工程验收记录范例

表 C.5.1 隐蔽工程验收记录

工程名称	厦门万丽酒店	编 号	03-01-C5-001
隐检项目	内墙腻子粉施工	隐检日期	2018 年 05 月 10 日
隐检部位	Z1 单体 F1 客房区内墙腻子层		

隐检依据：施工图号 <u>Z1 单体一层客房区立面 001</u> ，设计变更 / 洽商 / 技术核定单（编号 <u> / </u> ）及有关国家现行标准等。

主要材料名称及规格 / 型号：<u> 内墙腻子粉 </u>

隐检内容：

1. 腻子粉采用工厂生产的成品内墙腻子粉，有合格证及进场复检报告，复检报告结果符合规范及设计要求；
2. 腻子层墙面表面光滑、洁净、无油污，符合要求；
3. 腻子层墙体平整度、垂直度均符合规范及设计要求；
4. 腻子层无脱层、空鼓、裂缝，符合规范及设计要求。

隐检内容已做完，请予以检查。

检查结论：

经检查，内墙腻子粉的品种、质量及施工工序等均符合有关施工质量验收规范规定，可进行下道工序。

☑同意隐蔽　　　□不同意隐蔽，修改后复查

复查结论：

复查人：　　　　　　　　复查日期：

签字栏	施工单位	新鸿装饰公司	专业技术负责人	专业质检员	专业工长
			周虎	曹建华	林志明
	监理或建设单位	圆方监理公司		专业工程师	冯小明

本表由施工单位填写，并附影像资料。

3.5.3.2 木门安装隐蔽工程验收记录范例

表 C.5.1 隐蔽工程验收记录

工程名称	厦门万丽酒店	编 号	03-03-C5-002
隐检项目	木门安装	隐检日期	2018 年 12 月 19 日
隐检部位	Z1 单体 F2 木门安装		

隐检依据：施工图号 <u>Z1 单体二层立面001</u>，设计变更 / 洽商 / 技术核定单（编号 <u>/</u> ）及有关国家现行标准等。

主要材料名称及规格 / 型号：<u>木门</u>

隐检内容：
1.基层板材料及安装质量符合设计及施工规范要求。
2.基层板与墙体使用膨胀螺丝固定，门套与基层板及墙面采用螺钉结合发泡胶连接固定，缝隙嵌填饱满，采用密封胶密封；符合设计及施工规范要求。

隐检内容已做完，请予以检查。

检查结论：
    经检查，门预埋件和锚固件的数量、位置、埋设方式及与框的连接方式，门框与墙体间缝隙填嵌等均符合有关施工质量验收规范规定，可进行下道工序。

☑同意隐蔽　　　□不同意隐蔽，修改后复查

复查结论：

复查人：　　　　　　　　　　复查日期：

签字栏	施工单位	新鸿装饰公司	专业技术负责人	专业质检员	专业工长
			周虎	曹建华	林志明
	监理或建设单位	圆方监理公司		专业工程师	冯小明

本表由施工单位填写，并附影像资料。

3.5.3.3 暗龙骨吊顶安装隐蔽工程验收记录范例

表 C.5.1 隐蔽工程验收记录

工程名称	厦门万丽酒店	编 号	03-04-C5-003
隐检项目	吊顶工程（暗龙骨吊顶安装）	隐检日期	2017 年 12 月 20 日
隐检部位	Z1 单体 F2 客房区暗龙骨吊顶安装		

隐检依据：施工图号 <u>Z1 单体二层客房区暗龙骨吊顶 001</u>，设计变更 / 洽商 / 技术核定单（编号 <u>/</u>）及有关国家现行标准等。

主要材料名称及规格 / 型号：<u>U38×1.0 主龙骨；U50×0.6 副龙骨；M8 镀锌金属吊杆；M8 内膨胀管</u>

隐检内容：
1. M8 内膨胀管吊点间距 900 ~ 1200mm，吊杆与内膨胀管连接坚固，吊杆垂直。
2. M8 镀锌金属吊杆长度符合设计要求。
3. 主龙骨两端头距离墙 150 ~ 200mm，间距 900 ~ 1200mm，主龙骨的悬臂端不大于 300mm。
4. 副龙骨间距为 400mm，与主龙骨连接牢固。
5. 吊顶起拱高度为短跨度的 1/200。
6. 边龙骨由 12×50mm 木方沿吊顶标高在四周固定。木方做防腐处理，采用气钉固定，将 50mm 龙骨背扣固定在木方上。

隐检内容已做完，请予以检查。

检查结论：
　　经检查，材料的规格、材质、安装间距及连接固定方式符合设计要求。龙骨平直稳定，方格尺寸准确，吊杆、龙骨表面已进行处理，符合有关规范规定。同意进行下道工序。

☑同意隐蔽　　　□不同意隐蔽，修改后复查

复查结论：

复查人：　　　　　　　　　　复查日期：

签字栏	施工单位	新鸿装饰公司	专业技术负责人	专业质检员	专业工长
			周龙	曹建华	林志明
	监理或建设单位	圆方监理公司	专业工程师		冯小明

本表由施工单位填写，并附影像资料。

3.5.3.4 骨架隔墙安装隐蔽工程验收记录范例

表 C.5.1 隐蔽工程验收记录

工程名称	厦门万丽酒店	编 号	03-05-C5-004
隐检项目	骨架隔墙安装	隐检日期	2017 年 12 月 20 日
隐检部位	Z1 单体 F2 客房区骨架隔墙安装		

隐检依据: 施工图号 Z1 单体第二层客房区立面 001 , 设计变更 / 洽商 / 技术核定单 (编号 /) 及有关国家现行标准等。

主要材料名称及规格 / 型号: 竖向龙骨 QC50mm×50mm×0.6mm, 天地龙骨 50mm× 50mm×0.6mm

隐检内容:
1. 覆面竖向龙骨 QC50mm×50mm×0.6mm, 天地龙骨 50mm×50mm×0.6mm, 天地龙骨与覆面竖向龙骨连接牢固, 每根覆面竖向龙骨与墙面用副龙骨定点加固, 覆面竖向龙骨间距 300~400mm, 均符合相关规范要求。
2. 各种连接件、紧固件有防松动措施, 焊接连接符合要求。

隐检内容已做完, 请予以检查。

检查结论:
经检查, 龙骨所用的材料品种、规格、数量等, 龙骨安装方式、间距及连接方法, 焊接焊缝尺寸及焊接后的防腐处理等均符合有关施工质量验收规范规定, 可进行下道工序。

☑同意隐蔽　　　□不同意隐蔽, 修改后复查

复查结论:

复查人:　　　　　　　　复查日期:

签字栏	施工单位	新鸿装饰公司	专业技术负责人	专业质检员	专业工长
			周亮	曹建华	林志明
	监理或建设单位	圆方监理公司		专业工程师	冯小明

本表由施工单位填写, 并附影像资料。

3.5.3.5 玻璃隔墙安装隐蔽工程验收记录范例

表 C.5.1 隐蔽工程验收记录

工程名称	厦门万丽酒店	编　　号	03-05-C5-005
隐检项目	玻璃隔墙安装	隐检日期	2018 年 05 月 25 日
隐检部位	Z1 单体 F2 客房区玻璃隔墙安装		

隐检依据：施工图号　Z1 单体第二层客房区立面 002　，设计变更 / 洽商 / 技术核定单（编号　/　）及有关国家现行标准等。

主要材料名称及规格 / 型号：120mm×60mm×2.75mm 方管、80mm×60mm×2.75mm 方管、200mm×200mm 预埋板、M12 化学锚栓、φ12 膨胀螺栓

隐检内容：

1. 用三个 φ12 膨胀螺栓和一个 M12 化学锚栓将 200mm×200mm 预埋板固定在结构楼板上，再将 120mm×60mm×2.75mm 方管焊接到预埋板上。
2. 将 80mm×60mm×2.75mm 方管横接在 120mm×60mm×2.75mm 方管之间用作横框。
3. 方管横、竖向间距根据设计图纸尺寸确定。
4. 所有施焊处为单面满焊，焊缝严密，方管与预埋板焊接牢固。
5. 所有方管及施焊处满刷防锈漆，无漏刷。

隐检内容已完成，请予以检查。

检查结论：

　　经检查，所用材料符合要求，方管与预埋板焊接牢固，焊缝严密，所有方管及施焊处满刷防锈漆，无漏刷，可进行下道工序。

☑同意隐蔽　　　□不同意隐蔽，修改后复查

复查结论：

复查人：　　　　　　　　　　复查日期：

签字栏	施工单位	新鸿装饰公司	专业技术负责人	专业质检员	专业工长
			周亮	曹建华	林志明
	监理或建设单位	圆方监理公司	专业工程师	冯小明	

本表由施工单位填写，并附影像资料。

3.5.3.6　饰面板安装隐蔽工程验收记录范例

表 C.5.1　隐蔽工程验收记录

工程名称	厦门万丽酒店		编　　号	03-06-C5-006
隐检项目	饰面板安装		隐检日期	2018 年 09 月 07 日
隐检部位	Z1 单体 F3 客房区饰面板安装			

隐检依据：施工图号　Z1 单体第三层客房区立面 001　　，设计变更 / 洽商 / 技术核定单（编号　/　）及有关国家现行标准等。

主要材料名称及规格 / 型号：　1220mm×2440mm×15mm 饰面板

隐检内容：
1. 饰面板基层所用龙骨配件、配件、墙面板、填充材料的品种、规格、性能和木材的含水率。
2. 饰面板基层工程边框龙骨必须与基体结构连接牢固，并且平整、垂直、位置正确。
3. 饰面板基层的防火和防腐处理。
4. 饰面板基层板应安装牢固，无脱层、翘曲、折裂及缺损。
5. 基层板所用接缝材料的接缝方法。
6. 饰面板基层墙上的孔洞槽盒应位置正确，套割吻合，边缘整齐。

隐检内容已做完，请予以检查。

检查结论：
　　经检查，饰面板基层所用龙骨配件、配件、墙面板、填充材料的品种、规格、性能和木材的含水率等均符合有关施工质量验收规范规定，可进行下道工序。

☑同意隐蔽　　　□不同意隐蔽，修改后复查

复查结论：

复查人：　　　　　　　　复查日期：

签字栏	施工单位	新鸿装饰公司	专业技术负责人	专业质检员	专业工长
			周虎	曹建华	林志明
	监理或建设单位	圆方监理公司		专业工程师	冯小明

本表由施工单位填写，并附影像资料。

3.5.3.7 细部工程骨架、埋件安装隐蔽工程验收记录范例

表 C.5.1 隐蔽工程验收记录

工程名称	厦门万丽酒店	编　　号	03-11-C5-007
隐检项目	细部工程骨架、埋件安装	隐检日期	2018 年 09 月 09 日
隐检部位	Z1 单体 F5 客房区窗帘盒安装		

隐检依据:施工图号　Z1 单体第五层客房区立面 001　,设计变更 / 洽商 / 技术核定单(编号　/　)及有关国家现行标准等。

主要材料名称及规格 / 型号:　1220mm × 2440mm × 15mm 阻燃板、石膏板、吊杆

隐检内容:
1. 所用材料的材质、品种、规格等。
2. 连接件安装、顶板安装、侧板连接、侧板与顶板连接。
3. 五金件的防腐处理。

隐检内容已做完,请予以检查。

检查结论:
　　经检查,龙骨所用的材料品种、规格、数量等,龙骨安装方式、间距及连接方法,焊接焊缝尺寸及焊接后的防腐处理等均符合有关施工质量验收规范规定,可进行下道工序。

☑同意隐蔽　　□不同意隐蔽,修改后复查

复查结论:

复查人:　　　　　　　　　复查日期:

签字栏	施工单位	新鸿装饰公司	专业技术负责人	专业质检员	专业工长
			周虎	曹建华	林志明
	监理或建设单位	圆方监理公司		专业工程师	冯小明

本表由施工单位填写,并附影像资料。

3.5.3.8 地面找平层隐蔽工程验收记录范例

表 C.5.1 隐蔽工程验收记录

工程名称	厦门万丽酒店	编 号	03-12-C5-008
隐检项目	地面找平层	隐检日期	2017 年 11 月 24 日
隐检部位	Z1 单体 F3 客房区卫生间找平层		

隐检依据：施工图号 Z1 单体第三层客房区卫生间地面 001 ，设计变更 / 洽商 / 技术核定单（编号 / ）及有关国家现行标准等。

主要材料名称及规格 / 型号： 1 : 3 水泥砂浆

隐检内容：
1. 基层已清理干净，结构楼地面上无积水、无灰尘、无杂物、无污染。
2. 地面找平层用 1 : 3 水泥砂浆，平均 30mm 厚水泥砂浆找平已完成，与基层粘结牢固无空鼓，表面平整均匀，无脱皮起砂等缺陷，符合设计及相关规范要求。
3. 卫生间找平层坡向、坡度符合设计及相关规范要求，交接处和转角处、管根阴阳角已做成圆弧状，符合做防水要求；其余部位的找平层标高及分格缝设置均符合设计及相关规范要求。

隐检内容已做完，请予以检查。

检查结论：
经检查，基层清理情况、找平层做法、交接处和转角处处理符合有关规范规定，同意进行下道工序。

☑同意隐蔽　　□不同意隐蔽，修改后复查

复查结论：

复查人：　　　　　　　　　复查日期：

签字栏	施工单位	新鸿装饰公司	专业技术负责人	专业质检员	专业工长
			周虎	曹建华	杜少飞
	监理或建设单位	圆方监理公司		专业工程师	冯小明

本表由施工单位填写，并附影像资料。

3.5.4　施工检查记录范例

施工检查记录目录					
工程名称	厦门万丽酒店	资料类别	施工检查记录		
序号	内容摘要	编制单位	日期	资料编号	备注
1	实木复合地板安装工程施工检查记录	新鸿装饰公司	2018.10.06	03-12-C5-001	
2	浸渍纸层压木质地板安装工程施工检查记录	新鸿装饰公司	2018.10.06	03-12-C5-002	略
3	竹地板安装工程施工检查记录	新鸿装饰公司	2018.10.06	03-12-C5-003	略
4	活动地板安装工程施工检查记录	新鸿装饰公司	2018.10.24	03-12-C5-004	略

 编者：表格备注栏"略"，表示该行记录范例省略

实木复合地板安装工程施工检查记录范例

表C.5.2 施工检查记录（通用）

工程名称	厦门万丽酒店	编 号	03-12-C5-001
		检查日期	2018 年 10 月 06 日
检查部位	Z1 单体 F1 接待室地面	检查项目	实木复合地板安装

检查依据：
1. 施工图纸：F1 接待室平面铺装图 001。
2. 现行国家标准《建筑地面工程施工质量验收规范》GB 50209

检查内容：
1. 实木复合地板、胶有合格证、检验报告；其品种、规格、性能指标符合设计要求。木材的材质和铺设时的含水率符合现行国家标准《木结构工程施工质量验收规范》GB 50206 的有关规定。
2. 木板面层铺钉牢固，无松动。
3. 木板和拼花木板面层刨平磨光，无创痕戗槎和毛刺等现象，图案清晰美观，面层颜色均匀一致。
4. 条形木板面层，接缝严密，接头位置错开，表向洁净，拼缝平直方正。
5. 拼花木板面层，接缝严密，粘钉牢固，表面洁净，粘结无溢胶，板块排列合理、美观，镶边宽度周边一致。
6. 踢脚线的铺设，接缝严密，表面平整光滑，高度、出墙厚度一致，接缝排列合理美观，上口平直，割角准确。
7. 木地板烫硬蜡、擦软蜡。蜡洒布均匀不露底，光滑明亮，色泽一致，厚薄均匀，木纹清晰，表面结净。

检查结论：
  经检查，符合设计要求和现行国家标准《建筑地面工程施工质量验收规范》GB 50209 的规定。

复查结论：

复查人：　　　　　　　　　　**复查日期：**

签字栏	施工单位	新鸿装饰公司	
	专业技术负责人	专业质检员	专业工长
	周亮	曹建华	林志明

本表由施工单位填写。

3.5.5 交接检查记录范例

交接检查记录目录					
工程名称	厦门万丽酒店	资料类别	交接检查记录		
序号	内容摘要	编制单位	日期	资料编号	备注
1	Z1 单体 F1 ～ F5 卫生间给水、排水管道、初装修交接检查记录	新鸿装饰公司	2017.04.20	05-01-C5-001	
2	Z1 单体 F3 ～ F5 层客房区空调安装单位与室内吊顶装修单位移交检查记录	新鸿装饰公司	2017.11.20	03-04-C5-002	
3	防水专业施工与地面施工交接检查记录	新鸿装饰公司	2018.06.02	03-12-C5-002	略
4	墙体管线安装与抹灰工程交接检查记录	新鸿装饰公司	2017.11.20	03-04-C5-002	略
5	墙体内管线安装与轻质隔墙交接检查记录	新鸿装饰公司	2017.05.30	03-01-C5-002	略
6	吊顶内管线安装与吊顶工程交接检查记录	新鸿装饰公司	2017.12.10	03-04-C5-002	略
7	基层内管线安装与饰面板工程交接检查记录	新鸿装饰公司	2018.08.20	03-06-C5-002	略
8	主体结构工程与门窗工程交接检查记录	新鸿装饰公司	2018.12.01	03-03-C5-002	略

 编者: 表格备注栏"略",表示该行记录范例省略

3.5.5.1 Z1 单体 F1~F5 卫生间给水、排水管道、初装修交接检查记录范例

表 C.5.3 交接检查记录

工程名称	厦门万丽酒店	编 号	05-01-C5-001
		检查日期	2017 年 04 月 20 日
移交单位	建工有限公司	见证单位	圆方监理公司
交接部位	Z1 单体 F1～F5 卫生间给水、排水管道、初装修	接收单位	新鸿装饰公司

交接内容:

　　检查建工有限公司施工的结构标高、轴线偏差;结构构件尺寸偏差;填充墙体、抹灰工程质量;相邻楼地面标高差;门窗洞口尺寸及偏差;机电安装专业预留预埋、管线和相关设备是否符合设计和规范要求等项目。给水、排水管道各甩口坐标、标高是否正确;给水系统的试压情况;排水系统的闭水试验情况;排水系统的临时通水试验情况;各甩口的临时封堵情况;各管道、甩口的完整性等。

检查结论:

　　经双方检查,1～5 层给水、排水各甩口坐标、标高正确,符合设计要求;给水系统试压合格;排水管道系统畅通,无渗漏,符合施工质量验收规范要求;各甩口齐全无遗漏、封堵良好;地漏位置和标高正确。

　　结构及门窗洞口偏差、砌体、抹灰质量、楼地面标高差、机电安装专业预留预埋、管线和相关设备均符合设计和规范要求,具备进行精装修工程施工的条件。

　　双方同意移交。由新鸿装饰公司接收并进行成品保护,可以进行卫生间地面、墙面、吊顶装饰工序施工。

复查结论(由接收单位填写):

复查人:　　　　　　　　　　**复查日期:**

见证单位意见:

　　前道工序合格,符合工序移交条件。

签字栏	移交单位	接收单位	见证单位
	郑建国	蒋祖科	赵方圆

本表由移交单位填写。

3.5.5.2 Z1 单体 F3 ~ F5 层客房区空调安装单位与室内吊顶装修单位移交检查记录范例

表 C.5.3 交接检查记录

工程名称	厦门万丽酒店	编 号	03-04-C5-002
		检查日期	2017 年 11 月 20 日
移交单位	建工有限公司	见证单位	圆方监理公司
交接部位	Z1 单体 F3 ~ F5 层客房区空调安装单位与室内吊顶装修单位移交	接收单位	新鸿装饰公司

交接内容：
1. 检查中央空调室内机和室外机的安装是否牢固稳定，是否符合安装规范。
2. 检查冷媒管路的连接是否紧密，有无泄漏现象。
3. 检查空调的电气连接是否正确，电线是否牢固连接，有无短路或接地问题。
4. 检查空调的排水系统是否畅通，有无堵塞或漏水现象。
5. 检查空调的控制系统是否正常工作，遥控器、线控器等控制设备的功能是否正常。

检查结论：
    经双方检查，中央空调室内机和室外机的安装牢固，符合安装规范；冷媒管路的连接紧密，无泄漏现象；空调的电气连接正确，符合规范要求；空调的排水系统畅通，无堵塞或漏水现象；空调的控制系统均能正常工作。
    双方同意移交。由新鸿装饰公司接收，可以进行吊顶装饰工序施工。

复查结论：

复查人：   复查日期：

见证单位意见：
    前道工序合格，符合工序移交条件。

签字栏	移交单位	接收单位	见证单位
	温智志	蒋祖科	赵方圆

本表由移交单位填写。

3.5.6　防水工程试水检查记录范例

防水工程试水检查记录目录						
工程名称	厦门万丽酒店	资料类别		防水工程试水检查记录		
序号	内容摘要	编制单位	日期	资料编号		备注
1	Z1单体第一层卫生间防水工程试水检查记录（一次蓄水）	新鸿装饰公司	2017.11.20	03-12-C5-001		略
2	Z1单体第二层卫生间防水工程试水检查记录（一次蓄水）	新鸿装饰公司	2017.11.20	03-12-C5-002		略
3	Z1单体第三层卫生间防水工程试水检查记录（一次蓄水）	新鸿装饰公司	2017.11.23	03-12-C5-003		
4	Z1单体第四层卫生间防水工程试水检查记录（一次蓄水）	新鸿装饰公司	2017.11.20	03-12-C5-004		略
5	Z1单体第五层卫生间防水工程试水检查记录（一次蓄水）	新鸿装饰公司	2017.11.20	03-12-C5-005		略
6	Z1单体第一层卫生间防水工程试水检查记录（二次蓄水）	新鸿装饰公司	2018.07.01	03-12-C5-006		略
7	Z1单体第二层卫生间防水工程试水检查记录（二次蓄水）	新鸿装饰公司	2018.07.01	03-12-C5-007		略
8	Z1单体第三层卫生间防水工程试水检查记录（二次蓄水）	新鸿装饰公司	2018.07.01	03-12-C5-008		
9	Z1单体第四层卫生间防水工程试水检查记录（二次蓄水）	新鸿装饰公司	2018.07.01	03-12-C5-009		略
10	Z1单体第五层卫生间防水工程试水检查记录（二次蓄水）	新鸿装饰公司	2018.07.01	03-12-C5-010		略

编者：表格备注栏"略"，表示该行记录范例省略

3.5.6.1 Z1 单体第三层卫生间防水工程试水检查记录（一次蓄水）范例

表 C.5.4　防水工程试水检查记录

工程名称	厦门万丽酒店		编　号	03-12-C5-003
检查部位	Z1 单体第三层卫生间		检查日期	2017 年 11 月 23 日
检查方式	☑第一次蓄水　　□第二次蓄水 □淋水　　　　　□雨期观察		蓄水时间	从2017年11月22日10时 至2017年11月23日10时

检查方法及内容：

　　Z1 单体第三层卫生间地面第一次蓄水试验：在门口处用水泥砂浆做挡水台、地漏周围挡高 5cm，用球塞（或棉丝）把地漏堵严密且不影响试水，然后进行蓄水，蓄水最浅水位为 20mm，蓄水时间为 24h。

　　检查方法：在下一层查看管根、墙体砖面、顶板是否有渗漏水现象。

检查结论：

　　经检查，卫生间第一次蓄水试验无渗漏现象，检查合格，符合规范要求。

复查结论：

复查人：　　　　　　　　　　　　复查日期：

签字栏	施工单位	新鸿装饰公司	专业技术负责人	专业质检员	专业工长
			周亮	曹建华	江志安
	监理或建设单位	圆方监理公司		专业工程师	冯小明

本表由施工单位填写。

3.5.6.2 Z1 单体第三层卫生间防水工程试水检查记录（二次蓄水）范例

表 C.5.4 防水工程试水检查记录

工程名称	厦门万丽酒店		编 号	03-12-C5-008
检查部位	Z1 单体第三层卫生间		检查日期	2018 年 07 月 01 日
检查方式	☐第一次蓄水 ☐淋水	☑第二次蓄水 ☐雨期观察	蓄水时间	从 2018 年 06 月 30 日 10 时 至 2018 年 07 月 01 日 10 时

检查方法及内容：

    Z1 单体第三层卫生间地面第二次蓄水试验：在门口处用水泥砂浆做挡水台，地漏周围挡高 5cm，或用物封堵严密且不影响试水，然后进行蓄水，蓄水最浅水位为 20mm，蓄水时间为 24h。每 6h 检查一次，均无渗漏为合格。

    检查方法：检查排水设计坡度，蓄水时间，蓄水深度，管道周围渗水情况，排水后积水情况等。在下一层查看管根、墙体砖面、顶板是否有渗漏水现象。

检查结果：

    经检查，卫生间第二次蓄水试验无渗漏现象，蓄水深度满足试验要求；蓄水时间，检查次数满足规范规定；管道周围无渗水，排水后无积水，整个地面无渗漏现象发生，满足使用要求。

    检查合格，符合规范要求。

复查结论：

复查人：　　　　　　　　　　　**复查日期：**

签字栏	施工单位	新鸿装饰公司	专业技术负责人	专业质检员	专业工长
			周光	曹建华	江志安
	监理或建设单位	圆方监理公司		专业工程师	冯小明

本表由施工单位填写。

3.5.7 施工测量记录范例

施工测量记录目录					
工程名称	厦门万丽酒店	资料类别		施工测量记录	
序号	内容摘要	编制单位	日期	资料编号	备注
1	Z1 单体 F1 楼层平面放线记录	新鸿装饰公司	2017.05.20	03-00-C5-001	略
2	Z1 单体 F1 楼层平面标高抄测记录	新鸿装饰公司	2017.05.20	03-00-C5-002	略
3	Z1 单体 F2 楼层平面放线记录	新鸿装饰公司	2017.05.20	03-00-C5-003	略
4	Z1 单体 F2 楼层平面标高抄测记录	新鸿装饰公司	2017.05.20	03-00-C5-004	略
5	Z1 单体 F3 楼层平面放线记录	新鸿装饰公司	2017.05.21	03-00-C5-005	
6	Z1 单体 F3 楼层平面标高抄测记录	新鸿装饰公司	2017.05.21	03-00-C5-006	略
7	Z1 单体 F4 楼层平面放线记录	新鸿装饰公司	2017.05.21	03-00-C5-007	略
8	Z1 单体 F4 楼层平面标高抄测记录	新鸿装饰公司	2017.05.21	03-00-C5-008	略
9	Z1 单体 F5 楼层平面放线记录	新鸿装饰公司	2017.05.22	03-00-C5-009	略
10	Z1 单体 F5 楼层平面标高抄测记录	新鸿装饰公司	2017.05.22	03-00-C5-010	略

编者: 表格备注栏"略",表示该行记录范例省略

3.5.7.1 楼层平面放线记录范例

表 C.5.5 楼层平面放线记录

工程名称	厦门万丽酒店	编　号	03-00-C5-005
		放线日期	2017年05月21日
放线位置	Z1 单体 F3	放线内容	竖向投测控制线、墙柱轴线、边线、门窗洞口线

放线依据：

1. 定位控制桩 1 号、2 号、3 号、4 号如放线简图所示。
2. 建设单位提供的测绘成果图。
3. 施工图纸。
4. ±0.000 相当于黄海高程 17.4。
5. 依据《工程测量规范》GB 50026-2007。

放线简图：

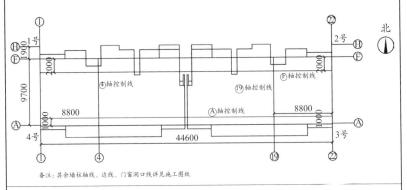

备注：其余墙柱轴线、边线、门窗洞口线详见施工图纸

检查意见：

1. 主控线误差在 ±3mm 以内，角度在 ±10″ 以内。
2. 各轴线、墙柱边线、门窗洞口线误差在 ±2mm 以内。
3. 内控点尺寸误差不超过 2mm，角度 ±5″ 以内，符合《工程测量规范》GB 50026-2007 的要求。

签字栏	施工单位	新鸿装饰公司	专业技术负责人	专业质检员	施测人
			周光	曹建华	赵晓冬
	监理或建设单位	圆方监理公司	专业工程师	冯小明	

本表由施工单位填写。

3.5.7.2 楼层平面标高抄测记录范例

表 C.5.6 楼层平面标高抄测记录

工程名称	厦门万丽酒店	编 号	03-00-C5-008
		日 期	2017年05月21日
抄测部位	Z1 单体 4F ①~⑤ / ⑩~⑥轴	抄测内容	建筑 1m 标高控制线

抄测依据:

1. 本工程图纸。
2. 楼层 +1m 水平控制线。
3. 施工测量方案。
4. 建筑工程施工测量规程。

抄测说明:

Z1 单体 4F ①~⑤ / ⑩~⑥轴轴地上四层建筑楼面标高为 12.920m,其建筑 1m 控制线标高为 13.920m,所有标高均抄测在结构墙体上用墨线标识。

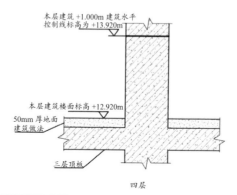

检查意见:

经核对:楼层设计标高与抄测标高数值无误。

经查验:墙柱上抄测 +1.000m 线建筑 = 13.920m,标高线误差在 ±2mm 以内。

符合设计施工图标高及《建筑施工测量技术规程》DB11/T 446—2015 的精度要求。

签字栏	施工单位	新鸿装饰公司	专业技术负责人	专业质检员	施测人
			周虎	曹建华	赵晓冬
	监理或建设单位	圆方监理公司		专业工程师	冯小明

本表由施工单位填写。

3.5.8　施工记录资料管理要点

1. 基本要求

施工记录是在施工阶段产生的，用于保障工程质量和安全的各类检查记录的总称。主要包括隐蔽工程验收记录、施工检查记录、交接检查记录、防水工程试水检查记录、施工测量记录等。

（1）隐蔽工程验收记录主要记录在施工后会被其他结构或装饰覆盖的工程部分的验收情况，比如地基与基础、钢筋混凝土结构、电气管道、给水排水管道等。《建筑装饰装修工程质量验收标准》GB 50210—2018中涉及进行隐蔽工程验收的内容见表3-2。

表3-2　建筑装饰装修工程要求隐蔽工程验收内容表

名称	隐蔽工程验收内容
抹灰工程	1.抹灰总厚度大于或等于35mm的加强措施；2.不同材料基体交接处的加强措施
门窗工程	1.埋件和锚固件；2.隐蔽部位的防腐
吊顶工程	1.吊顶内的管道、设备的安装及水管试压；2.木龙骨防火、防腐处理；3.预埋件或拉结筋；4.吊杆安装；5.龙骨安装；6.填充材料的设置
轻质隔墙工程	1.骨架隔墙中设备管线的安装及水管试压；2.木龙骨防火、防腐处理；3.预埋件或拉结筋；4.龙骨安装；5.填充材料的设置
饰面板（砖）工程	1.预埋件（或后置埋件）；2.构件的连接接点；3.防水层
幕墙工程	1.预埋件（或后置埋件）；2.构件的连接接点；3.变形缝及墙面转角处的构造连接点；4.幕墙防雷装置；5.幕墙防火构造
涂饰工程	1.基层含水率；2.基层平整度；3.基层垂直度；4.阴阳角方正度
裱糊软包工程	1.基层牢固度；2.基层平整度；3.基层垂直度；4.阴阳角方正度
细部工程	1.预埋件（或后置埋件）；2.护栏与埋件的连接点

（2）施工检查记录是对施工过程中的常规检查和监督所做的记录，主要关注施工质量、安全以及进度等方面，涵盖施工工艺、操作步骤、材料使用、设备运行等内容的检查和记录过程。

253

（3）交接检查记录是在施工阶段转换或施工单位变更时进行的检查记录。在交接检查过程中，应对已经完成的工作进行全面审查，以确保前一阶段的施工质量达标，并为后续施工创造良好条件。

（4）防水工程试水检查记录是针对防水工程的一项重要检查记录，主要记录防水工程在施工完成后，进行防水工程试水试验检查的情况。

（5）施工测量记录主要记载了施工现场各类测量活动及其结果，例如建筑物的位置、尺寸、标高、垂直度以及平整度等。建筑装饰装修工程常用的有楼层平面放线记录和楼层平面标高抄测记录等。

2. 专项说明

（1）隐蔽工程验收记录填写

隐蔽工程验收记录采用表格形式，详细记录工程隐蔽工程验收项目的内容、质量、检查意见和复查意见等，作为未来建筑工程维护、改造、扩建等的重要技术资料。凡是未通过隐蔽工程验收或验收不合格的工程，不得进行下道工序的施工。

1）地面工程：依据施工图纸，有关施工验收规范要求、施工方案和技术交底，检查各基层（垫层、找平层、隔离层、填充层）的材料品种、规格、铺设厚度、铺设方式、坡度、标高、表面情况、节点密封处理等情况。地面工程隐蔽工程验收记录中要注明施工图纸编号、地面铺设的类型（石材地面、木材地面、水泥地面、板材地面）、材料的品种规格等，将检查内容描述清楚。

2）室内防水：按照施工图纸、规范要求、施工方案和技术交底，检查厕浴防水的基层表面、含水率、地漏、套管、洁具根部和阴阳角等的处理，以及防水层墙面涂料。室内防水需进行三次隐蔽工程验收，首次检查基层，包括强度、平整度、坡度、阴阳角圆弧处理等；第二次在强化处理后，检查地漏等部位加强和结合层涂刷；第三次在施工完毕后，进行厚度检测和蓄水试验。第三次验收合格且无渗漏，才能进行保护层施工。隐蔽工程验收记录要写明施工图纸编号、材料复试报告编号、材料品种、涂刷厚度、玻纤布搭接宽度、根部附加层情况、防水层高度等。

3）抹灰工程：根据施工图纸、验收规范、施工方案和技术交底，检查不同基层间加强措施材料的规格、固定方法和搭接情况。抹灰工程的隐蔽工程验收记录要注明施工图纸编号和水泥复试报告编号，将不同材料基体交接处表面抹灰采取的防裂加强措施描述清楚。

4）门窗工程：根据施工图纸、规范要求、施工方案和技术交底，检查预埋件、锚固件、螺栓等的数量、位置、间距、埋设方式、与框的连接、防腐处理、缝隙嵌填、密封材料粘结等情况。门窗工程隐蔽工程验收记录应注明图纸编号、门窗类型、预埋件和锚固件位置，以及木门窗防腐、与墙体间缝隙嵌填材料、保温材料等。

5）吊顶工程：按照图纸、规范和施工方案、技术交底，检查吊顶龙骨的材质、规格、间距、连接方式、材料外观、接缝角缝处理等。吊顶工程隐蔽工程验收记录要注明图纸编号、吊顶类型、骨架类型、材料规格，以及吊杆龙骨的材质、间距、连接方式，还有金属吊杆龙骨的防腐处理、木龙骨的防腐防火处理等情况。

6）轻质隔墙工程：根据施工图纸、规范要求、施工方案和技术交底，检查预埋件、连接件、拉结筋的位置、数量、连接方式（如与周边墙体和顶棚的连接、龙骨间的连接等），以及龙骨的间距、防腐处理和填充材料设置。轻质隔墙工程隐蔽工程验收记录要注明图纸编号、隔墙类型、板材种类、规格型号，以及预埋件、连接件的位置和连接方式。

7）饰面板（砖）工程：根据施工图纸、规范要求、施工方案和技术交底，检查预埋件（后置埋件）、连接件的规格、数量、位置、连接方式、防腐、防火处理等。饰面板（砖）工程隐蔽工程验收记录要注明图纸编号、饰面材料种类（石材、木饰面、软硬包、金属板等），以及板材的规格、龙骨间距等。

8）细部工程：按照施工图纸、规范要求、施工方案和技术交底，检查预埋件或后置埋件的数量、规格、位置，还有木方防腐、螺钉防锈等处理情况。细部工程隐蔽工程验收记录要注明图纸编号和材料种类，说明是否有特殊要求。对于护栏扶手、橱柜、窗帘盒、窗台板安装的预埋件数量、位置、规格及连接方法等检查内容应描述清晰。

（2）施工检查记录填写

根据国家现行规范、标准，对于没有相应施工表格的重要工序，应填写"施工检查记录（通用）"。这是施工单位填写和保存的通用记录表格，适用于各专业。对于建筑装饰装修工程（不包括幕墙工程），质量管理人员在检查过程中发现的问题可以在施工日志中记录，无须单独填写该表。

（3）交接检查记录填写

当需要开展专业交接检查时，移交方、接收方以及见证方将共同对移交工程进行验收，并详细记录工程质量状况、遗留问题、工序要求、注意事项以及成品保护等信息。常见的具体内容包括：

1）防水专业施工与地面施工交接：在交接过程中，应检查现场防水施工的完成情况，复核隐蔽工程验收记录、材料复试报告和蓄水试验报告，确定是否存在遗留问题，并进行详细注明。同时，要明确成品保护的要求，并检查其落实情况。

2）墙体管线安装与抹灰工程交接：在交接时，应检查依附于墙体的各专业管线的完工状况，包括管线的位置、高度以及固定的稳固程度，还要检查管线是否畅通。对于有密封要求的管线，应核实其隐蔽工程验收记录和压力试验报告等，并明确标注遗留问题以及成品保护措施的落实情况。

3）墙体内管线安装与轻质隔墙交接：在交接时，应对墙体内的各专业管线和设施的完成状态进行检查，包括管线与设施的位置、高度以及固定的稳固程度，同时要检查管线是否通畅。对于有密闭要求的管线，应复查其隐蔽工程验收记录和压力试验报告等，并明确标注遗留问题以及成品保护措施的实施情况。

4）吊顶内管线安装与吊顶工程交接：在交接时，应检查吊顶高度范围内各专业管线的完成情况，以及各种设施的布置情况。确认管线和设施的位置、高度是否符合设计要求，固定是否牢固，管线是否通畅。对于有密闭要求的管线，还应复核其隐蔽工程验收记录和压力试验报告等，并注明遗留问题以及成品保护措施的落实情况。

5）基层内管线安装与饰面板（砖）工程交接：在交接时，需要对与饰面基层骨架相连的各专业管线的施工完成情况进行检查，包括管线的位置、高度、固定情况等，以及管线是否通畅，并复核其隐蔽工程验收记录和压力试验报告等。同时，要注明遗留问题和成品保护要求等。对于卫生间等有防水结构的部位，还应检查找平层、防水层的构造做法，并复核隐蔽工程验收记录。

6）主体结构工程与门窗工程交接：交接时，应检查主体结构中门窗洞口的留置位置、数量、尺寸和标高，还有洞口安装预埋件的情况。同时，要复核主体结构的验收单和预埋件的隐蔽工程验收记录等，并且要详细注明遗留问题和注意事项。

（4）防水工程试水检查记录

有防水要求的房间必须有防水层及安装后蓄水检验记录，器具安装完成后应做100%的二次蓄水试验，并及时填写"防水工程试水检查记录"，此表由施工单位填写，建设（监理）单位给予确认，由建设单位、施工单位各保存一份。有防水要求的房间，应包括蓄水方式、蓄水时间、蓄水深度、地漏及边缘的封堵情况和有无渗漏现象等。蓄水时间不得少于24h，蓄水深度最浅水位不应低于20mm。

（5）施工测量记录

1）楼层平面放线记录：楼层平面放线记录通常包含楼层的轴线、边线、控制线等的位置及尺寸信息，同时也会记录放线过程中遇到的问题及解决方法。精确的楼层平面放线能够助力建筑装饰装修工程定位水平布置隔墙中线与完成面线，以及确定各构件的点位和尺寸。

2）楼层平面标高抄测记录：楼层平面标高抄测是一项重要工作，它包括确定基准点、使用水准仪测量各楼层标高、选择测点、记录数据、校核误差、标注和标记等内容。精确的楼层标高抄测记录数据，有助于建筑装饰装修工程明确各个空间地面、吊顶完成面的标高，以及水平工艺构造的厚度做法。

3.5.9 卷内备考表范例

卷内备考表

本案卷共有文件材料 <u>32</u> 页，其中：文字材料 <u>25</u> 张，图样材料 <u>/</u> 张，照片 <u>7</u> 张。

说明：

本案卷完整准确。

立卷人：张德扬

2018 年 12 月 21 日

审核人：蒋祖科

2018 年 12 月 21 日

施工试验记录及检测报告（C6）

3.6 施工试验记录及检测报告（C6）范例

3.6.1 案卷封面范例

档　　号＿＿＿＿＿＿＿＿＿＿＿＿＿＿＿

案卷题名＿＿＿＿＿＿＿**厦门万丽酒店**＿＿＿＿＿
＿＿＿**建筑装饰装修工程施工资料**＿＿＿
＿＿＿**C6 施工试验记录及检测报告**＿＿＿
（1）砌筑砂浆试块强度统计、评定记录
（2）混凝土试块强度统计、评定记录
（3）饰面砖粘结强度试验报告
（4）后置埋件拉拔试验报告
（5）焊缝无损探伤检测报告等

编制单位＿＿＿＿＿＿＿新鸿装饰公司＿＿＿＿＿
起止日期自 2017 年 06 月 8 日起至 2019 年 01 月 23 日止
密级＿＿＿秘密＿＿＿保管期限＿＿＿长期保管＿＿＿
本工程共＿＿11＿＿卷　　本案卷为第＿＿8＿＿卷

3.6.2　卷内目录范例

	卷内目录					
工程名称	厦门万丽酒店		资料类别	C6 施工试验记录及检测报告		
序号	文件材料题名	原编字号	编制单位	编制日期	页次	备注
1	砌筑砂浆试块强度统计、评定记录		新鸿装饰公司	2017.06.22～2017.08.20	1～10	
2	混凝土试块强度统计、评定记录		新鸿装饰公司	2017.11.11	11～15	
3	饰面砖粘结强度试验报告		新鸿装饰公司	2017.06.01～2017.08.24	16～20	
4	后置埋件拉拔试验报告		新鸿装饰公司	2018.08.08	21～29	
5	焊缝无损探伤检测报告		新鸿装饰公司	2017.08.20	30	
6	钢构件射线探伤报告		新鸿装饰公司	2017.08.20	31	略
7	磁粉探伤报告		新鸿装饰公司	2017.08.25	32	略
8	高强度螺栓抗滑移系数检测报告		新鸿装饰公司	2017.08.21	33	略
9	钢结构焊接工艺评定报告		新鸿装饰公司	2017.08.20	34	略
10	卫生器具满水试验记录		新鸿装饰公司	2018.12.10	35	
11	强度严密性试验记录		新鸿装饰公司	2017.10.02	36	
12	室内给水系统通水试验记录		新鸿装饰公司	2017.10.02	37	略
13	室内排水系统通水试验记录		新鸿装饰公司	2017.10.06	38	略
14	通水试验记录		新鸿装饰公司	2017.10.06	39	
15	冲洗、吹洗试验记录		新鸿装饰公司	2017.10.28	40	
16	通球试验记录		新鸿装饰公司	2017.10.25	41	
17	接地装置隐蔽工程验收与平面示意图表		新鸿装饰公司	2017.12.06	42	略
18	电气接地电阻测试记录		新鸿装饰公司	2018.08.12	43	
19	电气绝缘电阻测试记录		新鸿装饰公司	2017.08.10	44	
20	电气器具通电安全检查记录		新鸿装饰公司	2018.12.15	45	
21	建筑物照明通电试运行记录		新鸿装饰公司	2018.12.15	46	
22	大型照明灯具承载试验记录		新鸿装饰公司	2018.11.03	47	
23	漏电开关模拟试验记录		新鸿装饰公司	2018.12.10	48	
24	系统试运转调试记录		新鸿装饰公司	2018.12.10	49	略
25	室内环境检测报告		新鸿装饰公司	2019.01.30	50～66	

 编者：表格备注栏"略"，表示该行记录范例省略

3.6.3 砌筑砂浆试块强度统计、评定记录范例与填写说明

3.6.3.1 砌筑砂浆试块强度统计、评定记录范例

表 C.6.5 砌筑砂浆试块强度统计、评定记录

工程名称		厦门万丽酒店			资料编号		02-02-C6-001	
					强度等级		M7.5	
施工单位		新鸿装饰公司			养护方法		标准养护	
统计期		2017年06月15日至2017年06月22日			结构部位		F1～F5层砌体	
试块组数 n		强度标准值 f_2（MPa）		平均值 $f_{2,m}$（MPa）		最小值 $f_{2,min}$（MPa）	$1.10f_2$	$0.85f_2$
8		7.5		9.78		8.8	8.25	6.375
每组强度值（MPa）	试验编号	2017-06-15	2017-06-16	2017-06-17	2017-06-18	2017-06-19	2017-06-20	2017-06-21	2017-05-22
	试验结果	9.50	10.50	8.80	8.90	9.50	10.50	11.00	9.50
	试验编号								
	试验结果								
	试验编号								
	试验结果								
	试验编号								
	试验结果								
判定式		$f_{2,m} \geq 1.10f_2$			$f_{2,min} \geq 0.85f_2$			
结 果		合格			合格			

结论：
依据现行国家标准《砌体结构工程施工质量验收规范》GB 50203，评定合格。

签字栏	批 准	审 核	统 计
	蒋祖科	周虎	赵晚冬
	报告日期	2017年06月22日	

本表由施工单位填写。

3.6.3.2　砌筑砂浆试块强度统计、评定记录填写说明

1. 基本要求

对于每一检验批且不超过 250m³ 的各类、各强度等级普通砌筑砂浆，每台搅拌机至少应抽检一次。在砂浆搅拌机出料口或湿拌砂浆储存容器的出料口随机取样制作砂浆试块（现场拌制的同盘砂浆仅制作 1 组试块），试块在标养 28d 后进行强度试验。砂浆试块的砂浆稠度应与配合比设计相符。预拌砂浆中的湿拌砂浆稠度应在进场时进行取样检验。

依据现行国家标准《砌体结构工程施工质量验收规范》GB 50203 规定。砌筑砂浆试块强度验收时其强度合格标准应符合下列规定：

（1）砌筑砂浆的检验批，同一类型、强度等级的砂浆试块不应少于 3 组；同一检验批砂浆只有 1 组或 2 组试块时，每组试块抗压强度平均值应大于或等于设计强度等级值的 1.10 倍；对于建筑结构安全等级为一级或设计使用年限为 50 年及以上的房屋，同一检验批砂浆试块不得少于 3 组。

（2）同一检验批砂浆试块强度平均值应大于或等于设计强度等级值的 1.10 倍。

（3）同一检验批砂浆试块抗压强度的最小一组平均值应大于或等于设计强度等级值的 85%。

2. 专项说明

当施工中或验收时出现下列情况，可采用现场检验方法对砂浆或砌体强度进行实体检测，并判定其强度：

（1）砂浆试块缺乏代表性或试块数量不足。

（2）对砂浆试块的试验结果有怀疑或有争议。

（3）砂浆试块的试验结果，不能满足设计要求。

（4）发生工程事故，需要进一步分析事故原因。

3.6.4 混凝土试块强度统计、评定记录范例与填写说明

3.6.4.1 混凝土试块强度统计、评定记录范例

表 C.6.6 混凝土试块强度统计、评定记录

工程名称	厦门万丽酒店	资料编号	02-02-C6-001
		试验编号	SMZ10-0011
施工单位	新鸿装饰公司	委托编号	WT12FX170149
委托单位	阳光有限公司	委托人	魏伟
见证人单位	圆方监理公司	见证人	张小志
使用部位	F1～F5层地面	试样编号	YP12SD170249
设计强度等级	C20	实测坍落度、扩展度	20s
水泥品种及强度等级	P·C 32.5	试验编号	2017D-121
砂种类	中砂	试验编号	2017B-50
石种类、公称直径	碎石 10mm	试验编号	2017C-56
外加剂名称	/	试验编号	/
掺合料名称	/	试验编号	/
配合比编号	2017-0086		

成型日期	2017-10-12	要求龄期	28d	要求试验日期	2017-11-11
养护方法	标准养护	收到日期	2017-11-10	试块制作人	赵晓冬

序号	试验日期	实际龄期（d）	试件边长（mm）	受压面积（mm²）	荷载（kN）单块值	荷载（kN）平均值	平均抗压强度（MPa）	折合 150mm 立方体抗压强度（MPa）	达到设计强度等级（%）
	2017-11-11	28	150	22500	549	538	23.9	23.9	120
					549				
					516				

结论：
试验方法依据《普通混凝土力学性能试验方法标准》GB/T 50081–2002，评定合格。

签字栏	批准	审核	统计
	蒋祖科	周龙	赵晓冬
	报告日期	2017 年 11 月 11 日	

本表由施工单位填写。

3.6.4.2　混凝土试块强度统计、评定记录填写说明

1. 基本要求

依据现行国家标准《建筑地面工程施工质量验收规范》GB 50209—2010 的规定，检验水泥混凝土和水泥砂浆强度试块组数，按每一层（或检验批）建筑地面工程不应小于 1 组。当每一层（或检验批）建筑地面工程面积大于 1000m² 时，每增加 1000m² 应增做 1 组试块；小于 1000m² 按 1000m² 计算。当改变配合比时，亦应相应地制作试块组数。

（1）对于现场搅拌混凝土，应有混凝土配合比申请单和配合比通知单。混凝土浇筑或工程复工前，现场试验人员应依据设计强度等级、技术要求、施工部位、原材料情况等提前委托办理混凝土配合比申请，试验部门依据混凝土配合比申请单签发混凝土配合比通知单。

（2）对于预拌混凝土，应有配合比通知单。预拌混凝土供应单位（或有资质试验单位）应依据项目提出的设计强度等级、技术要求、施工部位等，在混凝土浇筑前签发配合比通知单，由混凝土工长负责审核混凝土配合比通知单。

（3）项目试验员在达到试块龄期（试验周期）后，凭试验委托合同单到检测单位领取完整的混凝土抗压强度试验报告。领取试验报告时，应认真查验报告内容，如发现与委托内容不符或存在其他笔误，视不同情况按检测单位的相应规定予以解决。

（4）混凝土强度等级应满足设计要求，通常采用标准养护 28d 试块检验混凝土强度质量。

1）垫层水泥混凝土强度等级不应小于 C10；

2）找平层水泥混凝土强度等级不应小于 C15；

3）面层水泥混凝土强度等级不应小于 C20；垫层兼面层水泥混凝土强度等级不应小于 C15；

4）防油渗混凝土强度等级不应小于 C30；防油渗涂料抗拉粘结强度不应小于 0.3MPa。

（5）标准养护试件、同条件试件抗压强度结果应符合设计要求、规范规定，如结果不合格或异常（超强），试验员应及时上报项目技术、质量部门处理。

2. 专项说明

（1）混凝土强度应分批进行检验评定。一个检验批的混凝土应由强度等级相同、试验龄期相同、生产工艺条件和配合比基本相同的混凝土组成。

（2）凡按《混凝土强度检验评定标准》GB/T 50107—2010 进行强度统计达不到要求的，应有结构处理措施。需要检测的，应经法定检测单位检测并应征得设计部门认可。检测、处理资料应存档。

3.6.5 饰面砖粘结强度试验报告范例与填写说明

3.6.5.1 饰面砖粘结强度试验报告范例

饰面砖粘结强度试验报告 表 C6-7		资料编号	03-07-C6-001
		试验编号	SMZ10-0014
		委托编号	WT12FX170150
工程名称	厦门万丽酒店	使用部位	Z1 单体 F3 内墙
委托单位	阳光有限公司	委托人	魏伟
施工单位	新鸿装饰公司	试样编号	YP12SD170252
见证人单位	圆方监理公司	见证人	张小志
代表部位	Z1 单体 F3 内墙	粘贴面积（m²）	300
饰面砖生产厂家	新明珠集团股份有限公司	饰面砖品种及规格	条形砖 600mm×300mm×9.5mm
基本材料	水泥砂浆	粘结材料	HY-914
龄期（d）	50	施工日期	2017 年 07 月 02 日
检验类型	批量检验	试验日期	2017 年 06 月 01 日

序号	试件尺寸（mm）		受力面积（mm²）	拉力（kN）	粘结强度（MPa）	破坏状态	平均强度（MPa）
	长	宽					
1	96.5	46.5	4487.25	2.57	0.57	3	
2	97.0	45.5	4413.50	3.18	0.72	3	0.63
3	97.0	46.0	4462.00	2.82	0.61	3	

结论：
依据《建筑工程饰面砖粘结强度检验标准》JGJ 110—2008 标准，粘结强度符合要求。

备注：

批 准	陈达宾	审 核	李彦真	试 验	孔祥宾
检测试验机构		圣达检测试验有限公司			
报告日期		2017 年 06 月 28 日			

本表由检测机构提供。

3.6.5.2 饰面砖粘结强度试验报告填写说明

1. 基本要求

依据现行行业标准《建筑工程饰面砖粘结强度检验标准》JGJ/T 110 规定，室外墙面饰面砖的粘合强度应大于 0.3MPa。室内墙面饰面砖粘结强度试验参照现行行业标准《陶瓷砖胶粘剂》JC/T 547 的要求填写。

2. 专项说明

（1）水泥基胶粘剂（C）：应符合表 3-3 中 C1 所要求的基本性能。在水泥基胶粘剂性能试验时，用水量或液态混合物用量应保持一致。C2（增强型）产品的附加性能应符合表 3-3 的要求。表 3-4 给出了水泥基胶粘剂特定使用环境下可能被选用的特殊性能。

表 3-3　水泥基胶粘剂（C）的技术要求

分类	性能	指标
C1- 普通型水泥基胶粘剂	拉伸粘结强度（MPa）	≥ 0.5
	浸水后拉伸粘结强度（MPa）	≥ 0.5
	热老化后拉伸粘结强度（MPa）	≥ 0.5
	冻融循环后拉伸粘结强度（MPa）	≥ 0.5
	晾置时间 ≥ 20min，拉伸粘结强度（MPa）	≥ 0.5
C2- 增强型水泥基胶粘剂	拉伸粘结强度（MPa）	≥ 1.0
	浸水后拉伸粘结强度（MPa）	≥ 1.0
	热老化后拉伸粘结强度（MPa）	≥ 1.0
	冻融循环后拉伸粘结强度（MPa）	≥ 1.0
	晾置时间 ≥ 20min，拉伸粘结强度（MPa）	≥ 0.5

表 3-4　水泥基胶粘剂（C）的技术要求——特殊性能

分类	特殊性能	指标
T	滑移（mm）	≤ 0.5
F	6h 拉伸粘结强度（MPa）	≥ 0.5
	晾置时间 ≥ 10min，拉伸粘结强度（MPa）	≥ 0.5
	所有其他要求应不低于表 3-3 中列出的 C1 型胶粘剂的粘结强度要求	C1 的技术要求

分类	特殊性能	指标
S	柔性胶粘剂（S1）（mm）	≥ 2.5，< 5
	高柔性胶粘剂（S2）（mm）	≥ 5
E	加长晾置时间 ≥ 30min，拉伸粘结强度（MPa）	≥ 0.5
P	普通型胶粘剂（P1）（MPa）	≥ 0.5
	增强型胶粘剂（P2）（MPa）	≥ 1.0

（2）膏状乳液基胶粘剂（D）：应符合表3-5中D1给出的基本性能要求与D2（增强型）给出的产品的附加性能。表3-6给出了在特定使用环境下胶粘剂所需的特殊性能。

表3-5 膏状乳液基胶粘剂（D）技术要求

分类	性能	指标
D1- 普通型胶粘剂	剪切粘结强度（MPa）	≥ 1.0
	热老化后剪切粘结强度（MPa）	≥ 1.0
	晾置时间 ≥ 20min，拉伸粘结强度（MPa）	≥ 0.5
D2- 增强型胶粘剂	21d 空气中，7d 浸水后的剪切粘结强度（MPa）	≥ 0.5
	高温下的剪切粘结强度（MPa）	≥ 1.0

表3-6 膏状乳液基胶粘剂（D）技术要求——特殊性能

分类	特殊性能	指标
T	滑移（mm）	≤ 0.5
A	7d 空气中，7d 浸水后的剪切粘结强度（MPa）	≥ 0.5
	高温下的剪切粘结强度（MPa）	≥ 1.0
E	加长晾置时间 ≥ 30min，拉伸粘结强度（MPa）	≥ 0.5

（3）反应型树脂胶粘剂（R）：应符合表3-7中R1规定的基本性能要求与R2（增强型）产品的附加性能。表3-8列出了在特定使用环境下胶粘剂所需的特殊性能。

表 3-7　反应型树脂胶粘剂（R）技术要求

分类	性能	指标
R1- 普通型胶粘剂	剪切粘结强度（MPa）	≥ 2.0
	浸水后的剪切粘结强度（MPa）	≥ 2.0
	晾置时间 ≥ 20min，拉伸粘结强度（MPa）	≥ 0.5
R2- 增强型胶粘剂	热冲击后剪切粘结强度（MPa）	≥ 2.0

表 3-8　反应型树脂胶粘剂（R）技术要求——特殊性能

分类	特殊性能	指标
T	滑移（mm）	≤ 0.5

3.6.6 后置埋件拉拔试验报告范例与填写说明

3.6.6.1 后置埋件拉拔试验报告

后置埋件拉拔试验报告 表 C6-8		资料编号	03-03-C6-001
		试验编号	SMZ10-0015
		委托编号	WT12FX180152
工程名称	厦门万丽酒店	使用部位	大堂石材墙面干挂后置埋板
委托单位	阳光有限公司	委托人	魏伟
施工单位	新鸿装饰公司	试样编号	YP12SD180256
见证人单位	圆方监理公司	见证人	张小志
试验类型	膨胀螺栓抗拉拔力	检验形式	模拟件
型号、牌号	M	公称直径（mm）	8
粘结剂类型、产地	/	基材强度等级	C30
代表数量（个）	1000 根	委托日期	2018 年 08 月 08 日	试验日期	2018 年 08 月 08 日

公称面积（mm²）	龄期	试验荷载（kN）	强度（MPa）	位移（mm）	破坏形式
/	/	19.2	/	/	拔出破坏
		18.7	/	/	拔出破坏
		21.2	/	/	拔出破坏
		/	/	/	/
		/	/	/	/

结论：
该组试件极限抗拔力分别为：19.2kN、18.7kN、21.2kN。

批　准	陈达宾	审　核		试　验	孔祥宾
检测试验机构		实达检测试验有限公司			
报告日期		2018 年 08 月 10 日			

本表由检测机构提供。

3.6.6.2 后置埋件拉拔试验报告填写说明

1. 基本要求

依据现行国家标准《建筑装饰装修工程质量验收标准》GB 50210 规定，饰面板工程、细部构造工程使用的后置埋件的现场拉拔强度必须符合设计要求。后置埋件拉拔试验可分为非破坏性检验和破坏性检验。对于一般结构及非结构构件，可采用非破坏性检验；对于重要结构构件及生命线工程的非结构构件，应采用破坏性检验。

（1）锚固抗拔承载力现场非破坏性检验随机抽样数量，应符合下列规定：

1）对重要结构构件及生命线工程的非结构构件，应按表 3-9 规定的抽样数量对该检验批的锚栓进行检验。

表 3-9　重要结构构件及生命线工程的非结构构件锚栓
锚固质量非破损检验抽样表

检验批的锚栓总数（件）	≤ 100	500	1000	2500	≥ 5000
按检验批锚栓总数计算的最小抽样量	20% 且不少于 5 件	10%	7%	4%	3%

2）对一般结构构件，应取重要结构构件抽样量的 50% 且不少于 5 件进行检验。

3）对非生命线工程的非结构构件，应取每一检验批锚固件总数的 0.1% 且不少于 5 件进行检验。

（2）锚固抗拔承载力现场非破坏性检验宜选择锚固区以外的同条件位置，应取每一检验批锚固件总数的 0.1% 且不少于 5 件进行检验。锚固件为植筋且数量不超过 100 件时，可取 3 件进行检验。

2. 专项说明

非破损检验的评定，应按下列规定进行：

（1）试样在持荷期间，锚固件无滑移、基材混凝土无裂纹或其他局部损坏迹象出现，且加载装置的荷载示值在 2min 内无下降或下降幅度不超过 5% 的检验荷载时，应评定为合格。

（2）一个检验批所抽取的试样全部合格时，该检验批应评定为合格检验批。

（3）一个检验批中不合格的试样不超过 5% 时，应另抽取 3 根试样进行破坏性检验，若检验结果全部合格，该检验批仍可评定为合格检验批。

（4）一个检验批中不合格的试样超过 5% 时，该检验批应评定为不合格，且不应重做检验。

3.6.7 焊缝无损探伤检测报告范例与填写说明

3.6.7.1 焊缝无损探伤检测报告范例

焊缝无损探伤检测报告 表 C6-18		资料编号	02-03-C6-001
		试验编号	SMZ10-0018
		委托编号	WT12FX170158
工程名称	厦门万丽酒店	使用部位	钢结构焊缝超声波探伤
委托单位	阳光有限公司	委托人	魏伟
施工单位	新鸿装饰公司	试样编号	YP12SD170258
见证人单位	圆方监理公司	见证人	张小志
工件状况、检测仪器设备及参数			
构件名称	钢梁	探伤面	单面双侧
表面状态	打磨	材质	Q345B
仪器名称	超声波探伤仪	耦合剂	化学浆糊
设备编号	2007061	检测部位	对接焊缝
试块	CSK-ⅡA	探伤方式	斜探头
探头规格	2.5P 9×9 k2	实测前沿	11mm
实测 K 值	1.99	钢板厚度	8mm、12mm
检测等级	GB/T 11345 B 级	焊缝合格标准	不低于 GB/T 11345 Ⅲ 级
表面补偿	4dB	探测灵敏度	DAC — 20dB（含补偿）
备注： 探伤焊缝数量、位置、抽检比例；对钢梁工件进行超声波探伤抽检。			
结论： 根据现行国家标准《焊缝无损检测 超声检测 技术、检测等级和评定》GB/T 11345（B-Ⅲ）对上述样品的焊缝进行检验，未发现超标缺陷，符合标准要求。			
批 准	陈达实	审 核	建彦真	试 验	孔祥实
检测试验机构		实达检测试验有限公司			
报告日期		2017 年 08 月 20 日			

本表由检测机构提供。

3.6.7.2 焊缝无损探伤检测报告填写说明

1. 基本要求

建筑装饰装修工程焊接件焊缝应符合设计要求及钢结构有关规范、标准要求。

根据结构承载情况不同，现行国家标准《钢结构设计标准》GB 50017 中将焊缝质量分为三个质量等级。设计要求的一、二级焊缝应做无损（缺陷）检验，内部缺陷的检测一般采用超声波探伤和射线探伤或磁粉探伤。由有相应资质等级检测单位出具超声波、射线探伤检验报告或磁粉探伤报告。

2. 专项说明

焊缝无损探伤检测是一种非破坏性的检测方法，用于检查焊缝的质量和缺陷，而不影响焊缝的完整性。常见的焊缝无损探伤检测方法包括：

（1）射线探伤（RT）：利用射线穿透焊缝，通过胶片或数字探测器记录射线的衰减情况来检测焊缝中的缺陷，如气孔、夹渣、裂纹等。射线探伤对焊缝厚度和材料的适应性较广，适用于检测各种金属材料的焊缝。

（2）超声探伤（UT）：使用高频声波在焊缝中传播，根据声波的反射、折射和衰减来检测缺陷。超声探伤对表面和近表面缺陷的检测较为敏感，但对焊缝内部深处的缺陷检测可能受到一定的限制。

（3）磁粉探伤（MT）：将磁性粉末施加到焊缝表面，通过磁场的作用，显示出焊缝表面和近表面的缺陷。磁粉探伤对裂纹、气孔、未熔合等缺陷较为敏感，但对于非铁磁性材料则不适用。

（4）渗透探伤（PT）：将渗透性液体施加到焊缝表面，使其渗透到缺陷中，然后通过显像剂显示出缺陷的位置。渗透探伤可以发现表面裂纹、气孔等缺陷，但对于深层缺陷的检测能力有限。

（5）涡流探伤（ET）：利用交变电磁场在焊缝中感应出电流，根据电流的变化来检测缺陷。涡流探伤适用于检测金属材料的裂纹、厚度变化、腐蚀等缺陷，但对非导电材料不适用。

以上方法各有特点和适用范围，可以根据焊缝的材料、厚度、形状等因素选择合适的检测方法。焊缝无损探伤检测可以确保焊接结构的安全性和可靠性，及时发现潜在的问题，并采取相应的修复措施。

3.6.8 卫生器具满水试验记录范例与填写说明

3.6.8.1 卫生器具满水试验记录

表 C.6.9 灌水、满水试验记录

工程名称	厦门万丽酒店	资料编号	05-04-C6-001
		试验日期	2018 年 12 月 10 日
分项工程名称	卫生器具满水试验	材质、规格	陶瓷

试验标准及要求：

　　卫生器具满水后，各连接件不渗不漏。浴缸、洗脸盆、蹲便器、坐便器、水箱满水高度均为溢水口下边缘。

试验部位	灌（满）水情况	灌（满）水持续时间（min）	液面检查情况	渗漏检查情况
坐便器水箱	满水	30	不降	无渗漏
蹲便器水箱	满水	30	不降	无渗漏
浴缸	满水	30	不降	无渗漏
洗脸盆	满水	30	不降	无渗漏

试验结论：

　　经检查，试验符合设计要求和现行国家标准《建筑给水排水及采暖工程施工质量验收规范》GB 50242 的规定，合格。

签字栏	施工单位	新鸿装饰公司	专业技术负责人	专业质检员	专业工长
			周晓波	曹建华	江志安
	监理或建设单位	圆方监理公司		专业工程师	冯小明

本表由施工单位填写。

3.6.8.2　卫生器具满水试验记录填写说明

1. 基本要求

依据现行国家标准《建筑给水排水及采暖工程施工质量验收规范》GB 50242 规定，各种非承压管道系统和设备在安装完毕后，以及暗装、埋地、有绝热层的室内外排水管道进行隐蔽前，应进行灌水、满水试验。

灌水、满水试验通常用于检测建筑物管道或其他容器的密封防水性能。在试验时，将水灌满被测试物体，观察是否有渗漏或泄漏现象，并做好记录。记录内容通常包括灌水时间、液面高度、持续时间、渗漏情况和试验结果等信息。

2. 专项说明

（1）隐蔽或埋地的排水管道在隐蔽前必须做灌水试验，其灌水高度应不低于底层卫生器具的上边缘或底层地面高度。检验方法：满水 15min 水面下降后，再灌满观察 5min，液面不降，管道及接口无渗漏为合格。

（2）安装在室内的雨水管道，在安装后应做灌水试验，灌水高度必须到每根立管上部的雨水斗。检验方法：灌水试验持续 1h，不渗不漏。

（3）敞口水箱的满水试验和密闭水箱（罐）的水压试验必须符合设计与规范要求。检验方法：满水试验静置 24h，观察不渗不漏；水压试验在试验压力下 10min 压力不降，不渗不漏。

（4）敞口箱、罐安装前应做满水试验。密闭箱、罐应以工作压力的 1.5 倍做水压试验，但不得小于 0.4MPa。检验方法：满水试验，满水后静置 24h 不渗不漏；水压试验，在试验压力下 10min 内无压降，不渗不漏。

（5）卫生器具交工前应做满水和通水试验。检验方法：满水后各连接件不渗不漏；通水试验给水排水畅通。

（6）室外排水管道埋设前必须做灌水试验和通水试验，排水应畅通，无堵塞，管接口无渗漏。检验方法：按排水检查井分段试验，试验水头应以试验段上游管顶加 1m，时间不少于 30min，逐段观察。

（7）中水系统中的原水管道管材及配件要求按现行国家标准《建筑给水排水及采暖工程施工质量验收规范》GB 50242 第 5 章相关规定执行。

（8）中水系统排水管道检验标准按现行国家标准《建筑给水排水及采暖工程施工质量验收规范》GB 50242 第 5 章相关规定执行。

（9）游泳池排水系统安装检验标准等按现行国家标准《建筑给水排水及采暖工程施工质量验收规范》GB 50242 第 5 章相关规定执行。

3.6.9 强度严密性试验记录范例与填写说明

3.6.9.1 强度严密性试验记录范例

表 C.6.10 强度严密性试验记录

工程名称	厦门万丽酒店	资料编号	05-01-C6-014
		试验日期	2017 年 10 月 02 日
分项工程名称	室内给水系统支管单向试压	试验部位	Z1 单体 F5 户内给冷水支管
材质、规格	PPR 管、φ20mm	压力表编号	HC67612113738

试验要求:
　　塑料管给水系统应在试验压力下稳压 1h, 压力降不得超过 0.05MPa, 然后在工作压力的 1.15 倍状态下稳压 2h, 压力降不得超过 0.03MPa, 同时检查各连接处不得渗漏。

试验记录		试验介质	自来水
		试验压力表设置位置	给水支管
	强度试验	试验压力（MPa）	0.9
		试验持续时间（min）	60
		试验压力降（MPa）	0.01
		渗漏情况	无渗漏
	严密性试验	试验压力（MPa）	0.7
		试验持续时间（min）	120
		试验压力降（MPa）	0.01
		渗漏情况	无渗漏

试验结论:
　　经检查, 试验方式、过程及结果均符合设计要求和现行国家标准《建筑给水排水及采暖工程施工质量验收规范》GB 50242 的规定, 合格。

签字栏	施工单位	新鸿装饰公司	专业技术负责人	专业质检员	专业工长
			周晓波	曹建华	江志安
	监理或建设单位	圆方监理公司		专业工程师	冯小明

本表由施工单位填写。

3.6.9.2 强度严密性试验记录填写说明

1. 基本要求

依据现行国家标准《建筑给水排水及采暖工程施工质量验收规范》GB 50242 规定，室内外输送各种介质的承压管道、设备、阀门、密闭水箱（罐）、成组散热器及其他散热设备等，在安装完毕后，进行隐蔽之前，应进行强度严密性试验并做记录。

强度严密性试验通常用于评估物体在承受一定压力或荷载时的强度和密封性。在进行强度严密性试验时，通常会对被测试物体施加逐渐增加的压力或荷载，同时观察其是否出现变形、破裂、泄漏等情况。通过测试可以确定物体的强度极限和密封性能，以及是否满足相关的标准和要求。

2. 专项说明

（1）室内给水管道的水压试验必须符合设计要求。当设计未注明时，各种材质的给水管道系统试验压力均为工作压力的 1.5 倍，但不得小于 0.6MPa。金属及复合管给水管道系统在试验压力下观测 10min，压力降不应大于 0.02MPa，然后降至工作压力进行检查，应不渗不漏；塑料管给水系统应在试验压力下稳压 1h，压力降不得超过 0.05MPa，然后在工作压力的 1.15 倍状态下稳压 2h，压力降不得超过 0.03MPa，同时检查各连接处不得渗漏。

（2）热水供应系统安装完毕，管道保温之前应进行水压试验。试验压力应符合设计要求。当设计未注明时，热水供应系统水压试验压力应为系统顶点的工作压力加 0.1MPa，同时在系统顶点的试验压力不小于 0.3MPa。钢管或复合管道系统试验压力下 10min 内压力降不大于 0.02MPa，然后降至工作压力进行检查，压力应不降，且不渗不漏；塑料管道系统在试验压力下稳压 1h，压力降不得超过 0.05MPa，然后在工作压力的 1.15 倍状态下稳压 2h，压力降不得超过 0.03MPa，连接处不得渗漏。

（3）低温热水地板辐射采暖系统地面下敷设的盘管隐蔽前必须进行水压试验，试验压力为工作压力的 1.5 倍，但不小于 0.6MPa。稳压 1h 内压力降不大于 0.05MPa 且不渗不漏。

3.6.10 通水试验记录范例与填写说明

3.6.10.1 通水试验记录范例

表 C.6.11 通水试验记录

工程名称	厦门万丽酒店	资料编号	05-04-C6-001
		试验日期	2017 年 10 月 06 日
分项工程名称	地漏、排水管道通水试验	试验部位	Z1 单体 F4 卫生间

试验系统简述

　　F4 共 17 个卫生间，17 个淋浴器、34 个地漏，排污地漏的污水以重力流方式直排入室外污水管内，淋浴废水地漏的淋浴废水以重力流方式直排入中水处理站。

　　检查地漏的排水能力和功能情况，是不是在房间地面最低处，排水是否通畅，周边是否有渗漏现象。

试验要求：

　　检查地漏、排水管道的排水情况，排水管道应通畅无渗漏。

试验记录：

　　8：00，打开四层所有淋浴器向地面放水 10min，地面所有的水能分别流入地面最低处的地漏内，地面没有积水，排水畅通，地漏排水管道接口无渗漏，污水能及时排到室外污水检查井，废水能及时排到中水处理站，排水管道均通畅无渗漏。9：00 通水试验结束。

试验结论：

　　经检查，通水试验符合设计要求及现行国家标准《建筑给水排水及采暖工程施工质量验收规范》GB 50242 的规定，合格。

签字栏	施工单位	新鸿装饰公司	专业技术负责人	专业质检员	专业工长
			周晓波	曹建华	江志安
	监理或建设单位	圆方监理公司		专业工程师	冯小明

本表由施工单位填写。

3.6.10.2 通水试验记录填写说明

1. 基本要求

依据现行国家标准《建筑给水排水及采暖工程施工质量验收规范》GB 50242 规定，室内外给水、中水及游泳池水系统、卫生洁具、地漏及地面清扫口，以及室内外排水系统在安装完毕后，应进行通水试验。

通水试验是一种用于测试管道、管道系统或其他输水设施是否正常通水的方法，它主要用于检查水流是否畅通、有无渗漏或堵塞等问题。在进行通水试验时，通常会将水通入被测试的管道或系统中，观察水流的情况，包括水流速度、流量、水压等。同时，还需要检查管道连接处、阀门等部位是否有渗漏现象。

（1）室内外给水（冷/热）、中水及游泳池水系统、卫生器具、地漏、地面清扫口及室内外排水系统应分部位、分系统进行通水试验，并做记录。

（2）通水试验应在工程设备、管道安装完成后进行。

（3）卫生器具通水试验应给水排水畅通。逐一打开配水龙头。通水正常后，每层打开 1/3 配水点，检查水压、水量情况，此项工作可分层进行，直至全部试验完毕。

2. 专项说明

（1）给水系统交付使用前必须进行通水试验并做好记录。检验方法：观察和开启阀门、水嘴等放水情况。

（2）卫生器具交付前应做满水和通水试验。检验方法：满水后各连接件不渗不漏；通水试验给水排水畅通。

（3）管道埋设前必须做灌水试验和通水试验，排水应畅通，无堵塞，管接口无渗漏。检验方法：按排水检查并分段试验，试验水头应以试验段上游管顶加 1m，时间不少于 30min，逐段观察。

（4）中水系统中的原水管道管材及配件要求按现行国家标准《建筑给水排水及采暖工程施工质量验收规范》GB 50242 第 5 章相关规定执行。

（5）中水系统给水管道及排水管道检验标准按现行国家标准《建筑给水排水及采暖工程施工质量验收规范》GB 50242 第 4、5 章相关规定执行。

（6）游泳池排水系统安装检验标准等按现行国家标准《建筑给水排水及采暖工程施工质量验收规范》GB 50242 第 5 章相关规定执行。

3.6.11 冲洗、吹洗试验记录范例与填写说明

3.6.11.1 冲洗、吹洗试验记录范例

表 C.6.12 冲洗、吹洗试验记录

工程名称	厦门万丽酒店	资料编号	05-01-C6-001
		试验日期	2017 年 10 月 28 日
分项工程名称	室内排水系统冲洗、吹洗试验	试验部位	Z1 单体 F3 给水管道系统

试验要求：

管道冲洗应采用设计提供的最大流量或不小于 1.5m/s 的流速连续进行，直至出水口处浊度、色度与入水口处冲洗水浊度、色度相同且无杂质为合格。冲洗时应保证排水管路畅通安全。

试验记录：

管道进行冲洗，先从室外水表井接入临时冲洗管道和加压水泵，关闭立管阀门，从导管末端（管径 DN50）立管泄水口接 DN40 排水管道，引至室外污水井。9:00 用加压泵往管道内加压进行冲洗，流速为 1.8m/s，从排放处观察水质情况，目测排水水质与供水水质一样，无杂质。然后拆掉临时排水管道，打开各立管阀门，所有水表位置用一根短管代替，用加压泵往系统加压，分别打开各层给水阀门，从支管末端放水，直至无杂质，水色透明。至12:10 冲洗结束。

试验结论：

经检查，管道冲洗试验符合设计要求和现行国家标准《建筑给水排水及采暖工程施工质量验收规范》GB 50242 的规定，试验合格。

签字栏	施工单位	新鸿装饰公司	专业技术负责人	专业质检员	专业工长
			周晓波	曹建华	江志安
	监理或建设单位	圆方监理公司		专业工程师	冯小明

本表由施工单位填写。

3.6.11.2　冲洗试验记录填写说明

1. 基本要求

依据现行国家标准《建筑给水排水及采暖工程施工质量验收规范》GB 50242 与《通风与空调工程施工质量验收规范》GB 50243 的相关规定，室内外给水、中水及游泳池水系统、采暖、空调水、消火栓、自动喷水等系统管道，以及设计有要求的管道，在使用前做冲洗试验及介质为气体的管道系统做吹洗试验时，应填写冲洗、吹洗试验记录。

冲洗试验一般借助水或其他适宜流体在管道中流动，将杂质和污垢排出系统；而吹洗试验主要依靠压缩空气或其他气体来清除系统中的残留物。

（1）管道冲洗应采用设计提供的最大流量或不小于 1.5m/s 的流速连续进行，直到出水口处浊度、色度与入水口处冲洗水浊度、色度相同为止。冲洗时应保证排水管路畅通安全。

（2）蒸汽系统宜用蒸汽吹洗，吹洗前应缓慢升温暖管，恒温 1h 后再进行吹洗。吹洗后降至环境温度。一般应进行不少于 3 次的吹扫，直到管内无铁锈、无污物为合格。

2. 专项说明

（1）生产给水系统管道在交付使用前必须进行冲洗和消毒，并经有关部门取样检验，符合国家生活饮用水标准方可使用。检验方法：检查有关部门提供的检测报告。

（2）热水供应系统竣工后必须进行冲洗。检验方法：现场观察检查。

（3）系统试压合格后，应对系统进行冲洗并清扫过滤器及除污器。检验方法：现场观察，直至排出水不含泥沙、铁屑等杂质，且水色不浑浊为合格。

（4）给水管道在竣工后，必须对管道进行冲洗，饮用水管道还要在冲洗后进行消毒，满足饮用水卫生要求。检验方法：观察冲洗水的浊度，查看有关部门提供的检验报告。

（5）消防管道在竣工前，必须对管道进行冲洗。检验方法：观察冲洗出水的浊度。

（6）管道试压合格后，应进行冲洗。检验方法：现场观察，以水色不浑浊为合格。

（7）中水系统给水管道及排水管道检验标准按现行国家标准《建筑给水排水及采暖工程施工质量验收规范》GB 50242 第 4、5 章相关规定执行。

（8）游泳池水加热系统安装、检验标准等均按现行国家标准《建筑给水排水及采暖工程施工质量验收规范》GB 50242 第 6 章相关规定执行。

3.6.12 通球试验记录范例与填写说明

3.6.12.1 通球试验记录范例

表 C.6.13 通球试验记录

工程名称	厦门万丽酒店	资料编号	05-02-C6-001
		试验日期	2017 年 10 月 25 日
试验项目	室内排水系统	管道材质	UPVC

试验要求：

　　管道试球采用硬质空心塑料球，球径不小于管道内径的 2/3，通球率必须达到 100%。排水立管应自立管顶部将试球投入，在立管底部引出管的出口处进行检查，通水将试球从出口冲出。横干管及引出管应将试球在检查管管段的始端投入，通水冲至引出管末端排出。通球试验以试球通畅无阻为合格。

试验部位	管段编号	通球管道管径（mm）	通球球径（mm）	通球情况
立管	WL-1	DN100	DN75	通球畅通，无堵塞
立管	WL-2	DN100	DN75	通球畅通，无堵塞
立管	WL-3	DN100	DN75	通球畅通，无堵塞
立管	WL-4	DN100	DN75	通球畅通，无堵塞
立管	WL-5	DN100	DN75	通球畅通，无堵塞
立管	WL-6	DN100	DN75	通球畅通，无堵塞
立管	WL-7	DN100	DN75	通球畅通，无堵塞
立管	WL-8	DN100	DN75	通球畅通，无堵塞
立管	WL-9	DN100	DN75	通球畅通，无堵塞
立管	WL-10	DN100	DN75	通球畅通，无堵塞
立管	WL-11	DN100	DN75	通球畅通，无堵塞
立管	WL-12	DN100	DN75	通球畅通，无堵塞

试验结论：

　　符合设计要求和现行国家标准《建筑给水排水及采暖工程施工质量验收规范》GB 50242 的规定，合格。

签字栏	施工单位	新鸿装饰公司	专业技术负责人	专业质检员	专业工长
			周晓波	曹建华	江志安
	监理或建设单位	圆方监理公司	专业工程师		冯小明

本表由施工单位填写。

3.6.12.2　通球试验记录填写说明

1. 基本要求

依据现行国家标准《建筑给水排水及采暖工程施工质量验收规范》GB 50242 的规定，排水主立管及水平干管管道均应做通球试验，通球球径不小于排水管道管径的 2/3，通球率必须达到 100%。

通球试验是检测管道通畅程度的一种手段，主要应用于排水管道和排污管道。在试验过程中，将一个稍小于管道内径的球或类似物体放入管道，观察其是否能顺利通过，从而判断管道是否通畅。通球试验有助于发现管道中的堵塞或狭窄位置，以便及时清理或修复。此外，它还可用于检验管道的施工质量和设计的合理性。

（1）排水立管应从立管顶部将试球投入，在立管底部引出管的出口处检查，通水将试球从出口冲出。

（2）横干管及引出管应将试球在检查管管段的始端投入，通水冲至引出管末端排出。室外检查井（结合井）处需加临时网罩，以便将试球截住取出。

2. 专项说明

（1）排水水平干管、主立管应进行 100% 通球试验，并做记录。

（2）通球试验后须填写"通球试验记录"。凡需进行通球试验而未进行试验的，该分项工程为不合格。

（3）通球试验应在室内排水及卫生器具等全部安装完毕，通水检查合格后进行。

（4）管道试球直径应不小于排水管道管径的 2/3，应采用体轻、易击碎的空心球体进行，通球率必须达到 100%。

（5）通球试验以试球通畅无阻为合格。若试球不通的，要及时清理管道的堵塞物并重新试验，直到合格为止。

3.6.13　电气接地电阻测试记录范例与填写说明

3.6.13.1　电气接地电阻测试记录范例

表 C.6.3　电气接地电阻测试记录

工程名称	厦门万丽酒店	资料编号	07-07-C6-001
		测试日期	2018 年 08 月 12 日
仪表型号	ZC-8	天气情况 多云	气温（℃）20

接地类型	☐防雷接地　　☐计算机接地　　☐工作接地 ☐保护接地　　☐防静电接地　　☐逻辑接地 ☐重复接地　　☑综合接地　　☐医疗设备接地
设计要求	☐≤ 10Ω　　☐≤ 4Ω　　☐≤ 1Ω ☑≤ 0.5Ω　　☐≤ 0.1Ω　　☐其他

测试部位：

Z1 单体 F4 走道钢导管接地电阻。

测试结论：

经测试，接地电阻值为 0.18Ω，小于设计要求 0.5Ω，符合设计要求和现行国家标准《建筑电气工程施工质量验收规范》GB 50303 的规定。

签字栏	施工单位	新鸿装饰公司		
	专业技术负责人	专业质检员	专业工长	专业测试人
	徐金汉	曹建华	江志安	郑凡宇 吕建襄
	监理或建设单位	圆方监理公司	专业工程师	冯小明

本表由施工单位填写。

3.6.13.2 电气接地电阻测试记录填写说明

1. 基本要求

根据现行国家标准《建筑电气工程施工质量验收规范》GB 50303 的规定，接地电阻的测试应在测试前首先要分清是哪一类接地，必须对隐蔽部分的情况进行全面了解，确定接地装置的位置。

（1）保护接地：防止因绝缘损坏而造成触电危险，将电气设备的金属外壳和接地装置之间做电气连接，应接地的部分包括电机、变压器及其他电气金属底层和外壳；电气设备的传动装置；配电装置的金属或钢筋混凝土框架；配电、控制、保护用的盘（台、箱）的框架；交、直流电力电缆的接线盒、终端盒的金属外壳和电缆的金属护层、电缆支架、穿线的钢管等。接地引下线可选用工程的金属结构（墙、柱、顶板、底板等）、混凝土结构内部的钢筋和单独引下线。

（2）重复接地：将零线上的一点或多点与大地再一次进行连接，接地引下线可选用工程的金属结构（墙、柱、顶板、底板等）、混凝土结构内部的钢筋和单独引下线。

（3）电气设备在正常情况下为不带电的金属外壳与零线相连接，应接零的部分包括电机、变压器及其他电器金属底层和外壳；电气设备的传动装置；配电装置的金属或钢筋混凝土框架；配电、控制、保护用的盘（台、箱）的框架；交、直流电力电缆的接线盒、终端盒的金属外壳和电缆的金属护层、电缆支架、穿线的钢管等。接地引下线可选用工程的金属结构（墙、柱、顶板、底板等）、混凝土结构内部的钢筋和单独引下线。

2. 专项说明

（1）合适的仪表，测试仪表要在检定有效期内，接地电阻采用接地电阻测试仪测试，且应在天气晴朗、土壤干燥的环境条件下进行。雨后测量结果无效。

（2）电阻的电阻值，应根据实测值按不同的测试季节和测试环境等因素换算确定，并与设计值相比较，作出正确判断。

（3）电阻应及时进行测试，当利用自然接地体作为接地装置时，应在底板钢筋绑扎完毕后进行测试；当利用人工接地体作为接地装置时，应在回填土之前进行测试，若电阻值不达标，应补做人工接地极，再进行测试，直至合格为止。

（4）接地装置的接地电阻测试应在接地体施工完成后及时进行测试；避雷接闪器安装完成，整个防雷接地系统连成回路后，应对防雷接地系统进行测试。

（5）接地电阻测试应按设计要求对避雷接地、工作接地、保护接地、重复接地等接地电阻分别逐点测试。

（6）接地装置的接地电阻值必须符合设计要求。发现接地电阻值大于设计值时，必须查明原因，及时处理，并重新测试，直至符合设计值为止。

3.6.14 电气绝缘电阻测试记录范例与填写说明

3.6.14.1 电气绝缘电阻测试记录范例

表 C.6.4 电气绝缘电阻测试记录

工程名称		厦门万丽酒店		资料编号		07-05-C6-002		
				测试日期		2017 年 08 月 10 日		
计量单位		MΩ（兆欧）		天气情况		晴		
仪表型号		ZC25-4	电压	500V	气温		20℃	
试验内容		相间			相对零			相对地			零对地
		L_1-L_2	L_2-L_3	L_3-L_1	L_1-N	L_2-N	L_3-N	L_1-PE	L_2-PE	L_3-PE	N-PE
层数、路别、名称、编号	3 层配电箱 3FAL										
	照明 WP1				850			850			850
	照明 WL2					850			850		800
	照明 WL3						750			750	800
	照明 WL4				750			850			850
	照明 WL5					800			800		800
	照明 WL6						750			750	800
	插座 WC1				800			750			850
	插座 WC2					700			750		800
	插座 WC3						750			750	800
	插座 WC4				850			850			850
	插座 WC5					800			800		800
	插座 WC6						750			750	800
	插座 WC7				850			900			900

测试结论：

　　经测试，线路绝缘良好，符合设计要求和现行国家标准《建筑电气工程施工质量验收规范》GB 50303 的规定。

签字栏	施工单位		新鸿装饰公司		
	专业技术负责人	专业质检员	专业工长		测试人
	徐金汉	曹建华	江志安		郑凡宇
					吕建真
	监理或建设单位	圆方监理公司	专业工程师		冯小明

本表由施工单位填写。

3.6.14.2 电气绝缘电阻测试记录填写说明

1. 基本要求

依据现行国家标准《建筑电气工程施工质量验收规范》GB 50303 的规定，电气设备和动力、照明线路及其他必须摇测绝缘电阻的测试，配管及管内穿线分项质量验收前和单位工程质量竣工验收前，应分别按系统回路进行测试。

（1）电气设备、线路的绝缘电阻测试应按系统、层段、回路进行，不得遗漏。

（2）线路的相间、相对零、相对地、零对地间均应进行测试。

（3）配管及管内穿线分项质量验收前和单位工程质量竣工验收前，应分别按系统、层段、回路进行测试（即两次绝缘电阻测试）。

2. 专项说明

（1）照明灯具及附件进场验收时应对其绝缘性能进行现场抽样检测，灯具的绝缘电阻值不应小于2MΩ，灯具内绝缘导线的绝缘层厚度不应小于0.6mm。

（2）电动机、电加热器及电动执行机构接线前，应与机械设备完成连接，且经手动操作检验符合工艺要求，绝缘电阻应测试合格。

（3）母线槽组对前，每段母线的绝缘电阻应经测试合格，且绝缘电阻值不应小于20MΩ。通电前，母线槽的金属外壳应与外部保护导体完成连接，且母线绝缘电阻测试和交流工频耐压试验应合格。

（4）绝缘导线、电缆的绝缘电阻应经测试合格后，方可进行绝缘导线、电缆穿导管及槽盒内敷线。

（5）塑料护套线直敷布线，布线前应确认穿梁、墙、楼板等建筑结构上的套管已安装到位，且塑料护套线经绝缘电阻测试合格。

（6）照明灯具安装接线前，导线的绝缘电阻测试应合格。

（7）照明系统的测试和通电试运行应符合下列规定：

1）导线绝缘电阻测试应在导线接续前完成；

2）照明箱（盘）、灯具、开关、插座的绝缘电阻测试应在器具就位前或接线前完成；

3）通电试验前，电气器具及线路绝缘电阻应测试合格，当照明回路装有剩余电流动作保护器时，剩余电流动作保护器应检测合格。

3.6.15 电气器具通电安全检查记录范例与填写说明

3.6.15.1 电气器具通电安全检查记录范例

表 C.6.16 电气器具通电安全检查记录

工程名称	厦门万丽酒店								资料编号					07-05-C6-002					
楼门单元或区域场所	F1								测试日期					2018 年 12 月 15 日					
层数	开关									灯具									插座
	1	2	3	4	5	6	7	8	9	1	2	3	4	5	6	7	8	9	1 2 3 4 5 6 7 8 9
一层	√	√	√	√	√	√	√	√	√	√	√	√	√	√	√	√	√	√	√ √ √ √ √ √ √ √ √

测试结论：

经测试，开关、灯具、插座均接线正确，通断正常，开关通断位置一致，操作灵活，接触可靠，符合设计要求和现行国家标准《建筑电气工程施工质量验收规范》GB 50303 的规定。

签字栏	施工单位	新鸿装饰公司	专业技术负责人	专业质检员	专业工长
			徐金汉	曹建华	江志安
	监理或建设单位	圆方监理公司	专业工程师	冯小明	

本表由施工单位填写。

3.6.15.2 电气器具通电安全检查记录填写说明

1. 基本要求

电气器具通电安全检查就是在电气器具（开关、灯具、插座）接通电源的情况下，对其进行一系列检查，以确保使用过程中的安全性。检查内容包括很多方面，比如电源线是否完好，有无破损、裸露的电线；电气设备的绝缘部分是否完好，无裂缝、破损；插头与插座连接牢固，无松动现象；电气设备的各项功能是否正常；电气设备在使用过程中是否出现异常声响、冒烟、发热等情况。

（1）电气器具通电安全检查是保证照明灯具、开关、插座等能够达到安全使用的重要措施，也是对电气设备调整试验内容的补充。

（2）电气器具安装完成后，按层、按部位（户）进行通电检查，并做记录。内容包括接线情况、电气器具开关情况等。电气器具应全数进行通电安全检查。

2. 专项说明

（1）电气器具通电安全记录应由施工单位的专业技术负责人、专业质检员、专业工长参加。

（2）检查正确、符合要求时填写"√"，反之则填写"×"。当检查不符合要求时，应进行修复，并在检查结论中说明修复结果。当检查部位为同一楼门单元（或区域场所），检查点很多又是同一天检查时，本表格填不下时，可续表格进行填写，但编号应一致。

3.6.16 建筑物照明通电试运行记录范例与填写说明

3.6.16.1 建筑物照明通电试运行记录范例

表C.6.17 建筑物照明通电试运行记录

工程名称		厦门万丽酒店		资料编号		07-05-C6-001	
				填写日期		2018年12月15日	
试运项目		照明系统		建筑类型		公建☑/住宅☐	
试运时间		由14日16时00分开始，至15日16时00分结束					
运行时间		运行电压（V）			运行电流（A）			温度（℃）
		L1-N（L1-12）	L2-N（L2-13）	L3-N（L3-11）	L1相	L2相	L3相	
运行负荷记录	16：00	221	220	220	120	120	120	17
	16：00~18：00	223	222	221	120.5	120.5	120.5	16
	18：00~20：00	222	221	222	120	120	120.5	16
	20：00~22：00	220	223	223	120.5	120.5	120.5	16
	22：00~0：00	221	222	221	120	120	120	16
	0：00~2：00	221	221	222	120.5	120.5	120.5	16
	2：00~4：00	222	220	223	119	119	119	16
	4：00~6：00	221	220	222	120	120	120	17
	6：00~8：00	221	221	221	121	121	121	17
	8：00~10：00	223	223	221	120.5	120	120	18
	10：00~12：00	222	222	220	121	120	121	20
	12：00~14：00	221	221	220	121	121	120	20
	14：00~16：00	223	222	221	120	120	120	19
试运行情况记录： 照明系统灯具均投入运行，经24h通电试验，配电控制正确，空开、线路节点温度及器具运行情况正常，符合设计及规范要求。								
签字栏	施工单位	新鸿装饰公司		专业技术负责人	徐金汉	专业质检员 曹建华	专业工长 江志安	
	监理或建设单位	圆方监理公司				专业工程师 冯小明		

本表由施工单位填写。

3.6.16.2　建筑物照明通电试运行记录填写说明

1. 基本要求

建筑物照明通电试运行须在电气器具通电安全检查完毕后开展。试运行期间，所有照明灯具应全部开启，不得分层、分段操作，应依据供电系统执行，如住宅以单元门为单位，工程中的电气分部工程需全部投入运行。应从总进线柜的总开关开始供电，不可甩掉总进线柜及总开关，以保证其性能能够经受考验。

（1）通电试运行前检查。

1）复查总电源开关至各照明回路进线电源开关接线是否正确；

2）照明配电箱及回路标识应正确一致；

3）检查漏电保护器接线，严格区分工作零线与专用保护零线，专用保护零线严禁接入漏电开关；

4）检查开关箱内各接线端子连接是否正确可靠；

5）断开各回路分电源开关，合上总进线开关，检查漏电测试按钮是否灵敏有效。

（2）分回路试通电。

1）将各回路灯具等用电设备开关全部置于断开位置；

2）逐次合上各分回路电源开关；

3）分回路逐次合上开关，检查开关与灯具控制顺序是否对应；风扇的转向及调速开关是否正常。

4）用试电笔检查各插座相序连接是否正确，带开关插座的开关是否能正确关断相线。

2. 专项说明

（1）公用建筑照明系统通电连续试运行时间应为 24h，每 2h 记录运行状态 1 次，共记录 13 次；民用住宅照明系统通电连续试运行时间应为 8h，每 2h 记录运行状态 1 次，共记录 5 次，所有照明灯具均应开启，且连续试运行时间内无故障。

（2）灯具回路控制应符合设计要求，且应与照明控制柜、箱（盘）及回路的标识一致；开关宜与灯具控制顺序相对应，风扇的转向及调速开关应正常。按每检验批的末级照明配电箱数量抽查 20%，且不得少于 1 台配电箱及相应回路。

3.6.17　大型照明灯具承载试验记录范例与填写说明

3.6.17.1　大型照明灯具承载试验记录范例

表 C.6.14　大型照明灯具承载试验记录

工程名称	厦门万丽酒店	资料编号		07-05-C6-001	
楼　层	F3	试验日期		2018 年 11 月 03 日	
灯具名称	安装部位	数　量	灯具自重（kg）	试验载重（kg）	
1 号花灯	宴会厅顶棚	3 套	80	400	
2 号花灯	宴会厅顶棚	3 套	60	300	

检查结论：

　　宴会厅使用灯具的规格、型号符合设计要求，预埋螺栓直径符合规范要求，经做承载试验，试验时间持续 15min，符合设计及现行国家标准《建筑电气工程施工质量验收规范》GB 50303 的要求。

签字栏	施工单位	新鸿装饰公司	专业技术负责人	专业质检员	专业工长
			徐金汉	曹建华	江志安
	监理或建设单位	圆方监理公司	专业工程师		冯小明

本表由施工单位填写。

3.6.17.2　大型照明灯具承载试验记录填写说明

1. 基本要求

灯具安装固定应符合现行国家标准《建筑电气工程施工质量验收规范》GB 50303 的规定，灯具固定应牢固可靠，在砌体和混凝土结构上严禁使用木楔、尼龙塞或塑料塞固定；灯具安装前，应确认安装灯具的预埋螺栓及吊杆、吊顶上安装嵌入式灯具用的专用支架等已完成，对需做承载试验的预埋件或吊杆经试验应合格。

（1）大型灯具应在预埋螺栓、吊钩、吊杆或吊顶上嵌入式安装专用骨架等物件上安装，吊钩圆钢直径不应小于灯具挂销直径，且不应小于 6mm。

（2）质量大于 10kg 的灯具，固定装置及悬吊装置应按灯具重量的 5 倍恒定均布荷载做强度试验，且持续时间不得少于 15min。

2. 专项说明

（1）大型照明灯具承载试验准备工作：

1）设计一个自重不大于灯具重量的简易金属吊篮。

2）购置合适规格及一定数量的标准砝码用作过载试验的重量计量。

3）经计量核准的磅秤或天平一台。

（2）大型照明灯具承载试验具体步骤：

1）大型灯具的固定及悬挂装置，应全数做承载试验。核对结构设计文件，结构顶板吊点可载荷大于 5 倍灯具重量，确保过载试验对结构不造成破坏。

2）称量包括金属吊篮在内等于灯具重量的标准砝码吊挂于受检装置下，距地面 30cm 左右，观察 15min 并做记录。

3）称量 1/2 试验重量标准砝码加置于吊篮内，令总重量（吊篮＋砝码）达到 5 倍灯具重量的 1/2 后观察 15min 并做记录。

4）称量余下的 1/2 试验重量标准砝码物加置于吊篮内，令总重量（吊篮＋砝码）达到 5 倍灯具重量后观察 2～3h 并做记录。

注：考虑现场操作各种因素，控制试验用时以不超过 4h 为宜。试验期间，周围必须做好安全保护措施，并派专人负责监控。

3.6.18 漏电开关模拟试验记录范例与填写说明

3.6.18.1 漏电开关模拟试验记录范例

表 C.6.15 漏电开关模拟试验记录

工程名称	厦门万丽酒店		资料编号		07-05-C6-002	
试验器具	漏电开关检测仪（MI 2121 型）		试验日期		2018 年 12 月 10 日	
安装部位	型　号	设计要求		实际测试		
		动作电流（mA）	动作时间（ms）	动作电流（mA）	动作时间（ms）	
一层 1AT-1 箱 WL2 支路	C65N/2P+VM16A	30	100	10	5	
一层 1AT-2 箱 WL1 支路	C65N/4P+VM32A	30	100	16	15	
一层 1AT-2 箱 WL2 支路	C65N/2P+VM16A	30	100	17	16	
一层 1AT-2 箱备用	C65N/2P+VM16A	30	100	20	9	
一层 1AT-4 箱 WL2 支路	C65N/2P+VM16A	30	100	19	16	
一层 1AT-4 箱 WL3 支路	C65N/2P+VM16A	30	100	19	15	
一层 1AT-5 箱 WL2 支路	C65N/2P+VM16A	30	100	20	17	
一层 1AT-1-1 箱 WL3 支路	C65N/2P+VM16A	30	100	19	16	
一层 1AT-2-1 箱 WL3 支路	C65N/2P+VM16A	30	100	17	14	
一层 1AT-2-1 箱 WL4 支路	C65N/2P+VM16A	30	100	19	13	
一层 1AT-2-1 箱备用	C65N/2P+VM16A	30	100	18	17	
一层 1AT-1 箱 WL16 支路	C65N/2P+VM16A	30	100	9	9	

检查结论：

　　经对一层箱（盘）内所有带漏电保护的回路进行测试，所有漏电保护装置均动作可靠，漏电保护装置的动作电流和动作时间均符合设计及施工规范要求。

签字栏	施工单位	新鸿装饰公司	专业技术负责人	专业质检员	专业工长
			徐金汉	曹建华	江志安
	监理或建设单位	圆方监理公司	专业工程师		冯小明

本表由施工单位填写。

3.6.18.2 漏电开关模拟试验记录填写说明

1. 基本要求

依据现行国家标准《建筑电气工程施工质量验收规范》GB 50303 的规定，动力和照明工程带有漏电保护装置的回路均要进行漏电开关模拟试验。

（1）电气动力设备试验前，其外露可导电部分应与保护导体完成连接，并经检查合格。

（2）通电前，动力成套配电（控制）柜、台、箱的交流工频耐压试验和保护装置的动作试验应合格。

（3）配电箱（盘）内的剩余电流动作保护器（RCD）应在施加额定剩余动作电流（$I_{\Delta n}$）的情况下测试动作时间，且测试值应符合设计要求。

2. 专项说明

漏电开关模拟试验要求如下：

（1）漏电开关模拟试验所使用漏电开关检测仪应在检定有效期内。

（2）漏电开关模拟试验应 100% 检查。

测试住宅工程的漏电保护装置动作电流应依据现行国家标准《建筑电气工程施工质量验收规范》GB 50303 中的数值要求进行；测试其他设备的漏电保护装置动作电流应依据现行国家标准《民用建筑电气设计标准》GB 51348 中的数值要求，且动作时间不大于 0.1s。

3.6.19 室内环境检测报告范例与填写说明

3.6.19.1 室内环境检测报告范例

实达检测试验有限公司

室内环境检测报告

TEST REPORT

报告编号：JYTT-F01-18000013

工程名称：厦门万丽酒店

委托单位：阳光有限公司

样品名称：室内空气

检测项目：甲醛、苯、氡、TVOC、氨

检测性质：抽样检测

报告签发日期：2019年01月30日　　　　　　　　共 16 页

室内环境检测报告

报告编号：JYTT-F01-1800013

共16页 第1页

工程名称	厦门万丽酒店	委托日期	2019年1月16日
委托单位	阳光有限公司	检测起始日期	2019年1月16日
详细地址	福建省厦门市同安区观滨路××号	报告日期	2019年1月30日
施工单位	新鸿装饰公司	检测性质	抽样检测
样品名称	室内空气		
工程类别	Ⅱ类民用建筑工程		
工程概况	厦门万丽酒店的房间总数322间		
检测依据	《民用建筑工程室内环境污染控制规范》（2013年版）GB 50325—2010		
检测项目	甲醛、苯、氡、TVOC、氨		
样品说明	本次检测抽取厦门万丽酒店房间数17间，共24个检测点		
检测地点	厦门万丽酒店，同安检测站		
检测环境	符合标准要求		
见证员	张小志	见证单位	圆方监理公司
检测结果	详见附页		
检测结论	所检项目检测结果符合《民用建筑工程室内环境污染控制规范》（2013年版）GB 50325—2010中Ⅱ类民用建筑工程的验收技术要求，判该工程室内环境质量合格		
备注	1. 本次检测采用的主要设备：甲醛分析仪（HJJ45-4）、气相色谱仪（HJJ46-2）、气相色谱仪（HJJ46-1）、环境氡测量仪（HJJ37-2）、环境氡测量仪（HJJ37-3）、可见分光光度计（HJJ38-1）、空盒气压表（HJJ73-1）、数字温湿度计（HJJ27-6）。 2. 检测布点示意图详见附页。 3. 抽样人：孔详实、陈飞		
批准	陈达实	审核	李彦真	校核测试	孔详实

室内环境检测报告

报告编号：JYTT-F01-1800013

共16页　第2页

序号	检测项目	限量	检测位置	检测结果			单项评定
				测点	测点值	平均值	
1	甲醛 （mg/m³）	≤0.1	一层贵宾接待室	点1	0.07	0.07	符合
				点2	0.07		
			一层备用会议室	点1	0.05	0.05	符合
				点2	0.05		
			一层中餐厅包间	点1	0.05	0.06	符合
				点2	0.07		
2	苯 （mg/m³）	≤0.09	一层贵宾接待室	点1	0.016	0.016	符合
				点2	0.017		
			一层备用会议室	点1	0.015	0.016	符合
				点2	0.017		
			一层中餐厅包间	点1	0.014	0.015	符合
				点2	0.016		
3	氡 （Bq/m³）	≤400	一层贵宾接待室	点1	87.4	86.0	符合
				点2	84.6		
			一层备用会议室	点1	82.9	84.2	符合
				点2	85.6		
			一层中餐厅包间	点1	83.8	84.4	符合
				点2	85.1		
4	TVOC （mg/m³）	≤0.6	一层贵宾接待室	点1	0.33	0.32	符合
				点2	0.30		
			一层备用会议室	点1	0.31	0.33	符合
				点2	0.35		
			一层中餐厅包间	点1	0.31	0.32	符合
				点2	0.32		
5	氨 （mg/m³）	≤0.2	一层贵宾接待室	点1	0.05	0.05	符合
				点2	0.05		
			一层备用会议室	点1	0.05	0.06	符合
				点2	0.06		
			一层中餐厅包间	点1	0.06	0.06	符合
				点2	0.06		

室内环境检测报告

报告编号：JYTT-F01-1800013

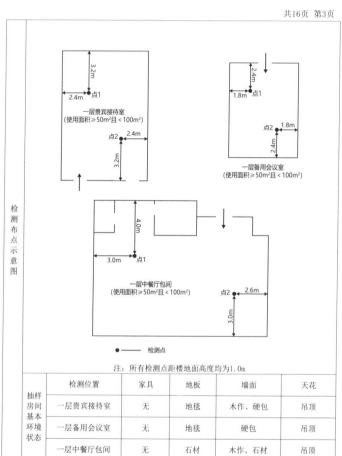

抽样房间基本环境状态	检测位置	家具	地板	墙面	天花
	一层贵宾接待室	无	地毯	木作、硬包	吊顶
	一层备用会议室	无	地毯	硬包	吊顶
	一层中餐厅包间	无	石材	木作、石材	吊顶

编者：因版幅原因，此处列举检测报告的部分内容

302

3.6.19.2 室内环境检测报告填写说明

基本要求：

（1）室内环境检测应由建设单位委托经有关部门认可的检测机构进行，并出具室内环境污染物浓度检测报告。

（2）室内环境应检测的污染物包括氡（Rn-222）、甲醛、苯、氨和总挥发性有机化合物（TVOC）的浓度等。检测结果应符合表3-10的规定。

表 3-10　民用建筑工程室内环境污染物浓度限量

污染物	Ⅰ类民用建筑工程	Ⅱ类民用建筑工程
氡（Bq/m^3）	≤ 150	≤ 150
甲醛（mg/m^3）	≤ 0.07	≤ 0.08
氨（mg/m^3）	≤ 0.15	≤ 0.20
苯（mg/m^3）	≤ 0.06	≤ 0.09
甲苯（mg/m^3）	≤ 0.15	≤ 0.20
二甲苯（mg/m^3）	≤ 0.20	≤ 0.20
总挥发性有机物 TVOC（mg/m^3）	≤ 0.45	≤ 0.50

（3）民用建筑工程及室内装饰装修工程应按照国家现行标准要求，在工程完工至少 7d 以后、工程交付使用前对室内环境进行质量验收。验收不合格的民用建筑工程，严禁投入使用。

（4）民用建筑工程室内装饰装修，当多次重复使用同一设计时，宜先做样板间，并对样板间进行室内环境检测，合格后再进行正式装修施工。

（5）民用建筑工程室内环境检测时，应抽检有代表性的房间室内环境污染物浓度，抽检数不得少于 5%，并不得少于 3 间；房间总数少于 3 间，应全数检测。凡进行样板间室内环境污染物浓度检测且检测结果合格的，抽检数量减半，并不得少于 3 间。室内环境污染物浓度检测点应按表 3-11 设置。

表3-11 室内环境污染物浓度检测点数设置

房间使用面积（m²）	检测点数（个）
＜ 50	1
≥ 50 且 ＜ 100	2
≥ 100 且 ＜ 500	不少于 3
≥ 500 且 ＜ 1000	不少于 5
≥ 1000	≥ 1000m² 的部分，每增加 1000m² 增设 1 点，增加面积不足 1000m² 时按增加 1000m² 计算

（6）当室内环境污染物浓度检测结果不符合规范规定时，可对不合格项再次进行检测。再次检测时，抽检数量应增加 1 倍，并应包含同类型房间及原不合格房间。再次检测结果全部符合规范规定时，应判定为室内环境质量合格。

（7）室内环境检测报告应由建设单位提供给施工单位，施工单位和建设单位留存。

3.6.20 卷内备考表范例

卷内备考表

本案卷共有文件材料 _77_ 页，其中：文字材料 _57_ 张，图样材料 _20_ 张，照片 _/_ 张。

说明：

本案卷完整准确。

立卷人：张德扬

2019 年 01 月 23 日

审核人：蒋祖科

2019 年 01 月 23 日

施工质量验收记录（C7）

3.7 施工质量验收记录（C7）范例

3.7.1 案卷封面范例

档　　号＿＿＿＿＿＿＿＿＿＿＿＿＿

案卷题名＿＿＿＿＿＿**厦门万丽酒店**＿＿＿＿＿＿
＿＿＿＿**建筑装饰装修工程施工资料**＿＿＿＿
＿＿＿＿＿＿**C7 施工质量验收记录**＿＿＿＿＿
（1）分部工程质量验收记录＿＿＿＿＿＿＿＿
（2）分项工程质量验收记录＿＿＿＿＿＿＿＿
（3）检验批质量验收记录＿＿＿＿＿＿＿＿＿

编制单位＿＿＿＿＿＿＿*新鸿装饰公司*＿＿＿＿＿
起止日期自 *2017* 年 *05* 月 *10* 日起至 *2018* 年 *12* 月 *30* 日止
密级＿＿＿*秘密*＿＿＿保管期限＿＿＿*长期保管*＿＿＿
本工程共＿＿＿*11*＿＿＿卷　　本案卷为第＿＿＿*9*＿＿＿卷

3.7.2 卷内目录范例

卷内目录						
工程名称	厦门万丽酒店		**资料类别**	C7 施工质量验收记录		
序号	文件材料题名	原编字号	编制单位	编制日期	页次	备注
1	分部工程质量验收记录		新鸿装饰公司	2019.03.15 ~ 2019.01.01	1 ~ 4	
2	分项工程质量验收记录		新鸿装饰公司	2017.05.20 ~ 2018.12.12	5 ~ 57	
3	检验批质量验收记录		新鸿装饰公司	2017.05.20 ~ 2018.12.26	58 ~ 375	

3.7.3 检验批质量验收记录范例

3.7.3.1 （主体结构分部工程）检验批质量验收记录范例

检验批质量验收记录目录					
工程名称	厦门万丽酒店	资料类别	检验批质量验收记录		
序号	内容摘要	编制单位	日期	资料编号	备注
1	填充墙砌体检验批质量验收记录	新鸿装饰公司	2017.06.27		

填充墙砌体检验批质量验收记录

02020501 001

单位（子单位）工程名称		厦门万丽酒店	分部（子分部）工程名称	主体结构——砌体结构	分项工程名称	填充墙砌体
施工单位		新鸿装饰公司	项目负责人	蒋祖科	检验批容量	260m³
分包单位		/	分包单位项目负责人	/	检验批部位	F2～F7 填充墙
施工依据		填充墙砌体专项施工方案		验收依据	《砌体结构工程施工质量验收规范》GB 50203	

		验收项目		设计要求及规范规定	最小/实际抽样数量	检查记录	检查结果
主控项目	1	块材强度等级		设计要求 MU 7.5	/	小砌块强度符合要求，见试验报告 ES2017-CJ258	√
	2	砂浆强度等级		设计要求 M 5	/	砂浆强度符合要求，见试验报告 02-02-C6-001	√
	3	与主体结构连接		第9.2.2条	5/5	抽查5处，合格5处	√
	4	植筋实体检测		第9.2.3条	5/5	检测5组，合格5组，试验报告编号0312	√
一般项目	1	轴线位移		≤10mm	5/5	抽查5处，合格5处	100%
	2	墙面垂直度（每层）	≤3m	≤5mm	5/5	抽查5处，合格5处	100%
			>3m	≤10mm	/	/	/
	3	表面平整度		≤8mm	5/5	抽查5处，合格5处	100%
	4	门窗洞口高、宽（后塞口）		±10mm以内	5/5	抽查5处，合格5处	100%
	5	外墙上、下窗口偏移		≤20mm	/	/	/
	6	空心砖砌体砂浆饱满度	水平	≥80%	5/5	抽查5处，合格5处	100%
			垂直	第9.3.2条	5/5	抽查5处，合格5处	100%
	7	蒸压加气混凝土砌块、轻骨料混凝土小型空心砌块砌体砂浆饱满度	水平	≥80%	/	/	/
			垂直	≥80%	/	/	/
	8	拉结筋、网片位置		第9.3.3条	5/5	抽查5处，合格5处	100%
	9	拉结筋、网片埋置长度		第9.3.3条	5/5	抽查5处，合格5处	100%
	10	搭砌长度		第9.3.4条	5/5	抽查5处，合格5处	100%
	11	水平灰缝厚度		第9.3.5条	5/5	抽查5处，合格5处	100%
	12	竖向灰缝宽度		第9.3.5条	5/5	抽查5处，合格5处	100%
施工单位检查结果		主控项目全部合格，一般项目满足规范规定要求。 专业工长：杜少飞 项目专业质量检查员：曹建华 2017年06月25日					
监理单位验收结论		同意验收 专业监理工程师：冯小明 2017年06月27日					

3.7.3.2 （建筑装饰装修分部工程）检验批质量验收记录范例

检验批质量验收记录目录						
工程名称	厦门万丽酒店	资料类别		检验批质量验收记录		
序号	内容摘要	编制单位	日期	资料编号	备注	
1	水泥混凝土垫层和陶粒混凝土垫层检验批质量验收记录	新鸿装饰公司	2017.11.20			
2	找平层检验批质量验收记录	新鸿装饰公司	2017.11.21			
3	隔离层检验批质量验收记录	新鸿装饰公司	2017.11.23		略	
4	自流平面层检验批质量验收记录表	新鸿装饰公司	2018.12.02			
5	塑胶面层检验批质量验收记录表	新鸿装饰公司	2018.11.30			
6	砖面层检验批质量验收记录	新鸿装饰公司	2018.06.24			
7	大理石面层和花岗石面层检验批质量验收记录	新鸿装饰公司	2018.10.06			
8	活动地板面层检验批质量验收记录	新鸿装饰公司	2018.10.26			
9	地毯面层检验批质量验收记录	新鸿装饰公司	2018.10.28			
10	地面辐射供暖大理石面层和花岗面层检验批质量验收记录	新鸿装饰公司	2018.06.24			
11	实木地板、实木集成地板、竹地板面层检验批质量验收记录	新鸿装饰公司	2018.10.08			
12	实木复合地板面层检验批质量验收记录	新鸿装饰公司	2018.10.08			
13	浸渍纸层压木质地板面层检验批质量验收记录	新鸿装饰公司	2018.10.08			
14	一般抹灰检验批质量验收记录	新鸿装饰公司	2017.07.02			
15	木门窗安装检验批质量验收记录	新鸿装饰公司	2018.12.25			
16	整体面层吊顶检验批质量验收记录	新鸿装饰公司	2017.12.27			
17	格栅吊顶检验批质量验收记录	新鸿装饰公司	2017.12.27			
18	骨架隔墙检验批质量验收记录	新鸿装饰公司	2017.12.22			
19	活动隔墙检验批质量验收记录	新鸿装饰公司	2018.06.12			
20	玻璃隔墙检验批质量验收记录	新鸿装饰公司	2018.06.10			
21	石板安装检验批质量验收记录	新鸿装饰公司	2018.09.10			

续表

序号	内容摘要	编制单位	日期	资料编号	备注
22	木板安装检验批质量验收记录	新鸿装饰公司	2018.09.10		
23	内墙饰面砖粘贴检验批质量验收记录	新鸿装饰公司	2018.09.20		
24	水性涂料涂饰检验批质量验收记录	新鸿装饰公司	2018.05.24		
25	裱糊检验批质量验收记录	新鸿装饰公司	2018.12.25		
26	软包检验批质量验收记录	新鸿装饰公司	2018.12.24		
27	橱柜制作与安装检验批质量验收记录	新鸿装饰公司	2018.12.26		
28	窗帘盒、窗台板和散热器罩制作与安装检验批质量验收记录	新鸿装饰公司	2018.09.20		
29	门窗套制作与安装检验批质量验收记录	新鸿装饰公司	2018.12.18		
30	护栏和扶手制作与安装检验批质量验收记录	新鸿装饰公司	2018.12.18		

 编者：表格备注栏"略"，表示该行记录范例省略

水泥混凝土垫层和陶粒混凝土垫层检验批质量验收记录

03120107___001

单位 (子单位) 工程名称	厦门万丽酒店	分部(子分部) 工程名称	建筑装饰 装修—建 筑地面	分项工程名称	基层铺设
施工单位	新鸿装饰公司	项目负责人	蒋祖科	检验批容量	7 间
分包单位	/	分包单位 项目负责人	/	检验批部位	21 号～27 号单 层别墅卫生间
施工依据	基层铺设专项施工方案		验收依据	《建筑地面工程施工质量验收规 范》GB 50209	

验收项目			设计要求及 规范规定	最小 / 实际抽 样数量	检查记录	检查 结果
主控项目	1	材料质量	第 4.8.8 条	/	质量证明文件齐全, 通过进场验收	√
	2	混凝土强度等级	设计要求 C 15	/	检验合格,记录编号 02-02-C6-001	√
一般项目	1	表面平整度	10mm	3/6	抽查6处,合格6处	100%
	2	标高	± 10mm	3/6	抽查6处,合格6处	100%
	3	坡度	≤ 2/1000L, 且≤ 30mm	3/6	抽查6处,合格6处	100%
		厚度	≤ 1/10H, 且≤ 20mm	3/6	抽查6处,合格6处	100%

施工单位 检查结果	主控项目全部合格,一般项目满足规范规定要求 专业工长:杜少飞 项目专业质量检查员:曹建华 2017年11月18日
监理单位 验收结论	同意验收 专业监理工程师:冯小明 2017年11月20日

找平层检验批质量验收记录

03120108 _001_

单位 （子单位） 工程名称		厦门万丽酒店		分部 （子分部） 工程名称	建筑装饰 装修——建 筑地面	分项工程名称		基层铺设
施工单位		新鸿装饰公司		项目负责人	蒋祖科	检验批容量		20 间
分包单位		/		分包单位 项目负责人	/	检验批部位		F3 卫生间找平 层
施工依据		基层铺设专项施工方案			验收依据	《建筑地面工程施工质量验收规 范》GB 50209		

		验收项目		设计要求及 规范规定	最小 / 实际抽 样数量	检查记录	检查 结果
主控项目	1	材料质量		第 4.9.6 条	/	质量证明文件齐全，通 过进场验收	√
	2	配合比或强度等级		第 4.9.7 条	/	检验合格，记录编号 03-12-C6-002	√
	3	有防水要求套管地漏		第 4.9.8 条	4/4	抽查 4 处，合格 4 处	√
	4	有防静电要求的整体面层的找平层		第 4.9.9 条	4/4	抽查 4 处，合格 4 处	√
一般项目	1	找平层与下层结合		第 4.9.10 条	4/4	抽查 3 处，合格 3 处	100%
	2	找平层表面质量		第 4.9.11 条	4/4	抽查 3 处，合格 3 处	100%
	3	用胶粘剂做结合层，铺 拼花木板、塑料板、复 合板、竹地板面层	表面平 整度	2mm	/	/	/
			标高	±4mm	/	/	/
		有沥青玛蹄脂做结合层， 铺拼花木板，板块面层 及毛地板铺木地板	表面平 整度	3mm	/	/	/
			标高	±5mm	/	/	/
		金属板面层	表面平 整度	3mm	/	/	/
			标高	±4mm	/	/	/
		用水泥砂浆做结合层，铺 板块面层，其他种类面层	表面平 整度	5mm	4/4	抽查 4 处，合格 4 处	100%
			标高	±8mm	4/4	抽查 4 处，合格 4 处	100%
	4	坡度		≤ 2/1000L, 且 ≤ 30mm	4/4	抽查 4 处，合格 4 处	100%
	5	厚度		≤ 1/10H, 且 ≤ 20mm	4/4	抽查 4 处，合格 4 处	100%

施工单位 检查结果	主控项目全部合格，一般项目满足规范规定要求 专业工长：杜少飞 项目专业质量检查员：曹建华 2017年11月19日
监理单位 验收结论	同意检收 专业监理工程师：冯小明 2017年11月21日

自流平面层检验批质量验收记录表

03120207　001

单位 （子单位） 工程名称		厦门万丽酒店	分部 （子分部） 工程名称	建筑装饰 装修—建筑 地面	分项工程 名称	整体面层铺设	
施工单位		新鸿装饰公司	项目负责人	蒋祖科	检验批容量	20 间	
分包单位		/	分包单位 项目负责人	/	检验批部位	F5 客房自流平 面层	
施工依据		整体面层铺设专项施工方案		验收依据	《建筑地面工程施工质量验收 规范》GB 50209		
验收项目			设计要 求及规 范规定	最小/实际 抽样数量	检查记录		检查 结果
主控项目	1	材料质量	第 5.8.6 条	/	质量证明文件齐全， 通过进场验收		√
	2	自流平面层的涂料进入施工 现场时，应有有害物质限量 合格的检测报告	第 5.8.7 条	/	试验合格，报告编号 03-12-C6-005		√
	3	自流平面层的基层强度等级 不应小于 C20	第 5.8.8 条	/	试验合格，报告编号 03-12-C6-006		√
	4	自流平面层的各构造层之间 粘结	第 5.8.9 条	3/3	抽查 3 处，合格 3 处		√
	5	表面不应有开裂、漏涂和倒 泛水、积水等现象	第 5.8.10 条	3/3	抽查 3 处，合格 3 处		√
一般项目	1	自流平面层应分层施工，面 层找平施工时不应留有抹痕	第 5.8.11 条	3/3	抽查 3 处，合格 3 处		100%
	2	表面应光洁、色泽应均匀、 一致，不应有起泡、泛砂等 现象	第 5.8.12 条	3/6	抽查 6 处，合格 6 处		100%
	3	表面 允许 偏差	表面平整度	2mm	3/6	抽查 6 处，合格 6 处	100%
			踢脚线上口平直	3mm	3/6	抽查 6 处，合格 6 处	100%
			缝格平直	2mm	3/6	抽查 6 处，合格 6 处	100%
施工单位 检查结果		主控项目全部合格，一般项目满足规范规定要求 专业工长：杜少飞 项目专业质量检查员：曹建华 2018年11月30日					
监理单位 验收结论		同意验收 专业监理工程师：冯小明 2018年12月02日					

塑胶面层检验批质量验收记录表

03120209＿001

单位 （子单位） 工程名称		厦门万丽酒店	分部 （子分部） 工程名称	建筑装饰 装修—建筑 地面	分项工程 名称	整体面层铺设
施工单位		新鸿装饰公司	项目负责人	蒋祖科	检验批容量	20 间
分包单位		/	分包单位 项目负责人	/	检验批部位	F-1 后勤走道
施工依据		整体面层铺设专项施工方案		验收依据	《建筑地面工程施工质量验 收规范》GB 50209	

验收项目			设计要求及规范规定	最小/实际抽样数量	检查记录	检查结果
主控项目	1	材料质量	第 5.10.4 条	/	质量证明文件齐全，试验合格，报告编号 ES2018-CJ326	√
	2	现浇型塑胶面层的配合比和成品试件检测	第 5.10.5 条		试验合格，报告编号 03-12-C4-006	√
	3	面层与基层粘结质量	第 5.10.6 条	3/6	抽查 6 处，合格 6 处	√
一般项目	1	塑胶面层与各组合层厚度、坡度、表面平整度	第 5.10.7 条	3/6	抽查 6 处，合格 6 处	100%
	2	面层图案、色泽、拼缝、阴阳角质量	第 5.10.8 条	3/6	抽查 6 处，合格 6 处	100%
	3	塑胶卷材面层焊缝	第 5.10.9 条	3/3	抽查 3 处，合格 3 处	100%
		焊缝凹凸	≤ 0.6mm	3/3	抽查 3 处，合格 3 处	100%
	4	表面允许偏差 · 表面平整度	2mm	3/3	抽查 3 处，合格 3 处	100%
		踢脚线上口平直	3mm	3/3	抽查 3 处，合格 3 处	100%
		缝格平直	2mm	3/3	抽查 3 处，合格 3 处	100%

施工单位 检查结果	主控项目全部合格，一般项目满足规范规定要求 专业工长：杜少飞 项目专业质量检查员：曹建华 2018年11月28日
监理单位 验收结论	同意验收 专业监理工程师：冯小明 2018年11月30日

砖面层检验批质量验收记录

03120301___001

单位 （子单位） 工程名称		厦门万丽酒店	分部 （子分部） 工程名称		建筑装饰 装修—建 筑地面	分项工程 名称		板块面层 铺设
施工单位		新鸿装饰公司	项目负责人		蒋祖科	检验批容量		20 间
分包单位		/	分包单位 项目负责人		/	检验批部位		F7 客房卫生 间砖面层
施工依据		板块面层铺设专项施工方案		验收依据		《建筑地面工程施工质量验 收规范》GB 50209		

		验收项目	设计要求及 规范规定	最小/ 实际抽 样数量	检查记录	检查 结果
主控项目	1	材料质量	第 6.2.5 条	/	质量证明文件齐全， 试验合格，报告编号 ES2018-CJ530	√
	2	板块产品应有放射性限量合格 的检测报告	第 6.2.6 条	/	检验合格，资料齐全	√
	3	面层与下一次层结合	第 6.2.7 条	3/3	抽查 3 处，合格 3 处	√
一般项目	1	面层表面质量	第 6.2.8 条	3/3	抽查 3 处，合格 3 处	100%
	2	邻接处镶边用料	第 6.2.9 条	3/3	抽查 3 处，合格 3 处	100%
	3	踢脚线质量	第 6.2.10 条	/	/	/
	4	楼梯、台阶踏步 踏步尺寸及面层质量	第 6.2.11 条	/	/	/
		楼层梯段相邻踏步高度差	10mm	/	/	/
		每踏步两端宽度差	10mm	/	/	/
		旋转楼梯踏步两端宽度	5mm	/	/	/
	5	面层表面坡度	第 6.2.12 条	3/3	抽查 3 处，合格 3 处	100%
	6	表面允许偏差 缸砖	4.0mm			
		水泥花砖	3.0mm			
		陶瓷锦砖、陶瓷地砖	2.0mm	3/3	抽查 3 处，合格 3 处	100%
		缝格平直	3.0mm	3/3	抽查 3 处，合格 3 处	100%
		接缝高低差 陶瓷锦砖、陶瓷地砖、水泥花砖	0.5mm	3/3	抽查 3 处，合格 3 处	100%
		缸砖	1.5mm			
		踢脚线上口平直 陶瓷锦砖、陶瓷地砖	3.0mm			
		缸砖	4.0mm			
		板块间隙宽度	2.0mm	3/3	抽查 3 处，合格 3 处	100%

施工单位 检查结果	主控项目全部合格，一般项目满足规范规定要求 专业工长：杜少飞 项目专业质量检查员：曹建华 2018年06月22日
监理单位 验收结论	同意验收 专业监理工程师：冯小明 2018年06月24日

大理石面层和花岗石面层检验批质量验收记录

03120302 001

单位（子单位）工程名称	厦门万丽酒店		分部（子分部）工程名称	建筑装饰装修—建筑地面	分项工程名称	板块面层铺设
施工单位	新鸿装饰公司		项目负责人	蒋祖科	检验批容量	20 间
分包单位	/		分包单位项目负责人	/	检验批部位	F6 客房大理石面层
施工依据	板块面层铺设专项施工方案			验收依据	《建筑地面工程施工质量验收规范》GB 50209	

		验收项目		设计要求及规范规定	最小/实际抽样数量	检查记录	检查结果
主控项目	1	材料质量		第 6.3.4 条	/	质量证明文件齐全，试验合格，报告编号 ES2018-CJ230	√
	2	板块产品应有放射性限量合格的检测报告		第 6.3.5 条	/	检验合格，资料齐全	√
	3	面层与下一次层结合		第 6.3.6 条	3/3	抽查 3 处，合格 3 处	√
一般项目	1	板块背面侧面防碱处理		第 6.3.7 条	3/3	抽查 3 处，合格 3 处	100%
	2	面层质量		第 6.3.8 条	3/3	抽查 3 处，合格 3 处	100%
	3	踢脚线质量		第 6.3.9 条	3/3	抽查 3 处，合格 3 处	100%
	4	楼梯、台阶踏步	踏步尺寸及面层质量	第 6.3.10 条	/	/	/
			楼层梯段相邻踏步高度差	10mm	/	/	/
			每踏步两端宽度差	10mm	/	/	/
			旋转楼梯踏步两端宽度	5mm	/	/	/
	5	面层表面坡度		第 6.3.11 条	3/6	抽查 6 处，合格 6 处	100%
	6	表面允许偏差	大理石面层和花岗石面层	1mm	3/6	抽查 6 处，合格 6 处	100%
			碎拼大理石和碎拼花岗石面层	3mm	/	/	/
			缝格平直	2mm	3/3	抽查 3 处，合格 3 处	100%
			接缝高低差	0.5mm	3/3	抽查 3 处，合格 3 处	100%
			踢脚线上口平直	1mm	/	/	/
			板块间隙宽度	1mm	3/3	抽查 3 处，合格 3 处	100%
施工单位检查结果	主控项目全部合格，一般项目满足规范规定要求。 专业工长：杜少飞 项目专业质量检查员：曹建华 2018年10月04日						
监理单位验收结论	同意验收 专业监理工程师：冯小明 2018年10月06日						

活动地板面层检验批质量验收记录

03120306 ___001

单位 （子单位） 工程名称	厦门万丽酒店	分部 （子分部） 工程名称	建筑装饰 装修——建 筑地面	分项工程名称		板块面层铺设
施工单位	新鸿装饰公司	项目负责人	蒋祖科	检验批容量		5 间
分包单位	/	分包单位 项目负责人	/	检验批部位		F-2 机房 控制室
施工依据	板块面层铺设专项施工方案		验收依据	《建筑地面工程施工质量验收 规范》GB 50209		

验收项目			设计要求及 规范规定	最小/实际 抽样数量	检查记录	检查 结果
主控项目	1	材料质量	第 6.7.11 条	/	质量证明文件齐全， 通过进场验收	√
	2	面层安装质量	第 6.7.12 条	3/3	抽查 3 处，合格 3 处	√
一般项目	1	面层表面质量	第 6.7.13 条	3/3	抽查 3 处，合格 3 处	100%
	2	允许偏差	表面平整度	2.0mm	3/5	抽查 5 处，合格 5 处	100%
			缝格平直	2.5mm	3/5	抽查 5 处，合格 5 处	100%
			接缝高低差	0.4mm	3/5	抽查 5 处，合格 5 处	100%
			板块间隙宽度	0.3mm	3/5	抽查 5 处，合格 5 处	100%

施工单位 检查结果	主控项目全部合格，一般项目满足规范规定要求 专业工长：杜少飞 项目专业质量检查员：曹建华 2018 年 10 月 24 日
监理单位 验收结论	同意验收 专业监理工程师：冯小明 2018 年 10 月 26 日

地毯面层检验批质量验收记录

03120308 001

单位 （子单位） 工程名称	厦门万丽酒店		分部 （子分部） 工程名称	建筑装饰 装修—建 筑地面	分项工程名称	板块面层铺设
施工单位	新鸿装饰公司		项目负责人	蒋祖科	检验批容量	200m³
分包单位	/		分包单位 项目负责人	/	检验批部位	F3 宴会厅
施工依据	板块面层铺设专项施工方案			验收依据	《建筑地面工程施工质量验收 规范》GB 50209	

验收项目			设计要求及 规范规定	最小/实际 抽样数量	检查记录	检查 结果
主 控 项 目	1	地毯、胶料及辅料质量	第 6.9.7 条	/	质量证明文件齐全， 通过进场验收	√
	2	地毯、衬垫、胶粘剂中的挥发性有机化合物（VOC）和甲醛限量合格检测报告	第 6.9.8 条	/	检验合格，资料齐全	√
	3	地毯铺设质量	第 6.9.9 条	3/3	抽查3处，合格3处	√
一 般 项 目	1	地毯表面质量	第 6.9.10 条	3/3	抽查3处，合格3处	100%
	2	地毯细部连接	第 6.9.11 条	3/3	抽查3处，合格3处	100%

施工单位 检查结果	主控项目全部合格，一般项目满足规范规定要求 专业工长：林志明 项目专业质量检查员：曹建华 2018年10月26日
监理单位 验收结论	同意验收 专业监理工程师：冯小明 2018年10月28日

320

地面辐射供暖大理石面层和花岗石面层检验批质量验收记录

03120310　001

单位 （子单位） 工程名称		厦门万丽酒店		分部 （子分部） 工程名称	建筑装饰 装修—建 筑地面	分项工程 名称	板块面层 铺设
施工单位		新鸿装饰公司		项目负责人	蒋祖科	检验批容量	7间
分包单位		/		分包单位 项目负责人	/	检验批部位	21号～27号单 层别墅地面面层
施工依据		板块面层铺设专项施工方案		验收依据	《建筑地面工程施工质量验收 规范》GB 50209		
验收项目			设计要求及 规范规定	最小/实际 抽样数量	检查记录		检查 结果
主控项目	1	材料质量		第6.10.4条		质量证明文件齐全， 通过进场验收	√
	2	面层缝格设置		第6.10.5条	3/3	抽查3处，合格3处	√
	3	板块产品应有放射性限量合 格的检测报告		第6.3.5条	/	检验合格，资料齐全	√
	4	面层与下一次层结合		第6.3.6条	3/3	抽查3处，合格3处	√
一般项目	1	板块背面侧面防碱处理		第6.3.7条	3/3	抽查3处，合格3处	100%
	2	面层质量		第6.3.8条	3/3	抽查3处，合格3处	100%
	3	踢脚线质量		第6.3.9条	3/3	抽查3处，合格3处	100%
	4	楼梯、台阶踏步	踏步尺寸及面层质量	第6.3.10条	/	/	/
			楼层梯段相邻踏步高度差	10mm	/	/	/
			每踏步两端宽度差	10mm	/	/	/
			旋转楼梯踏步两端宽度	5mm	/	/	/
	5	面层表面坡度		第6.3.11条	/	/	/
	6	表面平整度	大理石面层和花岗石面层	1.0mm	3/3	抽查3处，合格3处	100%
			碎拼大理石和碎拼花岗石面层	3.0mm	/	/	/
		缝格平直		2.0mm	3/3	抽查3处，合格3处	100%
		接缝高低差		0.5mm	3/3	抽查3处，合格3处	100%
		踢脚线上口平直		1.0mm	3/3	抽查3处，合格3处	100%
		板块间隙宽度		1.0mm	3/3	抽查3处，合格3处	100%
施工单位 检查结果		主控项目全部合格，一般项目满足规范规定要求 专业工长：杜少飞 项目专业质量检查员：曹建华 2018年06月22日					
监理单位 验收结论		同意验收 专业监理工程师：冯小明 2018年06月24日					

实木地板、实木集成地板、竹地板面层检验批质量验收记录

03120401　001

单位（子单位）工程名称	厦门万丽酒店		分部（子分部）工程名称	建筑装饰装修——建筑地面	分项工程名称		木、竹面层铺设
施工单位	新鸿装饰公司		项目负责人	蒋祖科	检验批容量		20 间
分包单位	/		分包单位项目负责人	/	检验批部位		F7客房休闲区地面
施工依据	木、竹面层铺设专项施工方案			验收依据	《建筑地面工程施工质量验收规范》GB 50209		

验收项目			设计要求及规范规定	最小/实际抽样数量	检查记录	检查结果
主控项目	1	材料质量	第 7.2.8 条	/	质量证明文件齐全，通过进场验收	√
	2	材料有害物质限量合格的检测报告	第 7.2.9 条	/	检验合格，记录编号 03-12-C4-006	√
	3	木格栅、垫木和垫层地板等应做防腐、防蛀处理	第 7.2.10 条	/	/	/
	4	木格栅安装	第 7.2.11 条	/	/	/
	5	面层铺设应牢固；粘结应无空鼓松动	第 7.2.12 条	3/3	抽查 3 处，合格 3 处	√
一般项目	1	实木地板、实木集成地板面层质量	第 7.2.13 条	3/3	抽查 3 处，合格 3 处	100%
	2	竹地板面层的品种与规格	第 7.2.14 条	3/3	抽查 3 处，合格 3 处	100%
	3	面层缝隙、接头位置和表面	第 7.2.15 条	3/3	抽查 3 处，合格 3 处	100%
	4	采用粘、钉工艺时面层质量	第 7.2.16 条	/	/	/
	5	踢脚线	第 7.2.17 条	3/3	抽查 3 处，合格 3 处	100%
	6	板面缝隙宽度　拼花地板	0.2mm	3/3	抽查 3 处，合格 3 处	100%
		板面缝隙宽度　硬木地板、竹地板	0.5mm	/	/	/
		板面缝隙宽度　松木地板	1.0mm	/	/	/
		表面平整度　拼花、硬木、竹	2.0mm	3/3	抽查 3 处，合格 3 处	100%
		表面平整度　地板	3.0mm	/	/	/
		踢脚线上口平齐	3.0mm	3/3	抽查 3 处，合格 3 处	100%
		板面接缝平直	3.0mm	3/3	抽查 3 处，合格 3 处	100%
		相邻板材高差	0.5mm	3/3	抽查 3 处，合格 3 处	100%
		踢脚线与面层接缝	1.0mm	3/3	抽查 3 处，合格 3 处	100%

施工单位检查结果	主控项目全部合格，一般项目满足规范规定要求　专业工长：林志明 项目专业质量检查员：曹建华 2018年10月06日
监理单位验收结论	同意验收　专业监理工程师：冯小明 2018年10月08日

实木复合地板面层检验批质量验收记录

03120402　001

单位 （子单位） 工程名称		厦门万丽酒店	分部 （子分部） 工程名称	建筑装饰 装修—建 筑地面	分项工程名称		木、竹面层铺设
施工单位		新鸿装饰公司	项目负责人	蒋祖科	检验批容量		7 间
分包单位		/	分包单位 项目负责人	/	检验批部位		21 号 ~ 27 号单 层别墅地面面层
施工依据		木、竹面层铺设专项施工方案		验收依据	《建筑地面工程施工质量验收规 范》GB 50209		
验收项目			设计要求及 规范规定	最小 / 实际 抽样数量	检查记录		检查 结果
主控项目	1	材料质量	第 7.3.6 条	/	质量证明文件齐全， 通过进场验收		√
	2	材料有害物质限量合格的 检测报告	第 7.3.7 条	/	检验合格，报告编号 03-12-C4-007		√
	3	木格栅、垫木和垫层地板 等应做防腐、防蛀处理	第 7.3.8 条	/	/		/
	4	木格栅安装应牢固、平直	第 7.3.9 条	/	/		/
	5	面层铺设	第 7.3.10 条	3/3	抽查 3 处，合格 3 处		√
一般项目	1	面层外观质量	第 7.3.11 条	3/3	抽查 3 处，合格 3 处		100%
	2	面层接头	第 7.3.12 条	3/5	抽查 5 处，合格 5 处		100%
	3	粘、钉工艺时面层质量	第 7.3.13 条	/	/		
	4	踢脚线	第 7.3.14 条	3/3	抽查 3 处，合格 3 处		100%
	5	板面缝隙宽度	0.5mm	3/5	抽查 5 处，合格 5 处		100%
		表面平整度	2.0mm	3/5	抽查 5 处，合格 5 处		100%
		踢脚线上口平齐	3.0mm	3/3	抽查 3 处，合格 3 处		100%
		板面接缝平直	3.0mm	3/3	抽查 3 处，合格 3 处		100%
		相邻板材高差	0.5mm	3/3	抽查 3 处，合格 3 处		100%
		踢脚线与面层接缝	1.0mm	3/3	抽查 3 处，合格 3 处		100%
施工单位 检查结果		主控项目全部合格，一般项目满足规范规定要求 专业工长：林志明 项目专业质量检查员：曹建华 2018年10月06日					
监理单位 验收结论		同意验收 专业监理工程师：冯小明 2018年10月08日					

323

浸渍纸层压木质地板面层检验批质量验收记录

03120403 001

单位 （子单位） 工程名称		厦门万丽酒店	分部 （子分部） 工程名称	建筑装饰 装修—建 筑地面	分项工程名称	木、竹面层铺设
施工单位		新鸿装饰公司	项目负责人	蒋祖科	检验批容量	230m²
分包单位		/	分包单位 项目负责人	/	检验批部位	F-1后勤休息区
施工依据		木、竹面层铺设专项施工方案		验收依据	《建筑地面工程施工质量验收规范》GB 50209	

		验收项目	设计要求及 规范规定	最小/实际 抽样数量	检查记录	检查 结果
主控项目	1	材料质量	第7.4.5条	/	质量证明文件齐全，通过进场验收	√
	2	材料有害物质限量合格的检测报告	第7.4.6条	/	检验合格，报告编号03-12-C4-008	√
	3	木格栅安装	第7.4.7条	3/3	抽查3处，合格3处	√
	4	面层铺设	第7.4.8条	3/3	抽查3处，合格3处	√
一般项目	1	面层外观质量	第7.4.9条	3/5	抽查5处，合格5处	100%
	2	面层接头	第7.4.10条	3/5	抽查5处，合格5处	100%
	3	踢脚线	第7.4.11条	3/5	抽查5处，合格5处	100%
	4	板面缝隙宽度	0.5mm	3/3	抽查3处，合格3处	100%
		表面平整度	2.0mm	3/3	抽查3处，合格3处	100%
		踢脚线上口平齐	3.0mm	3/3	抽查3处，合格3处	100%
		板面接缝平直	3.0mm	3/3	抽查3处，合格3处	100%
		相邻板材高差	0.5mm	3/3	抽查3处，合格3处	100%
		踢脚线与面层接缝	1.0mm	3/3	抽查3处，合格3处	100%
施工单位 检查结果		主控项目全部合格，一般项目满足规范规定要求 专业工长：林志明 项目专业质量检查员：曹建华 2018年10月06日				
监理单位 验收结论		同意验收 专业监理工程师：冯小明 2018年10月08日				

一般抹灰检验批质量验收记录

03010101 001

单位 （子单位） 工程名称		厦门万丽酒店	分部 （子分部） 工程名称	建筑装饰装修—抹灰	分项工程名称		一般抹灰
施工单位		新鸿装饰公司	项目负责人	蒋祖科	检验批容量		50 间
分包单位		/	分包单位 项目负责人	/	检验批部位		F7 客房内墙
施工依据		一般抹灰专项施工方案		验收依据	《建筑装饰装修工程质量验收标准》GB 50210		

		验收项目	设计要求及 规范规定	最小/实际 抽样数量	检查记录	检查 结果
主控项目	1	材料品种和性能	第 4.2.1 条	/	质量证明文件齐全，检验合格，报告编号 ES2017-CJ515	√
	2	基层表面	第 4.2.2 条	/	检验合格，记录编号 03-01-C6-001	√
	3	操作要求	第 4.2.3 条	/	检验合格，记录编号 03-01-C6-002	√
	4	粘结层及面层质量	第 4.2.4 条	5/5	抽查 5 处，合格 5 处	√
一般项目	1	表面质量	第 4.2.5 条	5/5	抽查 5 处，合格 5 处	100%
	2	细部质量	第 4.2.6 条	5/8	抽查 8 处，合格 8 处	100%
	3	抹灰总厚度	第 4.2.7 条	5/8	抽查 8 处，合格 8 处	100%
	4	分格缝	第 4.2.8 条	5/5	抽查 5 处，合格 5 处	100%
	5	滴水线（槽）	第 4.2.9 条	/	/	/

			项目	允许偏差（mm）		最小/实际 抽样数量	检查记录	检查 结果
				普通抹灰 ☑	高级抹灰 ☐			
一般项目	6	安装允许偏差	立面垂直度	4	3	5/5	抽查 5 处，合格 5 处	100%
			表面平整度	4	3	4/5	抽查 5 处，合格 4 处	80%
			阴阳角方正	4	3	5/5	抽查 5 处，合格 5 处	100%
			分格条（缝）直线度	4	3	5/5	抽查 5 处，合格 5 处	100%
			墙裙、勒脚上口直线度	4	3	5/5	抽查 5 处，合格 5 处	100%

施工单位 检查结果	主控项目全部合格，一般项目满足规范规定要求。 专业工长：杜少飞 项目专业质量检查员：曹建华 2017年06月30日
监理单位 验收结论	同意验收 专业监理工程师：冯小明 2017年07月02日

木门窗安装检验批质量验收记录

03030101 001

单位（子单位）工程名称	厦门万丽酒店		分部（子分部）工程名称	建筑装饰装修——门窗		分项工程名称	木门安装
施工单位	新鸿装饰公司		项目负责人	蒋祖科		检验批容量	80 樘
分包单位	/		分包单位项目负责人	/		检验批部位	F7客房木门
施工依据	木门安装专项施工方案			验收依据		《建筑装饰装修工程质量验收标准》GB 50210	

		验收项目	设计要求及规范规定		最小/实际抽样数量	检查记录	检查结果
主控项目	1	木门窗材料质量	第6.2.1条		/	质量证明文件齐全，通过进场验收	√
	2	木门窗含水率	第6.2.2条		/	检验合格，资料齐全	√
	3	木门窗的防火、防腐、防虫	第6.2.3条		/	检验合格，资料齐全	√
	4	木门窗框的安装	第6.2.4条		4/4	抽查4处，合格4处	√
	5	木门窗扇的安装	第6.2.5条		4/4	抽查4处，合格4处	√
	6	木门窗配件的安装	第6.2.6条		4/4	抽查4处，合格4处	√
一般项目	1	木门窗表面质量	第6.2.7条		4/4	抽查4处，合格4处	100%
	2	木门窗的割角和拼缝	第6.2.8条		4/4	抽查4处，合格4处	100%
	3	木门窗上的槽和孔质量	第6.2.9条		4/4	抽查4处，合格4处	100%
	4	木门窗与墙体间的缝隙	第6.2.10条		4/4	抽查4处，合格4处	100%
	5	木门窗与门窗结合	第6.2.11条		4/4	抽查4处，合格4处	100%
	6	平开木门窗安装的留缝限值、允许偏差	门窗框的正、侧面垂直度	—	2	4/4	抽查4处，合格4处	100%
			框与扇接缝高低差	—	1	4/4	抽查4处，合格4处	100%
			扇与扇接缝高低差	—	1	1/1	抽查1处，合格1处	100%
			门窗扇对口缝	1～4	—	/	/	/
			工业厂房、围墙双扇大门对口缝	2～7	—	/	/	/
			门窗扇与上框间留缝	1～3	—	4/4	抽查4处，合格4处	100%
			门窗扇与合页侧框间留缝	1～3	—	4/4	抽查4处，合格4处	100%
			室外门扇与锁侧框间留缝	1～3	—			
			门扇与下框间留缝	3～5	—	4/4	抽查4处，合格4处	100%
			窗扇与下框间留缝	1～3	—			

续表

验收项目			设计要求及规范规定	最小/实际抽样数量	检查记录	检查结果
一般项目	6	平开木门窗安装的留缝限值、允许偏差	双层门窗内外框间距	—	4	/	/
			室外门	4～7	/	/	/
			室内门	4～8	—	4/4	抽查4处，合格4处	100%
			卫生间门		—	/	/
			厂房大门	10～20	—	/	/
			围墙大门		—	/	/
			框与扇搭接宽度　门	—	2	4/4	抽查4处，合格4处	100%
			框与扇搭接宽度　窗	—	1	/	/

施工单位检查结果	主控项目全部合格，一般项目满足规范规定要求 专业工长：林志明 项目专业质量检查员：曹建华 2018年12月23日
监理单位验收结论	同意验收 专业监理工程师：冯小明 2018年12月25日

整体面层吊顶检验批质量验收记录

03040101__001

单位 （子单位） 工程名称		厦门万丽酒店	分部 （子分部） 工程名称	建筑装饰装 修—吊顶	分项工程名称		整体面层吊顶
施工单位		新鸿装饰公司	项目负责人	蒋祖科	检验批容量		20 间
分包单位		/	分包单位 项目负责人	/	检验批部位		F7 客房吊顶
施工依据		整体面层吊顶专项施工方案		验收依据	《建筑装饰装修工程质量验收 标准》GB 50210		

验收项目			设计要求及 规范规定	最小/实际 抽样数量	检查记录	检查 结果
主控项目	1	标高、尺寸、起拱、造型	第 7.2.1 条	3/5	抽查5处，合格5处	√
	2	面层材料	第 7.2.2 条	/	质量证明文件齐全， 试验合格，报告编号 ES2017-CJ531	√
	3	吊杆、龙骨和面板安装	第 7.2.3 条	3/5	抽查5处，合格5处	√
	4	吊杆和龙骨的材质、间距 及连接方式	第 7.2.4 条	3/5	抽查5处，合格5处	√
	5	石膏板接缝	第 7.2.5 条	3/5	抽查5处，合格5处	√
一般项目	1	材料表面质量	第 7.2.6 条	3/5	抽查5处，合格5处	100%
	2	灯具等设备	第 7.2.7 条	3/5	抽查5处，合格5处	100%
	3	龙骨接缝	第 7.2.8 条	3/5	抽查5处，合格5处	100%
	4	填充材料	第 7.2.9 条	3/5	抽查5处，合格5处	100%
	5 安装允许偏差	项目	允许偏差 （mm）	最小/实际 抽样数量	检查记录	检查 结果
		表面平整度	3	3/5	抽查5处，合格5处	100%
		缝格、凹槽直线度	3	3/5	抽查5处，合格5处	100%

施工单位 检查结果	主控项目全部合格，一般项目满足规范规定要求 专业工长：林志明 项目专业质量检查员：曹建华 2017年12月25日
监理单位 验收结论	同意验收 专业监理工程师：冯小明 2017年12月27日

格栅吊顶检验批质量验收记录

03040301__001

单位（子单位）工程名称	厦门万丽酒店		分部（子分部）工程名称	建筑装饰装修—吊顶	分项工程名称	格栅吊顶
施工单位	新鸿装饰公司		项目负责人	蒋祖科	检验批容量	20间
分包单位	/		分包单位项目负责人	/	检验批部位	F2吊顶
施工依据	格栅吊顶专项施工方案			验收依据	《建筑装饰装修工程质量验收标准》GB 50210	

		验收项目	设计要求及规范规定	最小/实际抽样数量	检查记录	检查结果
主控项目	1	标高、尺寸、起拱、造型	第7.4.1条	3/5	抽查5处，合格5处	√
	2	格栅材质、性能等应符合设计要求	第7.4.2条	/	质量证明文件齐全，通过进场验收	√
	3	吊杆和龙骨的安装和防腐	第7.4.3条	3/5	抽查5处，合格5处	√
	4	吊杆、龙骨和格栅的安装	第7.4.4条	3/5	抽查5处，合格5处	√
一般项目	1	格栅表面质量	第7.4.5条	3/5	抽查5处，合格5处	100%
	2	吊顶的灯具、烟感器等设备设施的安装	第7.4.6条	3/5	抽查5处，合格5处	100%
	3	龙骨的接缝	第7.4.7条	3/5	抽查5处，合格5处	100%
	4	填充材料	第7.4.8条	3/5	抽查5处，合格5处	100%
	5	吊顶内的各种设备布置	第7.4.9条	3/5	抽查5处，合格5处	100%

			允许偏差（mm）		最小/实际抽样数量	检查记录	检查结果
一般项目	6 安装允许偏差	项目	金属格栅 ☑	木格栅、塑料格栅、复合材料格栅 □	最小/实际抽样数量	检查记录	检查结果
		表面平整度	2	3	3/5	抽查5处，合格4处	80%
		格栅直线度	2	3	3/5	抽查5处，合格5处	100%

施工单位检查结果	主控项目全部合格，一般项目满足规范规定要求 专业工长：林志明 项目专业质量检查员：曹建华 2017年12月25日
监理单位验收结论	同意验收 专业监理工程师：冯小明 2017年12月27日

骨架隔墙检验批质量验收记录

03050201　001

单位 （子单位） 工程名称		厦门万丽酒店	分部 （子分部） 工程名称	建筑装饰 装修—轻 质隔墙	分项工程名称	骨架隔墙
施工单位		新鸿装饰公司	项目负责人	蒋祖科	检验批容量	20 间
分包单位		/	分包单位 项目负责人	/	检验批部位	F7 隔墙
施工依据		骨架隔墙专项施工方案		验收依据	《建筑装饰装修工程质量验 收标准》GB 50210	

验收项目			设计要求及 规范规定	最小/实际 抽样数量	检查记录	检查 结果
主控项目	1	板材品种、规格、质量	第 8.3.1 条	/	质量证明文件齐全， 通过进场验收	√
	2	龙骨连接	第 8.3.2 条	3/5	抽查5处，合格5处	√
	3	龙骨间距及构造连接	第 8.3.3 条	3/5	抽查5处，合格5处	√
	4	防火、防腐	第 8.3.4 条	3/5	抽查5处，合格5处	√
	5	墙面板安装	第 8.3.5 条	3/5	抽查5处，合格5处	√
	6	墙面板接缝材料及方法	第 8.3.6 条	3/5	抽查5处，合格5处	√

一般项目	1	表面质量		第 8.3.7 条		3/5	抽查5处，合格5处	100%
	2	孔洞、槽、盒		第 8.3.8 条		3/5	抽查5处，合格5处	100%
	3	填充材料		第 8.3.9 条		3/5	抽查5处，合格5处	100%

			项目	允许偏差（mm）		最小/实际 抽样数量	检查记录	检查 结果
一般项目	4	安装允许偏差		纸面石 膏板 ☑	人造木 板、水泥 纤维板 □			
			立面垂直度	3	4	3/5	抽查5处，合格5处	100%
			表面平整度	3	3	3/5	抽查5处，合格5处	100%
			阴阳角方正	3	3	3/5	抽查5处，合格5处	100%
			接缝直线度	—	3	3/5	抽查5处，合格5处	100%
			压条直线度	—	3	3/5	抽查5处，合格5处	100%
			接缝高低差	1	1	3/5	抽查5处，合格5处	100%

施工单位 检查结果	主控项目全部合格，一般项目满足规范规定要求 专业工长：林志明 项目专业质量检查员：曹建华 2017年12月20日
监理单位 验收结论	同意验收 专业监理工程师：冯小明 2017年12月22日

活动隔墙检验批质量验收记录

03050301 001

单位（子单位）工程名称		厦门万丽酒店	分部（子分部）工程名称	建筑装饰装修—轻质隔墙	分项工程名称		活动隔墙
施工单位		新鸿装饰公司	项目负责人	蒋祖科	检验批容量		2 间
分包单位		/	分包单位项目负责人	/	检验批部位		F1 宴会厅
施工依据		活动隔墙专项施工方案		验收依据	《建筑装饰装修工程质量验收标准》GB 50210		
验收项目			设计要求及规范规定	最小/实际抽样数量	检查记录		检查结果
主控项目	1	材料品种、规格、质量	第7.4.3条	/	质量证明文件齐全，通过进场验收		√
	2	轨道安装	第7.4.4条	6/6	抽查6处，合格6处		√
	3	构配件安装	第7.4.5条	6/6	抽查6处，合格6处		√
	4	组合方式、安装方法	第7.4.6条	6/6	抽查6处，合格6处		√
一般项目	1	表面质量	第7.4.7条	6/10	抽查10处，合格10处		100%
	2	孔洞、槽、盒	第7.4.8条	6/10	抽查10处，合格10处		100%
	3	隔墙推拉	第7.4.9条	6/10	抽查10处，合格10处		100%
	4	允许偏差（mm）	垂直度	3	6/10	抽查10处，合格10处	100%
			表面平整度	2	6/10	抽查10处，合格10处	100%
			接缝直线度	2	6/10	抽查10处，合格10处	100%
			接缝高低差	2	6/10	抽查10处，合格10处	100%
			接缝宽度	2	6/10	抽查10处，合格10处	100%
施工单位检查结果		主控项目全部合格，一般项目满足规范规定要求 专业工长：林志明 项目专业质量检查员：曹建华 2018年06月10日					
监理单位验收结论		同意验收 专业监理工程师：冯小明 2018年06月12日					

玻璃隔墙检验批质量验收记录

03050401 ___001

单位 （子单位） 工程名称	厦门万丽酒店		分部 （子分部） 工程名称	建筑装饰 装修—轻 质隔墙	分项工程名称		玻璃隔墙
施工单位	新鸿装饰公司		项目负责人	蒋祖科	检验批容量		20 间
分包单位	/		分包单位 项目负责人	/	检验批部位		F7 隔墙
施工依据	玻璃隔墙专项施工方案			验收依据	《建筑装饰装修工程质量验收 标准》GB 50210		

验收项目			设计要求及 规范规定		最小/实际 抽样数量	检查记录	检查 结果
主控项目	1	材料品种、规格、质量	第 8.5.1 条		/	质量证明文件齐全，通过进场验收	√
	2	玻璃板安装及玻璃砖砌筑	第 8.5.2 条		/	/	/
	3	玻璃板安装	第 8.5.3 条		6/6	抽查 6 处，合格 6 处	√
	4	受力爪件与玻璃板连接	第 8.5.4 条		/	/	/
	5	地弹簧的安装	第 8.5.5 条		6/6	抽查 6 处，合格 6 处	√
	6	拉结筋与基体结构连接	第 8.5.6 条		6/6	抽查 6 处，合格 6 处	√
一般项目	1	表面质量	第 8.5.7 条		6/10	抽查 10 处，合格 10 处	100%
	2	接缝	第 8.5.8 条		6/10	抽查 10 处，合格 10 处	100%
	3	嵌缝及勾缝	第 8.5.9 条		6/10	抽查 10 处，合格 10 处	100%

一般项目	安装允许偏差	4	项目	允许偏差（mm）		最小/实际 抽样数量	检查记录	检查 结果
				玻璃板☑	玻璃砖☐			
			立面垂直度	2	3	6/10	抽查 10 处，合格 10 处	100%
			表面平整度	—	3	6/10	抽查 10 处，合格 10 处	100%
			阴阳角方正	2	—	6/10	抽查 10 处，合格 10 处	100%
			接缝直线度	2	—	6/10	抽查 10 处，合格 10 处	100%
			接缝高低差	2	3	6/10	抽查 10 处，合格 10 处	100%
			接缝宽度	1	—	6/10	抽查 10 处，合格 10 处	100%

施工单位 检查结果	主控项目全部合格，一般项目满足规范规定要求 专业工长：林志明 项目专业质量检查员：曹建华 2018年06月08日
监理单位 验收结论	同意验收 专业监理工程师：冯小明 2018年06月10日

石板安装检验批质量验收记录

03060101　001

单位 （子单位） 工程名称		厦门万丽酒店	分部 （子分部） 工程名称		建筑装饰 装修—饰 面板	分项工程名称		石板安装
施工单位		新鸿装饰公司	项目负责人		蒋祖科	检验批容量		50 间
分包单位		/	分包单位 项目负责人		/	检验批部位		F1 大堂墙面
施工依据		石板安装专项施工方案	验收依据			《建筑装饰装修工程质量验收 标准》GB 50210		

	验收项目		设计要求及 规范规定		最小／实际 抽样数量		检查记录		检查 结果
主控项目	1	石板的品种、规 格、质量	第 9.2.1 条		/		质量证明文件齐全， 通过进场验收		√
	2	石板孔、槽的数 量、位置和尺寸	第 9.2.2 条		5/5		抽查 5 处，合格 5 处		√
	3	预埋件、连接件 的安装	第 9.2.3 条		5/5		抽查 5 处，合格 5 处		√
	4	石板粘结	第 9.2.4 条		5/5		抽查 5 处，合格 5 处		√

		验收项目		设计要求及规范规定		最小/实际抽样数量		检查记录	检查结果
一般项目	1	石板表面质量		第 9.2.5 条		5/5		抽查 5 处，合格 5 处	100%
	2	石板填缝		第 9.2.6 条		5/5		抽查 5 处，合格 5 处	100%
	3	湿作业施工		第 9.2.7 条		5/5		抽查 5 处，合格 5 处	100%
	4	石板孔洞套割		第 9.2.8 条		5/5		抽查 5 处，合格 5 处	100%

			项目	允许偏差（mm）			最小／实际 抽样数量	检查记录	检查 结果
一般项目	5	安装允许偏差		光面 ☑	剁斧石 ☐	蘑菇石 ☐			
			立面垂直度	2	3	3	5/5	抽查 5 处，合格 5 处	100%
			表面平整度	2	3	—	5/5	抽查 5 处，合格 5 处	100%
			阴阳角方正	2	4	4	5/5	抽查 5 处，合格 5 处	100%
			接缝直线度	2	4	4	5/5	抽查 5 处，合格 5 处	100%
			墙裙勒角上 口直线度	2	3	3	/	抽查 5 处，合格 5 处	/
			接缝高低差	1	3	—	5/5	抽查 5 处，合格 5 处	100%
			接缝宽度	1	2	2	5/5	抽查 5 处，合格 5 处	100%

施工单位 检查结果	主控项目全部合格，一般项目满足规范规定要求 专业工长：杜少飞 项目专业质量检查员：曹建华 2018年09月08日
监理单位 验收结论	同意验收 专业监理工程师：冯小明 2018年09月10日

木板安装检验批质量验收记录

03060301 __001

单位（子单位）工程名称	厦门万丽酒店	分部（子分部）工程名称	建筑装饰装修—饰面板	分项工程名称	木板安装
施工单位	新鸿装饰公司	项目负责人	蒋祖科	检验批容量	50 间
分包单位	/	分包单位项目负责人	/	检验批部位	F7 客房
施工依据	木板安装专项施工方案		验收依据	《建筑装饰装修工程质量验收标准》GB 50210	

		验收项目	设计要求及规范规定	最小/实际抽样数量	检查记录	检查结果
主控项目	1	木板品种、规格、质量	第9.4.1条	/	质量证明文件齐全，通过进场验收	√
	2	木板安装	第9.4.2条	5/5	抽查5处，合格5处	√
一般项目	1	木板表面质量	第9.4.3条	5/5	抽查5处，合格5处	100%
	2	木板接缝	第9.4.4条	5/5	抽查5处，合格5处	100%
	3	木板孔洞套割	第9.4.5条	5/5	抽查5处，合格5处	100%
	4 安装允许偏差	项目	允许偏差（mm）	最小/实际抽样数量	检查记录	检查结果
		立面垂直度	2	5/5	抽查5处，合格5处	100%
		表面平整度	1	5/5	抽查5处，合格4处	80%
		阴阳角方正	2	5/5	抽查5处，合格5处	100%
		接缝直线度	2	5/5	抽查5处，合格5处	100%
		墙裙、勒脚上口直线度	2	/	/	/
		接缝高低差	1	5/5	抽查5处，合格5处	100%
		接缝宽度	1	5/5	抽查5处，合格5处	100%

施工单位检查结果	主控项目全部合格，一般项目满足规范规定要求 专业工长：林志明 项目专业质量检查员：曹建华 2018年09月08日
监理单位验收结论	同意验收 专业监理工程师：冯小明 2018年09月10日

内墙饰面砖粘贴检验批质量验收记录

03070201　001

单位（子单位）工程名称		厦门万丽酒店	分部（子分部）工程名称	建筑装饰装修——饰面砖	分项工程名称		内墙饰面砖粘贴
施工单位		新鸿装饰公司	项目负责人	蒋祖科	检验批容量		50 间
分包单位		/	分包单位项目负责人	/	检验批部位		F3 ～ F7 客房卫生间
施工依据		内墙饰面砖粘贴专项施工方案	验收依据		《建筑装饰装修工程质量验收标准》GB 50210		
		验收项目	设计要求及规范规定	最小/实际抽样数量	检查记录		检查结果
主控项目	1	内墙饰面砖品种、规格、质量	第10.2.1条	/	质量证明文件齐全，通过进场验收		√
	2	内墙饰面砖粘贴材料	第10.2.2条	/	质量证明文件齐全，通过进场验收		√
	3	内墙饰面砖粘贴	第10.2.3条	5/5	抽查5处，合格5处		√
	4	满粘法施工	第10.2.4条	5/5	抽查5处，合格5处		√
一般项目	1	内墙饰面砖表面质量	第10.2.5条	5/5	抽查5处，合格5处		100%
	2	内墙面凸出物周围	第10.2.6条	5/5	抽查5处，合格5处		100%
	3	内墙饰面砖接缝、填嵌、宽度和深度	第10.2.7条	5/5	抽查5处，合格4处		80%
	4 粘贴允许偏差	项目	允许偏差（mm）	最小/实际抽样数量	检查记录		检查结果
		立面垂直度	2	5/5	抽查5处，合格5处		100%
		表面平整度	3	5/5	抽查5处，合格4处		80%
		阴阳角方正	3	5/5	抽查5处，合格5处		100%
		接缝直线度	2	5/5	抽查5处，合格5处		100%
		接缝高低差	1	5/5	抽查5处，合格5处		100%
		接缝宽度	1	5/5	抽查5处，合格5处		100%
施工单位检查结果		主控项目全部合格，一般项目满足规范规定要求 专业工长：杜少飞 项目专业质量检查员：曹建华 2018年09月18日					
监理单位验收结论		同意验收 专业监理工程师：冯小明 2018年09月20日					

水性涂料涂饰检验批质量验收记录

03090101 001

单位 （子单位） 工程名称		厦门万丽酒店	分部 （子分部） 工程名称		建筑装 饰装修 —涂饰	分项工程 名称	水性涂料 涂饰
施工单位		新鸿装饰公司	项目负责人		蒋祖科	检验批容量	50 间
分包单位		/	分包单位 项目负责人		/	检验批部位	F3 ~ F4 客 房室内墙面
施工依据		水性涂料涂饰专项施工方案	验收 依据			《建筑装饰装修工程质量验 收标准》GB 50210	

验收项目				设计要求及 规范规定	最小 / 实际抽 样数量	检查记录	检查 结果
主控项目	1	涂料品种、型号、性能		第 12.2.1 条	/	质量证明文件齐全， 试验合格，报告编号 ES2018-CJ103	√
	2	涂饰颜色、光泽和图案		第 12.2.2 条	5/5	抽查 5 处，合格 5 处	√
	3	涂饰综合质量		第 12.2.3 条	5/5	抽查 5 处，合格 5 处	√
	4	基层处理		第 12.2.4 条	5/5	抽查 5 处，合格 5 处	√
一般项目	1	与其他装修材料和设备 衔接处		第 12.2.8 条	5/5	抽查 5 处，合格 5 处	100%
	2	薄涂料涂饰质量	颜色	普通涂饰	均匀一致	/	/	
				高级涂饰	均匀一致	5/5	抽查 5 处，合格 5 处	100%
			光泽、光滑	普通涂饰	光泽基本均匀，光滑 无挡手感	/	/	
				高级涂饰	光泽均匀一致，光滑	5/5	抽查 5 处，合格 5 处	100%
			泛碱、咬色	普通涂饰	允许少量轻微	/	/	
				高级涂饰	不允许	5/5	抽查 5 处，合格 5 处	100%
			流坠、疙瘩	普通涂饰	允许少量轻微	/	/	
				高级涂饰	不允许	5/5	抽查 5 处，合格 5 处	100%
			砂眼、刷纹	普通涂饰	允许少量轻微砂眼、 刷纹通顺	/	/	
				高级涂饰	无砂眼、无刷纹	5/5	抽查 5 处，合格 5 处	100%
	3	厚涂料涂饰质量	颜色	普通涂饰	均匀一致	/	/	
				高级涂饰	均匀一致	/	/	
			光泽	普通涂饰	光泽基本均匀	/	/	
				高级涂饰	光泽均匀一致	/	/	

续表

验收项目				设计要求及规范规定	最小/实际抽样数量	检查记录	检查结果
一般项目	3	厚涂料涂饰质量	泛碱、咬色	普通涂饰	允许少量轻微	/	/	/
				高级涂饰	不允许	/	/	/
			点状分布	普通涂饰	—	/	/	/
				高级涂饰	疏密均匀	/	/	/
	4	复层涂饰质量	颜色		均匀一致	/	/	/
			光泽		光泽基本均匀	/	/	/
			泛碱、咬色		不允许	/	/	/
			喷点疏密程度		均匀，不允许连片	/	/	/

一般项目	5	项目	允许偏差（mm）						最小/实际抽样数量	检查记录	检查结果
			薄涂料		厚涂料		复层涂料 ☐				
			普通涂饰 ☐	高级涂饰 ☑	普通涂饰 ☐	高级涂饰 ☐					
		立面垂直度	3	2	4	3	5		5/5	抽查5处，合格5处	100%
		表面平整度	3	2	4	3	5		5/5	抽查5处，合格5处	100%
		阴阳角方正	3	2	4	3	4		5/5	抽查5处，合格5处	100%
		装饰线、分色线直线度	2	1	2	1	3		5/5	抽查5处，合格5处	100%
		墙裙、勒脚上口直线度	2	1	2	1	3		5/5	抽查5处，合格5处	100%

施工单位检查结果	主控项目全部合格，一般项目满足规范规定要求 专业工长：林志明 项目专业质量检查员：曹建华 2018年05月22日
监理单位验收结论	同意验收 专业监理工程师：冯小明 2018年05月24日

裱糊检验批质量验收记录

03100101＿001

单位（子单位）工程名称	厦门万丽酒店	分部（子分部）工程名称	建筑装饰装修—裱糊与软包	分项工程名称	裱糊	
施工单位	新鸿装饰公司	项目负责人	蒋祖科	检验批容量	50 间	
分包单位	/	分包单位项目负责人	/	检验批部位	F3 ~ F7 室内墙面	
施工依据	裱糊专项施工方案		验收依据	《建筑装饰装修工程质量验收标准》GB 50210		

	验收项目		设计要求及规范规定	最小/实际抽样数量	检查记录	检查结果
主控项目	1	材料种类、规格、图案、颜色和燃烧性能等级	第 13.2.1 条	/	质量证明文件齐全，试验合格，报告编号 ES2018-CJ223	√
	2	基层处理	第 13.2.2 条	/	检验合格，记录编号 03-10-C6-001	√
	3	各幅拼接	第 13.2.3 条	5/5	抽查 5 处，合格 5 处	√
	4	壁纸、墙布粘贴	第 13.2.4 条	5/5	抽查 5 处，合格 5 处	√
一般项目	1	裱糊表面质量	第 13.2.5 条	5/5	抽查 5 处，合格 5 处	100%
	2	壁纸压痕及发泡层	第 13.2.6 条	5/5	抽查 5 处，合格 5 处	100%
	3	与装饰线、设备线盒交接	第 13.2.7 条	5/5	抽查 5 处，合格 4 处	80%
	4	壁纸、墙布边缘	第 13.2.8 条	5/5	抽查 5 处，合格 5 处	100%
	5	壁纸、墙布阴、阳角无接缝	第 13.2.9 条	5/5	抽查 5 处，合格 5 处	100%
	6	裱糊工程允许偏差（mm）表面平整度	3	5/5	抽查 5 处，合格 4 处	80%
		立面垂直度	3	5/5	抽查 5 处，合格 5 处	100%
		阴阳角方正	3	5/5	抽查 5 处，合格 5 处	100%

施工单位检查结果	主控项目全部合格，一般项目满足规范规定要求 专业工长：林志明 项目专业质量检查员：曹建华 2018年12月23日
监理单位验收结论	同意验收 专业监理工程师：冯小明 2018年12月25日

软包检验批质量验收记录

03100201＿001

单位（子单位）工程名称		厦门万丽酒店	分部（子分部）工程名称	建筑装饰装修—裱糊与软包	分项工程名称		软包
施工单位		新鸿装饰公司	项目负责人	蒋祖科	检验批容量		50 间
分包单位		/	分包单位项目负责人	/	检验批部位		F3～F7 室内墙面
施工依据		软包专项施工方案		验收依据		《建筑装饰装修工程质量验收标准》GB 50210	

		验收项目	设计要求及规范规定	最小/实际抽样数量	检查记录	检查结果
主控项目	1	安装位置、构造做法	第13.3.1条	10/10	抽查10处，合格10处	√
	2	软包边框材料质量	第13.3.2条	/	质量证明文件齐全，试验合格，报告编号ES2018-CJ222	√
	3	软包衬板、面料及内衬材料的质量	第13.3.3条	/	质量证明文件齐全，试验合格，报告编号ES2018-CJ221	√
	4	龙骨、边框的安装	第13.3.4条	10/10	抽查10处，合格10处	√
	5	软包拼缝	第13.3.5条	10/10	抽查10处，合格10处	√
一般项目	1	单块软包面料质量	第13.3.6条	10/10	抽查10处，合格10处	100%
	2	软包工程的表面质量	第13.3.7条	10/10	抽查10处，合格10处	100%
	3	软包工程的边框质量	第13.3.8条	10/10	抽查10处，合格10处	100%
	4	软包内衬及边缘	第13.3.9条	10/10	抽查10处，合格10处	100%
	5	软包交接处	第13.3.10条	10/10	抽查10处，合格10处	100%
	6 安装允许偏差（mm）	单块软包边框水平度	3	10/10	抽查10处，合格10处	100%
		单块软包边框垂直度	3	10/10	抽查10处，合格10处	100%
		单块软包对角线长度差	3	10/10	抽查10处，合格10处	100%
		单块软包边框宽度、高度	0，-2	10/10	抽查10处，合格10处	100%
		分格条（缝）直线度	3	10/10	抽查10处，合格10处	100%
		裁口线条结合处高度差	1	10/10	抽查10处，合格10处	100%

施工单位检查结果	主控项目全部合格，一般项目满足规范规定要求 专业工长：林志明 项目专业质量检查员：曹建华 2018年12月22日
监理单位验收结论	同意验收 专业监理工程师：冯小明 2018年12月24日

橱柜制作与安装检验批质量验收记录

03110101 ___001

单位（子单位）工程名称		厦门万丽酒店	分部（子分部）工程名称	建筑装饰装修—细部工程	分项工程名称	橱柜安装
施工单位		新鸿装饰公司	项目负责人	蒋祖科	检验批容量	7 间
分包单位		/	分包单位项目负责人	/	检验批部位	21 号～27 号单层别墅
施工依据		橱柜制作与安装专项施工方案	验收依据		《建筑装饰装修工程质量验收标准》GB 50210	

验收项目			设计要求及规范规定	最小/实际抽样数量	检查记录	检查结果
主控项目	1	材料质量	第 14.2.1 条	/	质量证明文件齐全，试验合格，报告编号 ES2018-CJ918	√
	2	预埋件或后置埋件	第 14.2.2 条	3/3	检验合格，记录编号 03-03-C6-002	√
	3	制作、安装、固定方法	第 14.2.3 条	3/3	抽查 3 处，合格 3 处	√
	4	橱柜配件	第 14.2.4 条	3/3	抽查 3 处，合格 3 处	√
	5	抽屉和柜门	第 14.2.5 条	3/3	抽查 3 处，合格 3 处	√
一般项目	1	橱柜表面质量	第 14.2.6 条	3/3	抽查 3 处，合格 3 处	100%
	2	橱柜裁口	第 14.2.7 条	3/3	抽查 3 处，合格 3 处	100%
	3	橱柜安装允许偏差（mm） 外形尺寸	3	3/3	抽查 3 处，合格 3 处	100%
		立面垂直度	2	3/3	抽查 3 处，合格 3 处	100%
		门与框架的平行度	2	3/3	抽查 3 处，合格 3 处	100%

施工单位检查结果	主控项目全部合格，一般项目满足规范规定要求 专业工长：林志明 项目专业质量检查员：曹建华 2018年12月24日
监理单位验收结论	同意验收 专业监理工程师：冯小明 2018年12月26日

窗帘盒、窗台板和散热器罩制作与安装检验批质量验收记录

03110201 001

单位 （子单位） 工程名称	厦门万丽酒店	分部 （子分部） 工程名称	建筑装饰 装修——细 部工程	分项工程 名称	窗帘盒制 作与安装
施工单位	新鸿装饰公司	项目负责人	蒋祖科	检验批容量	50 间
分包单位	/	分包单位 项目负责人	/	检验批部位	F3～F5 客房区
施工依据	窗帘盒和窗台板制作与安装专项施 工方案		验收依据	《建筑装饰装修工程质量 验收标准》GB 50210	

		验收项目		设计要求及 规范规定	最小/实际 抽样数量	检查记录	检查 结果
主控项目	1	材料质量		第 14.3.1 条	/	质量证明文件齐全， 试验合格，报告编号 ES2018-CJ207	√
	2	造型尺寸、安装、固定方法		第 14.3.2 条	3/3	抽查 3 处，合格 3 处	√
	3	窗帘盒配件		第 14.3.3 条	3/3	抽查 3 处，合格 3 处	√
一般项目	1	表面质量		第 14.3.4 条	3/3	抽查 3 处，合格 3 处	100%
	2	与墙、窗框衔接		第 14.3.5 条	3/3	抽查 3 处，合格 3 处	100%
	3	安装允许偏差（mm）	水平度	2	3/3	抽查 3 处，合格 3 处	100%
			上口、下口直线度	3	3/3	抽查 3 处，合格 3 处	100%
			两端距窗洞口长度差	2	3/3	抽查 3 处，合格 3 处	100%
			两端出墙厚度差	3	3/3	抽查 3 处，合格 3 处	100%

施工单位 检查结果	主控项目全部合格，一般项目满足规范规定要求 专业工长：林志明 项目专业质量检查员：曹建华 2018年09月18日
监理单位 验收结论	同意验收 专业监理工程师：冯小明 2018年09月20日

门窗套制作与安装检验批质量验收记录

03110301 __001

单位 （子单位） 工程名称		厦门万丽酒店	分部 （子分部） 工程名称	建筑装饰 装修—细 部工程	分项工程名称	门套安装
施工单位		新鸿装饰公司	项目负责人	蒋祖科	检验批容量	50 间
分包单位		/	分包单位 项目负责人	/	检验批部位	F3 ~ F5 客房区
施工依据		门窗套制作与安装专项施工方案		验收依据	《建筑装饰装修工程质量验 收标准》GB 50210	

验收项目			设计要求及 规范规定	最小/实际 抽样数量	检查记录	检查 结果
主控项目	1	材料质量	第 14.4.1 条	/	质量证明文件齐全， 试验合格，报告编号 ES2018-CJ213	√
	2	造型、尺寸和固定方法	第 14.4.2 条	3/3	抽查 3 处，合格 3 处	√
一般项目	1	表面质量	第 14.4.3 条	3/3	抽查 3 处，合格 3 处	100%
	2	安装允许偏差（mm）	正侧面垂直度	3	3/5	抽查 5 处，合格 5 处	100%
			门窗套上口水平度	1	3/5	抽查 5 处，合格 5 处	100%
			门窗套上口垂直度	3	3/5	抽查 5 处，合格 5 处	100%

施工单位 检查结果	主控项目全部合格，一般项目满足规范规定要求 专业工长：林志明 项目专业质量检查员：曹建华 2018年12月16日
监理单位 验收结论	同意验收 专业监理工程师：冯小明 2018年12月18日

护栏和扶手制作与安装检验批质量验收记录

03110401　001

单位（子单位）工程名称		厦门万丽酒店	分部（子分部）工程名称	建筑装饰装修—细部工程	分项工程名称	护栏和扶手制作与安装
施工单位		新鸿装饰公司	项目负责人	蒋祖科	检验批容量	50 间
分包单位		/	分包单位项目负责人	/	检验批部位	F3 ～ F5 客房护栏和扶手
施工依据		护栏和扶手制作与安装专项施工方案		验收依据	《建筑装饰装修工程质量验收标准》GB 50210	
验收项目			设计要求及规范规定	最小 / 实际抽样数量	检查记录	检查结果
主控项目	1	材料质量	第 14.5.1 条	/	质量证明文件齐全，试验合格，报告编号ES2018-CJ212	√
	2	造型、尺寸、安装位置	第 14.5.2 条	全 /50	抽查 50 处，合格 50 处	√
	3	预埋件及连接	第 14.5.3 条	全 /50	抽查 50 处，合格 50 处	√
	4	护栏高度、位置与安装	第 14.5.4 条	全 /50	抽查 50 处，合格 50 处	√
	5	栏板玻璃	第 14.5.5 条	全 /50	抽查 50 处，合格 50 处	√
一般项目	1	转角、接缝及表面质量	第 14.5.6 条	全 /50	抽查 50 处，合格 50 处	100%
	2	安装允许偏差（mm）	护栏垂直度	3	全 /50	抽查 50 处，合格 50 处	100%
			栏杆间距	0，－6	全 /50	抽查 50 处，合格 50 处	100%
			扶手直线度	4	全 /50	抽查 50 处，合格 50 处	100%
			扶手高度	+6，0	全 /50	抽查 50 处，合格 50 处	100%
施工单位检查结果		主控项目全部合格，一般项目满足规范规定要求 专业工长：林志明 项目专业质量检查员：曹建华 2018年12月16日				
监理单位验收结论		同意验收 专业监理工程师：冯小明 2018年12月18日				

3.7.3.3 （建筑给水排水及供暖分部工程）检验批质量验收记录范例

检验批质量验收记录目录					
工程名称	厦门万丽酒店	资料类别	检验批质量验收记录		
序号	内容摘要	编制单位	日期	资料编号	备注
1	给水管道及配件安装检验批质量验收记录	新鸿装饰公司	2017.10.17		
2	排水管道及配件安装检验批质量验收记录	新鸿装饰公司	2017.10.06		
3	卫生器具安装检验批质量验收记录	新鸿装饰公司	2018.12.10		
4	卫生器具给水配件安装检验批质量验收记录	新鸿装饰公司	2018.11.21		
5	卫生器具排水管道安装检验批质量验收记录	新鸿装饰公司	2018.11.21		

给水管道及配件安装检验批质量验收记录

05010101 001

单位 （子单位） 工程名称	厦门万丽酒店		分部 （子分部） 工程名称	建筑给水排水 及供暖—室内 给水系统	分项工程 名称	给水 管道及 配件
施工单位	新鸿装饰公司		项目负责人	蒋祖科	检验批容量	90m
分包单位	/		分包单位 项目负责人	/	检验批部位	F4 客房 区卫生 间给水 管道
施工依据	给水管道及配件安装专项施工方案			验收依据	《建筑给水排水及采暖 工程质量验收规范》GB 50242	

验收项目			设计要求及 规范规定	最小/实际 抽样数量	检查记录	检查 结果
主控项目	1	给水管道水压试验	设计要求	/	试验合格，报告编 号 05-01-C6-001	/
	2	给水系统通水试验	第 4.2.2 条	/	试验合格，报告编 号 05-01-C6-002	/
	3	生活给水系统管道冲洗和消毒	第 4.2.3 条	/	检查合格，记录编 号 05-01-C6-003	/
	4	直埋金属给水管道防腐	第 4.2.4 条	/	/	/
一般项目	1	给水排水管铺设的平行、垂直 净距	第 4.2.5 条	全/5	共 5 处，检查 5 处， 全部合格	100%
	2	金属给水管道及管道焊接	第 4.2.6 条	/	/	/
	3	给水水平管道坡度坡向	第 4.2.7 条	全/5	共 5 处，检查 5 处， 全部合格	100%
	4	管道支、吊架	第 4.2.9 条	全/5	共 5 处，检查 5 处， 全部合格	100%
	5	水表安装	第 4.2.10 条	全/5	共 5 处，检查 5 处， 全部合格	100%
	6 水平管道纵、横方向弯曲允许偏差	钢管 每米	1mm	/	/	/
		钢管 全长 25m 以上	≤ 25mm	/	/	/
		塑料管复合管 每米	1.5mm	全/5	共 5 处，检查 5 处， 全部合格	100%
		塑料管复合管 全长 25m 以上	≤ 25mm	全/5	共 5 处，检查 5 处， 全部合格	100%
		铸铁管 每米	2mm	/	/	/
		铸铁管 全长 25m 以上	≤ 25mm	/	/	/

续表

验收项目				设计要求及规范规定	最小 / 实际抽样数量	检查记录	检查结果
一般项目	6	立管垂直度允许偏差	钢管 每米	3mm	/	/	/
			钢管 5m 以上	≤ 8mm	/	/	/
			塑料管复合管 每米	2mm	全 /5	共 5 处,检查 5 处,全部合格	100%
			塑料管复合管 5m 以上	≤ 8mm	全 /5	共 5 处,检查 5 处,全部合格	100%
			铸铁管 每米	3mm	/	/	/
			铸铁管 5m 以上	≤ 10mm	/	/	/
		成排管段和成排阀门	在同一平面上间距	3mm	全 /5	共 5 处,检查 5 处,全部合格	100%
	7	管道及设备保温	厚度	+0.1δ −0.05δ	/	/	/
			表面平整度 卷材	5mm	/	/	/
			表面平整度 涂抹	10mm	/	/	/
施工单位检查结果		主控项目全部合格,一般项目满足规范规定要求 专业工长:江志安 项目专业质量检查员:曹建华 2017年10月15日					
监理单位验收结论		同意验收 专业监理工程师:冯小明 2017年10月17日					

排水管道及配件安装检验批质量验收记录

05020101　001

单位（子单位）工程名称	厦门万丽酒店		分部（子分部）工程名称	建筑给水排水及供暖—室内排水系统	分项工程名称	排水管道及配件安装
施工单位	新鸿装饰公司		项目负责人	蒋祖科	检验批容量	U-PVC 管 250m
分包单位	/		分包单位项目负责人	/	检验批部位	F4 客房区卫生间排水管道
施工依据	排水管道及配件安装专项施工方案			验收依据	《建筑给水排水及采暖工程质量验收规范》GB 50242	

		验收项目	设计要求及规范规定	最小/实际抽样数量	检查记录	检查结果
主控项目	1	排水管道灌水试验	第5.2.1条	/	试验合格，报告编号05-02-C6-001	√
	2	生活污水铸铁管坡度	第5.2.2条	/	/	/
	3	生活污水塑料管坡度	第5.2.3条	全/13	共13处，检查13处，全部合格	√
	4	排水塑料管安装伸缩节	设计要求	全/13	共13处，检查13处，全部合格	√
	5	排水主立管及水平干管通球试验	第5.2.5条	/	试验合格，记录编号028	√
一般项目	1	生活污水管道上设检查口和清扫口	第5.2.6条	全/13	共13处，检查13处，全部合格	100%
	2	地下或地板下排水管道的检查口	第5.2.7条	全/13	共13处，检查13处，全部合格	100%
	3	金属管支、吊架安装	第5.2.8条	/	/	/
	4	塑料管支、吊架安装	第5.2.9条	全/5	共5处，检查5处，全部合格	100%
	5	排水通气管安装	第5.2.10条	全/5	共5处，检查5处，全部合格	100%
	6	医院污水需消毒处理	第5.2.11条	/	/	/
	7	饮食业工艺排水	第5.2.12条	/	/	/
	8	通向室外排水管安装	第5.2.13条	/	/	/
	9	室内向室外排水检查井的管道安装	第5.2.14条	全/13	共13处，检查13处，全部合格	100%
	10	室内排水管道连接	第5.2.15条	全/13	共13处，检查13处，全部合格	100%

347

续表

验收项目				设计要求及规范规定	最小/实际抽样数量	检查记录	检查结果
一般项目	11	横管纵横方向弯曲	坐标		15mm	全/13	共13处，检查13处，全部合格	100%
			标高		±15mm	全/13	共13处，检查13处，全部合格	100%
			铸铁管	每米	≤1mm	/	/	/
				全长（25m以上）	≤25mm	/	/	/
			钢管	每米 管径≤100mm	1mm	/	/	/
				每米 管径>100mm	1.5mm	/	/	/
				全长（25m以上） 管径≤100mm	≤25mm	/	/	/
				全长（25m以上） 管径>100mm	≤38mm	/	/	/
			塑料管	每米	1.5mm	全/13	共13处，检查13处，全部合格	100%
				全长（25m以上）	≤38mm	全/13	共13处，检查13处，全部合格	100%
			钢筋混凝土管	每米	3mm	/	/	/
				全长（25m以上）	≤75mm	/	/	/
		立管垂直度	铸铁管	每米	3mm	/	/	/
				全长（5m以上）	≤15mm	/	/	/
			钢管	每米	3mm	/	/	/
				全长（5m以上）	≤10mm	/	/	/
			塑料管	每米	3mm	全/13	共13处，检查13处，全部合格	100%
				全长（5m以上）	≤15mm	全/13	共13处，检查13处，全部合格	100%
施工单位检查结果				主控项目全部合格，一般项目满足规范规定要求 专业工长：江志安 项目专业质量检查员：曹建华 2017年10月04日			
监理单位验收结论				同意验收 专业监理工程师：冯小明 2017年10月06日			

348

卫生器具安装检验批质量验收记录

05040101　001

单位（子单位）工程名称	厦门万丽酒店		分部（子分部）工程名称	建筑给水排水及供暖—卫生器具	分项工程名称		卫生器具安装
施工单位	新鸿装饰公司		项目负责人	蒋祖科	检验批容量		洗手盆24件
分包单位	/		分包单位项目负责人	/	检验批部位		F3客房区卫生间
施工依据	卫生器具安装专项施工方案			验收依据	《建筑给水排水及采暖工程施工质量验收规范》GB 50242		

		验收项目			设计要求及规范规定	最小/实际抽样数量	检查记录	检查结果
主控项目	1	排水栓与地漏安装			第7.2.1条	6/6	共6件，全部检查，合格6件	√
	2	卫生器具满水试验和通水试验			第7.2.2条	/	试验合格，记录编号05-04-C6-001	√
一般项目	1	卫生器具安装允许偏差	坐标	单独器具	10mm	10/10	共10件，全部检查，合格10件	100%
				成排器具	5mm	/	/	/
			标高	单独器具	±15mm	10/10	共10件，全部检查，合格10件	100%
				成排器具	±10mm	/	/	/
			器具水平度		2mm	10/10	共10件，全部检查，合格10件	100%
			器具垂直度		3mm	10/10	共10件，全部检查，合格10件	100%
	2	饰面浴盆，应留有通向浴盆口的检修门			第7.2.4条	3/3	共3件，全部检查，合格3件	100%
		小便槽冲洗管，采用镀锌钢管或硬质塑料管，冲洗管应斜向下安装			第7.2.5条	3/3	共3件，全部检查，合格3件	100%
	3	卫生器具的支、托架			第7.2.6条	10/10	共10件，全部检查，合格10件	100%

施工单位检查结果	主控项目全部合格，一般项目满足规范规定要求 专业工长：江志安 项目专业质量检查员：曹建华 2018年12月08日
监理单位验收结论	同意验收 专业监理工程师：冯小明 2018年12月10日

卫生器具给水配件安装检验批质量验收记录

05040201___001

单位 （子单位） 工程名称	厦门万丽酒店	分部 （子分部） 工程名称	建筑给水排水及供暖—卫生器具	分项工程名称	卫生器具给水配件
施工单位	新鸿装饰公司	项目负责人	蒋祖科	检验批容量	16件
分包单位	/	分包单位项目负责人	/	检验批部位	F3客房区卫生间
施工依据	卫生器具给水配件安装专项施工方案		验收依据	《建筑给水排水及采暖工程施工质量验收规范》GB 50242	

验收项目			设计要求及规范规定	最小/实际抽样数量	检查记录	检查结果
主控项目		卫生器具给水配件	第7.3.1条	16/16	共16件，全部检查，合格16件	√
一般项目	1	给水配件安装允许偏差	高、低水箱、阀角及截止阀水嘴	±10mm	10/10	共10件，全部检查，合格10件	100%
			淋浴器喷头下沿	±15mm	3/5	共5件，全部检查，合格5件	100%
			浴盆软管淋浴器挂钩	±20mm	/	/	/
	2	器具水平度		2mm	8/8	共8件，全部检查，合格8件	100%

施工单位检查结果	主控项目全部合格，一般项目满足规范规定要求 专业工长：江志安 项目专业质量检查员：曹建华 2018年11月19日
监理单位验收结论	同意验收 专业监理工程师：冯小明 2018年11月21日

卫生器具排水管道安装检验批质量验收记录

05040301　001

单位 （子单位） 工程名称	厦门万丽酒店	分部 （子分部） 工程名称	建筑给水排水及 供暖—卫生器具	分项工程 名称	卫生器 水管道安装
施工单位	新鸿装饰公司	项目负责人	蒋祖科	检验批容量	20 处
分包单位	/	分包单位 项目负责人	/	检验批部位	F3 客房区排 水管道
施工依据	卫生器具排水管道安装专项施工方案		验收依据	《建筑给水排水及采暖工程 施工质量验收规范》 GB 50242	

验收项目				设计要求及 规范规定	最小/实际 抽样数量	检查记录	检查 结果
主控项目	1	器具受水口与立管，管道与楼板接合		第 7.4.1 条	全 /20	共 20 处，全部检查， 合格 20 处	√
	2	连接排水管应严密，其支托架安装		第 7.4.2 条	全 /20	共 20 处，全部检查， 合格 20 处	√
一般项目	1	安装允许偏差	横管弯曲度	每米	2mm	全 /20	共 20 处，全部检查， 合格 20 处	100%
				横管长度 ≤ 10m，全长	< 8mm	/	/
				横管长度 > 10m，全长	10mm	/	/
			卫生器具的排水管口及横支管的纵横坐标	单独器具	10mm	全 /20	共 20 处，全部检查， 合格 20 处	100%
				成排器具	5mm	/	/
			卫生器具的接口标高	单独器具	± 10mm	全 /20	共 20 处，全部检查， 合格 20 处	100%
				成排器具	± 5mm	/	/
	2	排水管最小坡度	污水盆（池）管径 50mm		25‰	全 /20	共 20 处，全部检查， 合格 20 处	100%
			单、双格洗涤盆（池） 管径 50mm		25‰	/	/
			洗手盆、洗脸盆管径 32 ～ 50mm		20‰	全 /20	共 20 处，全部检查， 合格 20 处	100%
			浴盆管径 50mm		20‰	/	/
			淋浴器管径 50mm		20‰	全 /20	共 20 处，全部检查， 合格 20 处	100%

续表

		验收项目		设计要求及规范规定	最小 / 实际抽样数量	检查记录	检查结果
一般项目	2	排水管最小坡度	大便器	高低水箱管径 100mm	12‰	全 /20	共 20 处，全部检查，合格 20 处	100%
				自闭式冲洗阀管径 100mm	12‰	/	/	/
				拉管式冲洗阀管径 100mm	12‰	/	/	/
			小便器	冲洗阀管径 40 ～ 50mm	20‰	/	/	/
				自动冲洗阀管径 40 ～ 50mm	20‰	/	/	/
			化验盆（无塞）管径 40 ～ 50mm		25‰	/	/	/
			净身器管径 40 ～ 50mm		20‰	/	/	/
			饮水器管径 20 ～ 50mm		10‰ ～ 20‰	/	/	/
施工单位检查结果			主控项目全部合格，一般项目满足规范规定要求				
					专业工长：江志安		
					项目专业质量检查员：曹建华		
					2018年11月19日		
监理单位验收结论			同意验收				
					专业监理工程师：冯小明		
					2018年11月21日		

3.7.3.4 （建筑电气分部工程）检验批质量验收记录范例

检验批质量验收记录目录						
工程名称	厦门万丽酒店		资料类别	检验批质量验收记录		
序号	内容摘要	编制单位	日期	资料编号	备注	
1	成套配电柜、控制柜（台、箱）和配电箱（盘）安装检验批质量验收记录	新鸿装饰公司	2018.12.11			
2	梯架、托盘和槽盒安装检验批质量验收记录	新鸿装饰公司	2017.07.14		略	
3	导管敷设检验批质量验收记录	新鸿装饰公司	2017.07.14			
4	电缆敷设检验批质量验收记录	新鸿装饰公司	2017.07.14		略	
5	导管内穿线和槽盒内敷线检验批质量验收记录	新鸿装饰公司	2017.07.14			
6	电缆头制作、导线连接和线路绝缘测试检验批质量验收记录	新鸿装饰公司	2017.08.20			
7	普通灯具安装检验批质量验收记录	新鸿装饰公司	2018.12.20			
8	专用灯具安装检验批质量验收记录	新鸿装饰公司	2018.12.20		略	
9	开关、插座、风扇安装检验批质量验收记录	新鸿装饰公司	2018.12.20			
10	建筑物照明通电试运行检验批质量验收记录	新鸿装饰公司	2018.12.20			
11	建筑物等电位联结检验批质量验收记录	新鸿装饰公司	2018.08.20			

> 编者：表格备注栏"略"，表示该行记录范例省略

成套配电柜、控制柜（台、箱）和配电箱（盘）安装检验批质量验收记录

07050101 001

单位 （子单位） 工程名称		厦门万丽酒店	分部 （子分部） 工程名称	建筑电气— 电气照明安 装工程	分项工程 名称	配电箱 （盘）安装
施工单位		新鸿装饰公司	项目负责人	蒋祖科	检验批容量	10 台
分包单位		/	分包单位 项目负责人	/	检验批部位	F3 强电箱 安装
施工依据		配电箱安装专项施工方案		验收依据	《建筑电气工程施工质量 验收规范》GB 50303	

	验收项目		设计要求及 规范规定	最小/实际 抽样数量	检查记录	检查 结果
主控项目	1	柜、台、箱的保护连接	第 5.1.1 条	全/10	共10台,全部检查, 合格10台	√
	2	配电装置的防电击保护和连接 导体最小截面积	第 5.1.2 条	全/10	共10台,全部检查, 合格10台	√
	3	手车、抽屉式成套配电柜的安 装质量	第 5.1.3 条	/	/	/
	4	高压成套配电柜的交接试验	第 5.1.4 条	/	/	/
	5	低压成套配电柜的交接试验	第 5.1.5 条	全/10	交接试验合格,记 录编号07-05-C6- 012	√
	6	低压成套配电柜、箱及控制柜 （台、箱）间线路的线间和线 对地	第 5.1.6 条	10/10	绝缘电阻测试合 格,记录编号07- 05-C6-013	√
		二次回路耐压试验	第 5.1.6 条	10/10	抽查10回路,合 格10回路	√
	7	直流柜试验	第 5.1.7 条	/	/	/
	8	接地故障回路阻抗	第 5.1.8 条	10/10	试验合格,记录编 号07-05-C6-014	√
	9	剩余电流保护器的动作时间	第 5.1.9 条	10/10	检测合格,报告编 号07-05-C6-015	√
	10	电涌保护器（SPD）安装	第 5.1.10 条	/	/	/
	11	IT 系统绝缘监测器（IMD） 的报警功能	第 5.1.11 条	/	/	/
	12	照明配电箱（盘）安装	第 5.1.12 条	1/1	抽查1台,合格1台	√
	13	变送器、断路器的动作和运行	第 5.1.13 条	/	/	/

续表

验收项目				设计要求及规范规定	最小/实际抽样数量	检查记录	检查结果
一般项目	1	基础型钢安装允许偏差（mm）	不直度 每米	1.0	/	/	/
			不直度 全长	5.0	/	/	/
			水平度 每米	1.0	/	/	/
			水平度 全长	5.0	/	/	/
			不平行度（mm/全长）	5.0	/	/	/
	2	柜、台、箱、盘的布置及安全间距		第5.2.2条	/	/	/
	3	柜、台、箱相互间或与基础型钢间的连接		第5.2.3条	/	/	/
		柜、台、箱进出口防火措施			/	/	/
	4	室外安装的落地式配电（控制）柜、箱的基础		第5.2.4条	/	/	/
	5	柜、台、箱、盘安装	安装牢固，且不应设置在水管的正下方	第5.2.5条	1/1	抽查1台，合格1台	100%
			允许偏差 垂直度（‰）	≤1.5	1/1	抽查1台，合格1台	100%
			允许偏差 相互间接缝（mm）	≤2	1/1	抽查1台，合格1台	100%
			允许偏差 成列盘面（mm）	≤5	1/1	抽查1台，合格1台	100%
	6	柜、台、箱、盘内检查试验		第5.2.6条	1/1	抽查1台，合格1台	100%
	7	低压电器组合		第5.2.7条	/	/	/
	8	柜、台、箱、盘间配线		第5.2.8条	1/1	抽查1台，合格1台	100%
	9	连接柜、台、箱、盘面板上的电器连接导线		第5.2.9条	1/1	抽查1台，合格1台	100%
	10	照明配电箱（盘）安装	箱体开孔和箱盖、涂层	第5.2.10条	1/1	抽查1台，合格1台	100%
			箱（盘）内回路编号及标识		1/1	抽查1台，合格1台	100%
			箱（盘）制作材料		1/1	抽查1台，合格1台	100%
			安装质量		1/1	抽查1台，合格1台	100%
			垂直度（‰）	≤1.5	1/1	抽查1处，合格1处	100%

施工单位检查结果	主控项目全部合格，一般项目满足规范规定要求 <div align="right">专业工长：江志安 项目专业质量检查员：曹建华 2018年12月09日</div>
监理单位验收结论	同意检收 <div align="right">专业监理工程师：冯小明 2018年12月11日</div>

导管敷设检验批质量验收记录

07050301 ___001___

单位 （子单位） 工程名称		厦门万丽酒店	分部 （子分部） 工程名称	建筑电气— 电气照明安 装工程	分项工程 名称		导管敷设
施工单位		新鸿装饰公司	项目负责人	蒋祖科	检验批容量		10 回路
分包单位		/	分包单位 项目负责人	/	检验批部位		F3 客房区导 管敷设
施工依据		导管敷设专项施工方案		验收依据	《建筑电气工程施工质量验收 规范》GB 50303		
验收项目			设计要求及 规范规定	最小 / 实际 抽样数量	检查记录		检查 结果
主控项目	1	金属导管的保护连接	第 12.1.1 条	2/2	抽查 2 处，合格 2 处		√
	2	钢导体、导管的连接	第 12.1.2 条	/	/		/
	3	塑料导管在砌体上剔槽埋设 的保护	第 12.1.3 条	/	/		/
	4	预埋套管的设置及安装	第 12.1.4 条	/	/		/
一般项目	1	导管的弯曲半径	第 12.2.1 条	5/5	抽查 5 个，合格 5 个		100%
	2	导管支架安装	导管支架在承力建筑 钢结构构件上安装	第 12.2.2 条 第 1 款	/	/	/
			金属吊架安装要求	第 12.2.2 条 第 2 款	5/5	抽查 5 个，合格 5 个	100%
			金属支架防腐	第 12.2.2 条 第 3 款	/	/	/
			导管支架及安装质量	第 12.2.2 条 第 4 款	/	/	/
	3	暗配导管的埋设深度	第 12.2.3 条	1/1	抽查 1 回路，合格 1 回路		100%
	4	导管管口的设置要求	第 12.2.4 条	/	/		/
	5	室外导管敷设	第 12.2.5 条	/	/		/
	6	明配电气导管敷设	第 12.2.6 条	/	/		/
	7	塑料导管敷设要求	管口应平滑、管、盒 （箱）的连接接口要求	第 12.2.7 条 第 1 款	/	/	/
			直埋刚性塑料导管的 保护措施	第 12.2.7 条 第 2 款	/	/	/
			埋设在墙内或混凝土 内塑料导管的型号	第 12.2.7 条 第 3 款	/	/	/
			明敷刚性塑料导管的 温度补偿装置	第 12.2.7 条 第 4 款	/	/	/

续表

验收项目			设计要求及规范规定	最小/实际抽样数量	检查记录	检查结果
一般项目	8 可弯曲金属导管及柔性导管的敷设	连接刚性导管与电气设备、器具时，柔性导管的长度	第12.2.8条第1款	/	/	/
		可弯曲金属导管或柔性导管的专用接头；防液型可弯曲金属导管或柔性导管的连接处理	第12.2.8条第2款	/	/	/
		可弯曲金属导管的保护措施	第12.2.8条第3款	/	/	/
		明配金属、非金属柔性导管固定点间距	第12.2.8条第1款	/	/	/
		可弯曲金属导管和金属柔性导管不应作保护导体的接续导体	第12.2.8条第4款	/	/	/
	导管敷设要求	防水套管的防水处理	第12.2.9条第1款	/	/	/
		刚性导管跨越建筑物变形缝处的补偿装置	第12.2.9条第2款	/	/	/
		钢导管内外壁防腐处理	第12.2.9条第3款	1/1	抽查1处，合格1处	100%
	9 导管与热水管、蒸汽管间的最小距离（mm）	导管在热水管道上面平行/交叉敷设	300	/	/	/
		导管在蒸汽管道上面平行/交叉敷设	1000	/	/	/
		导管在热水管道下面水平平行/交叉敷设	200	/	/	/
		导管在蒸汽管道下面水平平行/交叉敷设	500	/	/	/
		对有保温措施的热水管、蒸汽管	200	/	/	/
		对不含可燃及易燃易爆气体的其他管道平行/交叉敷设	100	/	/	/
		对含可燃及易燃易爆气体的管道交叉敷设	100	/	/	/
		达不到规定距离时应采取可靠有效的隔离保护措施	第12.2.9条第4款	/	/	/
施工单位检查结果		主控项目全部合格，一般项目满足规范规定要求　专业工长：江志安 项目专业质量检查员：曹建华 2017年07月12日				
监理单位验收结论		同意验收　　　专业监理工程师：冯小明 2017年07月14日				

导管内穿线和槽盒内敷线检验批质量验收记录

07050501　001

单位（子单位）工程名称		厦门万丽酒店	分部（子分部）工程名称		建筑电气—电气照明安装工程	分项工程名称		导管内穿线和槽盒内敷线
施工单位		新鸿装饰公司	项目负责人		蒋祖科	检验批容量		20 回路
分包单位		/	分包单位项目负责人		/	检验批部位		F3 客房区穿线
施工依据		管内穿线和槽盒内敷线专项施工方案	验收依据		《建筑电气工程施工质量验收规范》GB 50303			

		验收项目		设计要求及规范规定	最小/实际抽样数量	检查记录	检查结果
主控项目	1	交流回路的绝缘导线敷设		第 14.1.1 条	2/2	抽查 2 回路，合格 2 回路	√
	2	不同类别导线分导管敷设		第 14.1.2 条	2/2	抽查 2 回路，合格 2 回路	√
	3	绝缘导线的接头设置		第 14.1.3 条	2/2	抽查 2 回路，合格 2 回路	√
一般项目	1	绝缘导线的保护措施		第 14.2.1 条	2/2	抽查 2 回路，合格 2 回路	100%
	2	穿线前导管清理及管口护线口设置		第 14.2.2 条	3/3	抽查 3 根，合格 3 根	100%
	3	接线盒（箱）的选用及安装质量		第 14.2.3 条	10/10	共 10 处，检查 10 处，全部合格	100%
	4	多相供电时导线绝缘层颜色的选择		第 14.2.4 条			
	5	槽盒内敷线	导线和电缆不宜在同一槽盒内敷设	第 14.2.5 条 第 1 款	5/5	抽查 5m，合格 5m	100%
			同一槽盒内线路及导线数量要求	第 14.2.5 条 第 2 款	5/5	抽查 5m，合格 5m	100%
			控制和信号等非电力线路敷设于同一槽盒内时，绝缘导线的总截面面积	第 14.2.5 条 第 3 款	/	/	/
			分支接头处绝缘导线的总截面面积	第 14.2.5 条 第 4 款	5/5	抽查 5m，合格 5m	100%
			绝缘导线在槽盒内的余量及排列、固定	第 14.2.5 条 第 5 款	5/5	抽查 5m，合格 5m	100%
			槽盒盖板安装	第 14.2.5 条 第 6 款	4/4	抽查 4 件，合格 4 件	100%

施工单位检查结果	主控项目全部合格，一般项目满足规范规定要求 专业工长：江志安 项目专业质量检查员：曹建华 2017年07月12日
监理单位验收结论	同意验收 专业监理工程师：冯小明 2017年07月14日

电缆头制作、导线连接和线路绝缘测试检验批质量验收记录

07050801 001

单位（子单位）工程名称		厦门万丽酒店	分部（子分部）工程名称		建筑电气—电气照明安装工程	分项工程名称		电缆头制作、导线连接和线路绝缘测试
施工单位		新鸿装饰公司	项目负责人		蒋祖科	检验批容量		36回路
分包单位		/	分包单位项目负责人		/	检验批部位		F3客房区配线
施工依据		电缆头制作、导线连接和线路绝缘测试专项施工方案		验收依据		《建筑电气工程施工质量验收规范》GB 50303		

		验收项目	设计要求及规范规定	最小/实际抽样数量	检查记录	检查结果
主控项目	1	电力电缆通电前耐压试验	第17.1.1条	/	/	/
	2	低压或特低电压配电线路线间和线对地间绝缘电阻测试	第17.1.2条	7/7	检测合格，报告编号 07-05-C6-002	√
	3	电力电缆的铜屏蔽层和铠装护套及矿物绝缘电缆的金属护套和金属配件检查	第17.1.3条	/	/	/
	4	电缆端子与设备或器具连接	第17.1.4条	/	/	/
一般项目	1	电缆头固定	第17.2.1条	/	/	/
	2	导线与设备或器具的连接	第17.2.2条	2/4	抽查4条，合格4条	100%
	3	截面面积6mm²及以下铜芯导线间的连接检查	第17.2.3条	2/4	抽查4条，合格4条	100%
	4	铝/铝合金电缆头及端子压接	第17.2.4条	/	/	/
	5	采用螺纹型接线端子与导线连接时拧紧力矩值的要求	第17.2.5条	/	/	/
	6	绝缘导线、电缆的线芯连接金具的检查	第17.2.6条	2/2	材料：见材料构配件进场验收记录，编号 07-05-C4-001 连接：抽查2点，合格2点	√
	7	当接线端子规格与电气器具规格不配套时，不应采取降容的转接措施	第17.2.7条	/	/	/

施工单位检查结果	主控项目全部合格，一般项目满足规范规定要求 专业工长：江志安 项目专业质量检查员：曹建华 2017年08月18日
监理单位验收结论	同意验收 专业监理工程师：冯小明 2017年08月20日

普通灯具安装检验批质量验收记录

07050901___001

单位 (子单位) 工程名称	厦门万丽酒店	分部 (子分部) 工程名称	建筑电气— 电气照明安装 工程	分项工程 名称	普通灯具 安装
施工单位	新鸿装饰公司	项目负责人	蒋祖科	检验批容量	100 套
分包单位	/	分包单位 项目负责人	/	检验批部位	F6 ~ F7 户内灯具
施工依据	普通灯具安装专项施工方案		验收依据	《建筑电气工程施工质量 验收规范》GB 50303	

		验收项目	设计要求及 规范规定	最小/实际 抽样数量	检查记录	检查 结果
主控项目	1	灯具固定	灯具固定方式及质量	第18.1.1条 第1款	10/10	抽查10套,合 格10套	√
			大于10kg的灯具,固定 及悬吊装置的强度试验	第18.1.1条 第2款	10/10	抽查10套,合 格10套	√
	2	悬吊式灯具安装	第18.1.2条	/	/	/
	3	吸顶或墙面上安装的灯具固定	第18.1.3条	10/10	抽查10套,合格 10套	√
	4	由接线盒引至嵌入式灯具或槽 灯的绝缘导线	第18.1.4条	10/10	抽查10套,合格 10套	√
	5	普通灯具的I类灯具的保护连接	第18.1.5条	10/10	抽查10套,合格 10套	√
	6	敞开式灯具的灯头对地面距离	第18.1.6条	/	/	/
	7	埋地灯安装	第18.1.7条	/	/	/
	8	庭院灯、建筑物附属路灯安装	第18.1.8条	/	/	/
	9	大型灯具防止玻璃罩向下溅落 的措施	第18.1.9条	10/10	抽查10套,合格 10套	100%
	10	LED灯具安装	第18.1.10条	/	/	/
一般项目	1	引向单个灯具的绝缘导线截面 面积	第18.2.1条	10/10	抽查10套,合格 10套	100%
		绝缘铜芯导线的线芯截面面积	≥1mm²	10/10	抽查10套,合格 10套	100%
	2	灯具的外形、灯头及其接线检查	第18.2.2条	10/10	抽查10套,合格 10套	100%
	3	灯具靠近可燃物时采取的防火 保护措施	第18.2.3条	/	/	/
	4	高低压配电设备、裸母线及电 梯曳引机正上方不应安装灯具	第18.2.4条	/	/	/
	5	投光灯底座及支架、枢轴安装	第18.2.5条			

续表

		验收项目		设计要求及规范规定	最小/实际抽样数量	检查记录	检查结果
一般项目	6	聚光灯和类似灯具出光口面与被照物体的最短距离		第18.2.6条	/	/	/
	7	导轨灯的灯具功率和荷载		第18.2.7条	/	/	/
	8	露天灯具的防腐和防水措施		第18.2.8条	/	/	/
	9	槽盒底部荧光灯的安装		第18.2.9条	/	/	/
	10	庭院灯、建筑物附属路灯安装	灯具的自动通、断电源控制装置的动作	第18.2.10条第1款	/	/	/
			灯具的固定及灯位	第18.2.10条第2款	/	/	/

施工单位检查结果	主控项目全部合格,一般项目满足规范规定要求 专业工长:江志安 项目专业质量检查员:曹建华 2018年12月18日
监理单位验收结论	同意验收 专业监理工程师:冯小明 2018年12月20日

开关、插座、风扇安装检验批质量验收记录

07051101　001

单位 （子单位） 工程名称		厦门万丽酒店	分部 （子分部） 工程名称	建筑电气— 电气照明安装 工程	分项工程 名称		开关、插 座、风扇 安装
施工单位		新鸿装饰公司	项目负责人	蒋祖科	检验批容量		36套
分包单位		/	分包单位 项目负责人	/	检验批部位		F3 户内
施工依据		开关、插座、风扇安装专项施工方案	验收依据	《建筑电气工程施工质量验收 规范》GB 50303			

验收项目			设计要求及 规范规定	最小/实际 抽样数量	检查记录	检查 结果
主控项目	1	同一场所安装有不同类型插座	第20.1.1条	8/8	抽查8套，合格8套	√
	2	不间断电源插座及应急电源插座的标识	第20.1.2条	/	/	/
	3	插座接线	第20.1.3条	2/2	抽查2套，合格2套	√
	4	照明开关安装 开关品种选用、通断位置及操作	第20.1.4条	2/2	抽查2套，合格2套	√
		相线经开关控制	第20.1.4条	2/2	抽查2套，合格2套	√
		紫外线杀菌灯开关标识及位置	第20.1.4条	/	/	/
	5	温控器接线、显示屏指示、安装标高	第20.1.5条	/	/	/
	6	吊扇安装	第20.1.6条	/	/	/
	7	壁扇安装	第20.1.7条	/	/	/
一般项目	1	暗装的插座盒或开关盒安装	第20.2.1条	/	/	/
	2	插座安装	第20.2.2条	4/4	抽查4处，合格4处	100%
	3	照明开关安装	第20.2.3条	4/4	抽查4处，合格4处	100%
	4	温控器安装	第20.2.4条	/	/	/
	5	吊扇安装	第20.2.5条	/	/	/
	6	壁扇安装	第20.2.6条	/	/	/
	7	换气扇安装	第20.2.7条	/	/	/

施工单位 检查结果	主控项目全部合格，一般项目满足规范规定要求 专业工长：江志安 项目专业质量检查员：曹建华 2018年12月18日
监理单位 验收结论	同意验收 专业监理工程师：冯小明 2018年12月20日

362

建筑物照明通电试运行检验批质量验收记录

07051201__001

单位 （子单位） 工程名称	厦门万丽酒店	分部 （子分部） 工程名称	建筑电气— 电气照明安 装工程	分项工程 名称	建筑物照明 通电试运行
施工单位	新鸿装饰公司	项目负责人	蒋祖科	检验批容量	照明配电箱： 72台
分包单位	/	分包单位 项目负责人	/	检验批部位	F1～F5 客房 室内照明
施工依据	建筑物照明通电试运行专项施工 方案			验收依据	《建筑电气工程施工质量验 收规范》GB 50303

		验收项目	设计要求及 规范规定	最小／实际 抽样数量	检查记录	检查 结果
主控项目	1	灯具回路控制与标识，开 关与灯具的控制顺序，风 扇的转向及调速开关动作	第21.1.1条 第1款	15/15	抽查15处，合格 15处	√
	2	建筑照明系统通电连续试 运行	第21.1.2条	4/4	见建筑物照明通电 试运行记录，编号 07-05-C6-001	√
	3	照度测试	第21.1.3条	10/10	见建筑物照明系统 照度测试记录，编 号07-05-C6-005	√

施工单位 检查结果	主控项目全部合格 专业工长：江志安 项目专业质量检查员：曹建华 2018年12月18日
监理单位 验收结论	同意验收 专业监理工程师：冯小明 2018年12月20日

建筑物等电位联结检验批质量验收记录

07070301 001

单位 （子单位） 工程名称	厦门万丽酒店	分部 （子分部） 工程名称	建筑电气—防雷接地装置安装工程	分项工程 名称	建筑物等电位联结
施工单位	新鸿装饰公司	项目负责人	蒋祖科	检验批容量	18 处
分包单位	/	分包单位 项目负责人	/	检验批部位	F3 客房区卫生间等电位布置
施工依据	建筑物等电位联结专项施工方案		验收依据	《建筑电气工程施工质量验收规范》GB 50303	

		验收项目	设计要求及 规范规定	最小/实际 抽样数量	检查记录	检查 结果
主控项目	1	建筑物等电位联结的范围、形式方法、部位及联结导体的材料和截面面积	第 25.1.1 条	/全	见材料构配件进场验收记录、隐蔽工程验收记录，编号 07-07-C5-002	√
	2	需做等电位联结的外露可导电部分或外界可导电部分的连接	第 25.1.2 条	2/2	抽查 2 处，合格 2 处	√
一般项目	1	需做等电位联结的卫生间内金属，联结部件或零件的外界可导电部分，应设置专用接线螺栓与等电位联结导体连接，并应设置标识；连接处螺帽应紧固，防松零件应齐全	第 25.2.1 条	2/4	抽查 4 处，合格 4 处	100%
	2	当等电位联结导体在地下暗敷时，其导体间的连接不得采用螺栓压接	第 25.2.2 条	/全	见隐蔽工程验收记录，编号 07-07-C5-003	√

施工单位 检查结果	主控项目全部合格，一般项目满足规范规定要求 专业工长：江志安 项目专业质量检查员：曹建华 2018 年 08 月 18 日
监理单位 验收结论	同意验收 专业监理工程师：冯小明 2018 年 08 月 20 日

3.7.3.5 （建筑节能分部工程）检验批质量验收记录范例

检验批质量验收记录目录					
工程名称	厦门万丽酒店	资料类别	检验批质量验收记录		
序号	内容摘要	编制单位	日期	资料编号	备注
1	配电与照明节能工程检验批质量验收记录	新鸿装饰公司	2018.12.05		

配电与照明节能工程检验批质量验收记录

09030101___001

单位(子单位)工程名称		厦门万丽酒店	分部(子分部)工程名称	建筑节能—电气动力节能	分项工程名称	配电与照明节能
施工单位		新鸿装饰公司	项目负责人	蒋祖科	检验批容量	10 件
分包单位		/	分包单位项目负责人	/	检验批部位	F1～F5客房区
施工依据		配电与照明节能专项施工方案		验收依据	《建筑节能工程施工质量验收标准》GB 50411	

		验收项目	设计要求及规范规定	最小/实际抽样数量	检查记录	检查结果
主控项目	1	配电与照明节能工程使用的配电设备、电线电缆、照明光源、灯具及其附属装置产品进场验收	第12.2.1条	/全	质量证明文件齐全,通过进场验收	√
	2	配电与照明节能工程使用的照明光源、照明灯具及其附属装置见证取样复验	第12.2.2条	/2	试验合格,报告编号07-05-C4-009	√
	3	低压配电系统使用的电线、电缆见证取样复验	第12.2.3条	/2	试验合格,报告编号07-05-C4-010	√
	4	工程安装完成后应对配电系统调试及检测	第12.2.4条	/全	试验合格,报告编号07-05-C6-018	√
	5	照明系统安装完成后通电试运行的测试参数和计算值	第12.2.5条	/2	试验合格,报告编号07-05-C6-019	√
一般项目	1	配电系统选择的导体截面面积不得低于设计值	第12.3.1条	/全	共10处,全部检查,合格10处	100%
	2	母线与母线、母线与电器连接端子,当采用螺栓搭接连接时应牢固可靠	第12.3.2条	1/1	抽查1处,合格1处	100%
	3	交流单芯电缆或分相后的每相电缆宜品字形(三叶形)敷设,且不得形成闭合铁磁回路	第12.3.3条	/全	共10处,全部检查,合格10处	100%
	4	三相照明配电干线的各相负荷宜分配平衡	第12.3.4条	/全	试验合格,报告编号07-05-C6-020	100%

施工单位检查结果	主控项目全部合格,一般项目满足规范规定要求 专业工长:江志安 项目专业质量检查员:曹建华 2018年12月03日
监理单位验收结论	同意验收 专业监理工程师:冯小明 2018年12月05日

3.7.4　分项工程质量验收记录范例

3.7.4.1　（主体结构分部）分项工程质量验收记录范例

分项工程质量验收记录目录					
工程名称	厦门万丽酒店	资料类别	分项工程质量验收记录		
序号	内容摘要	编制单位	日期	资料编号	备注
1	填充墙砌体分项工程质量验收记录	新鸿装饰公司	2017.06.30		

__填充墙砌体__ 分项工程质量验收记录

单位（子单位）工程名称	厦门万丽酒店	分部（子分部）工程名称	主体结构（砌体结构）		
分项工程工程量	1300m²	检验批数量	6		
施工单位	新鸿装饰公司	项目负责人	蒋祖科	项目技术负责人	周亮
分包单位	/	分包单位负责人	/	分包内容	/

序号	检验批名称	检验批容量	部位／区段	施工单位检查结果	监理单位验收结论
1	填充墙砌体检验批质量验收记录	220m²	F7 填充墙	检验批合格	同意验收
2	填充墙砌体检验批质量验收记录	220m²	F6 填充墙	检验批合格	同意验收
3	填充墙砌体检验批质量验收记录	220m²	F5 填充墙	检验批合格	同意验收
4	填充墙砌体检验批质量验收记录	220m²	F4 填充墙	检验批合格	同意验收
5	填充墙砌体检验批质量验收记录	220m²	F3 填充墙	检验批合格	同意验收
6	填充墙砌体检验批质量验收记录	200m²	21号～27号单层别墅填充墙	检验批合格	同意验收

说明：各检验批均合格。

施工单位检查结果	符合要求 项目专业技术负责人：周亮　2017年06月28日
监理单位验收结论	同意验收 专业监理工程师：冯小明　2017年06月30日

本表由施工单位填写。

3.7.4.2 （建筑装饰装修分部）分项工程质量验收记录范例

分项工程质量验收记录目录					
工程名称	厦门万丽酒店	**资料类别**	分项工程质量验收记录		
序号	内容摘要	编制单位	日期	资料编号	备注
1	基层铺设分项工程质量验收记录	新鸿装饰公司	2017.12.20		
2	整体面层铺设分项工程质量验收记录	新鸿装饰公司	2018.12.25		
3	板块面层铺设分项工程质量验收记录	新鸿装饰公司	2018.12.25		
4	木、竹面层铺设分项工程质量验收记录	新鸿装饰公司	2018.10.20		
5	一般抹灰分项工程质量验收记录	新鸿装饰公司	2017.07.07		
6	木门窗安装分项工程质量验收记录	新鸿装饰公司	2018.12.24		
7	整体面层吊顶分项工程质量验收记录	新鸿装饰公司	2018.01.03		
8	格栅吊顶分项工程质量验收记录	新鸿装饰公司	2018.01.05		
9	骨架隔墙分项工程质量验收记录	新鸿装饰公司	2018.12.30		
10	活动隔墙分项工程质量验收记录	新鸿装饰公司	2018.06.20		
11	玻璃隔墙分项工程质量验收记录	新鸿装饰公司	2018.06.20		
12	石板安装分项工程质量验收记录	新鸿装饰公司	2018.12.20		
13	木板安装分项工程质量验收记录	新鸿装饰公司	2018.12.20		
14	金属板安装分项工程质量验收记录	新鸿装饰公司	2018.12.12		略
15	内墙饰面砖粘贴分项工程质量验收记录	新鸿装饰公司	2018.10.27		
16	水性涂料涂饰分项工程质量验收记录	新鸿装饰公司	2018.05.30		
17	裱糊分项工程质量验收记录	新鸿装饰公司	2018.12.28		
18	软包分项工程质量验收记录	新鸿装饰公司	2018.12.28		
19	橱柜制作与安装分项工程质量验收记录	新鸿装饰公司	2018.12.30		
20	窗帘盒和窗台板制作与安装分项工程质量验收记录	新鸿装饰公司	2018.09.28		
21	门窗套制作与安装分项工程质量验收记录	新鸿装饰公司	2018.12.25		
22	护栏和扶手制作与安装分项工程质量验收记录	新鸿装饰公司	2018.12.25		

编者：表格备注栏"略"，表示该行记录范例省略

基层铺设 分项工程质量验收记录

编号： 031201001

单位（子单位）工程名称	厦门万丽酒店		分部（子分部）工程名称	装饰装修（建筑地面）		
分项工程工程量	127 间		检验批数量	7		
施工单位	新鸿装饰公司		项目负责人	蒋祖科	项目技术负责人	周亮
分包单位	/		分包单位负责人	/	分包内容	/

序号	检验批名称	检验批容量	部位 / 区段	施工单位检查结果	监理单位验收结论
1	水泥混凝土垫层和陶粒混凝土垫层检验批质量验收记录	7 间	21 号～27 号单层别墅	检验批合格	同意验收
2	找平层检验批质量验收记录	20 间	F3 楼面找平层	检验批合格	同意验收
3	找平层检验批质量验收记录	20 间	F2 楼面找平层	检验批合格	同意验收
4	找平层检验批质量验收记录	20 间	F1 楼面找平层	检验批合格	同意验收
5	隔离层检验批质量验收记录	20 间	F3 楼面找平层	检验批合格	同意验收
6	隔离层检验批质量验收记录	20 间	F2 楼面找平层	检验批合格	同意验收
7	隔离层检验批质量验收记录	20 间	F1 楼面找平层	检验批合格	同意验收

说明：各检验批均合格。

施工单位检查结果	符合要求 项目专业技术负责人：周亮　2017年12月18日
监理单位验收结论	同意验收 专业监理工程师：冯小明　2017年12月20日

本表由施工单位填写。

__整体面层铺设__ 分项工程质量验收记录

编号： 031202001

单位（子单位）工程名称	厦门万丽酒店	分部（子分部）工程名称	装饰装修（建筑地面）		
分项工程工程量	27 间	检验批数量	2		
施工单位	新鸿装饰公司	项目负责人	蒋祖科	项目技术负责人	周亮
分包单位	/	分包单位负责人	/	分包内容	/

序号	检验批名称	检验批容量	部位/区段	施工单位检查结果	监理单位验收结论
1	自流平面层检验批质量验收记录表	20 间	F5 自流平面层	检验批合格	同意验收
2	地面辐射供暖水泥混凝土面层检验批质量验收记录	7 间	21号~27号单层别墅地面面层	检验批合格	同意验收

说明：各检验批均合格。

施工单位检查结果	符合要求 项目专业技术负责人：周亮　　2018年12月23日
监理单位验收结论	同意验收 专业监理工程师：冯小明　　2018年12月25日

本表由施工单位填写。

板块面层铺设 分项工程质量验收记录

编号： 031203001

单位（子单位）工程名称	厦门万丽酒店		分部（子分部）工程名称	装饰装修（建筑地面）		
分项工程工程量	67 间		检验批数量	4		
施工单位	新鸿装饰公司		项目负责人	蒋祖科	项目技术负责人	周亮
分包单位	/		分包单位负责人	/	分包内容	/

序号	检验批名称	检验批容量	部位 / 区段	施工单位检查结果	监理单位验收结论
1	砖面层检验批质量验收记录	20 间	F7 砖面层	检验批合格	同意验收
2	大理石面层和花岗石面层检验批质量验收记录	20 间	F6 大理石面层	检验批合格	同意验收
3	地毯面层检验批质量验收记录	20 间	F3 地毯面层	检验批合格	同意验收
4	地面辐射供暖大理石面层和花岗石面层检验批质量验收记录	7 间	21 号～27 号单层别墅地面面层	检验批合格	同意验收

说明：各检验批均合格。

施工单位检查结果	符合要求 项目专业技术负责人：周亮 2018年12月23日
监理单位验收结论	同意验收 专业监理工程师：冯小明 2018年12月25日

本表由施工单位填写。

木、竹面层铺设 分项工程质量验收记录

编号：　031204001

单位（子单位）工程名称	厦门万丽酒店		分部（子分部）工程名称	装饰装修（建筑地面）			
分项工程工程量	60 间		检验批数量	3			
施工单位	新鸿装饰公司		项目负责人	蒋祖科	项目技术负责人		周亮
分包单位	/		分包单位负责人	/	分包内容		/
序号	检验批名称	检验批容量	部位／区段	施工单位检查结果		监理单位验收结论	
1	实木地板、实木集成地板、竹地板面层检验批质量验收记录	20 间	F7 楼面面层	检验批合格		同意验收	
2	实木复合地板面层检验批质量验收记录	20 间	F6 楼面面层	检验批合格		同意验收	
3	浸渍纸层压木质地板面层检验批质量验收记录	20 间	F5 楼面面层	检验批合格		同意验收	
说明：各检验批均合格。							
施工单位检查结果	*符合要求*　　　　　　　　　　　项目专业技术负责人：周亮　2018年10月18日						
监理单位验收结论	*同意验收*　　　　　　　　　　　专业监理工程师：冯小明　2018年10月20日						

本表由施工单位填写。

<u>一般抹灰</u> 分项工程质量验收记录

编号： 030101001

单位（子单位） 工程名称	厦门万丽酒店	分部（子分部） 工程名称	装饰装修（抹灰）		
分项工程 工程量	261 间	检验批数量	6		
施工单位	新鸿装饰公司	项目负责人	蒋祖科	项目技术 负责人	周亮
分包单位	/	分包单位 负责人	/	分包内容	/

序号	检验批名称	检验批容量	部位／区段	施工单位 检查结果	监理单位 验收结论
1	一般抹灰检验批 质量验收记录	50 间	F7 室内墙面	检验批合格	同意验收
2	一般抹灰检验批 质量验收记录	50 间	F6 室内墙面	检验批合格	同意验收
3	一般抹灰检验批 质量验收记录	50 间	F5 室内墙面	检验批合格	同意验收
4	一般抹灰检验批 质量验收记录	50 间	F4 室内墙面	检验批合格	同意验收
5	一般抹灰检验批 质量验收记录	40 间	F3 室内墙面	检验批合格	同意验收
6	一般抹灰检验批 质量验收记录	21 间	21号～27号单 层别墅室内墙面	检验批合格	同意验收

说明：各检验批均合格。

施工单位 检查结果	符合要求 项目专业技术负责人：周亮　　2017年07月05日
监理单位 验收结论	同意验收 专业监理工程师：冯小明　　2017年07月07日

本表由施工单位填写。

__木门窗安装__ 分项工程质量验收记录

编号： 030301001

单位（子单位）工程名称	厦门万丽酒店	分部（子分部）工程名称	装饰装修（门窗）		
分项工程工程量	450 樘	检验批数量	6		
施工单位	新鸿装饰公司	项目负责人	蒋祖科	项目技术负责人	周亮
分包单位	/	分包单位负责人	/	分包内容	/

序号	检验批名称	检验批容量	部位/区段	施工单位检查结果	监理单位验收结论
1	木门窗安装检验批质量验收记录	80 樘	F7 客房区	检验批合格	同意验收
2	木门窗安装检验批质量验收记录	80 樘	F6 客房区	检验批合格	同意验收
3	木门窗安装检验批质量验收记录	80 樘	F5 客房区	检验批合格	同意验收
4	木门窗安装检验批质量验收记录	80 樘	F4 客房区	检验批合格	同意验收
5	木门窗安装检验批质量验收记录	80 樘	F3 客房区	检验批合格	同意验收
6	木门窗安装检验批质量验收记录	50 樘	21 号~27 号单层别墅	检验批合格	同意验收

说明：各检验批均合格。

施工单位检查结果	符合要求 项目专业技术负责人：周亮　　2018年12月22日
监理单位验收结论	同意验收 专业监理工程师：冯小明　　2018年12月24日

本表由施工单位填写。

整体面层吊顶 分项工程质量验收记录

编号：030401001

单位（子单位）工程名称	厦门万丽酒店		分部（子分部）工程名称	装饰装修（吊顶）			
分项工程工程量	114 间		检验批数量	6			
施工单位	新鸿装饰公司		项目负责人	蒋祖科	项目技术负责人		周亮
分包单位	/		分包单位负责人	/	分包内容		/

序号	检验批名称	检验批容量	部位／区段	施工单位检查结果	监理单位验收结论
1	整体面层吊顶检验批质量验收记录	20 间	F7 客房吊顶	检验批合格	同意验收
2	整体面层吊顶检验批质量验收记录	20 间	F6 客房吊顶	检验批合格	同意验收
3	整体面层吊顶检验批质量验收记录	20 间	F5 客房吊顶	检验批合格	同意验收
4	整体面层吊顶检验批质量验收记录	20 间	F4 客房吊顶	检验批合格	同意验收
5	整体面层吊顶检验批质量验收记录	20 间	F3 客房吊顶	检验批合格	同意验收
6	整体面层吊顶检验批质量验收记录	14 间	21 号～27 号单层别墅吊顶	检验批合格	同意验收

说明：各检验批均合格。

施工单位检查结果	符合要求 项目专业技术负责人：周亮　2018年01月01日
监理单位验收结论	同意验收 专业监理工程师：冯小明　2018年01月03日

本表由施工单位填写。

<u>　格栅吊顶　</u>分项工程质量验收记录

编号：<u>030403001</u>

单位（子单位）工程名称	厦门万丽酒店		分部（子分部）工程名称	装饰装修（吊顶）		
分项工程工程量	100 间		检验批数量	5		
施工单位	新鸿装饰公司		项目负责人	蒋祖科	项目技术负责人	周亮
分包单位	/		分包单位负责人	/	分包内容	/
序号	检验批名称	检验批容量	部位／区段	施工单位检查结果	监理单位验收结论	
1	格栅吊顶检验批质量验收记录	20 间	F7 客房区	检验批合格	同意验收	
2	格栅吊顶检验批质量验收记录	20 间	F6 客房区	检验批合格	同意验收	
3	格栅吊顶检验批质量验收记录	20 间	F5 客房区	检验批合格	同意验收	
4	格栅吊顶检验批质量验收记录	20 间	F4 客房区	检验批合格	同意验收	
5	格栅吊顶检验批质量验收记录	20 间	F3 客房区	检验批合格	同意验收	
说明：各检验批均合格。						
施工单位检查结果	符合要求 项目专业技术负责人：周亮　2018年01月03日					
监理单位验收结论	同意检收 专业监理工程师：冯小明　2018年01月05日					

本表由施工单位填写。

骨架隔墙 分项工程质量验收记录

编号：030502001

单位（子单位）工程名称	厦门万丽酒店		分部（子分部）工程名称	装饰装修（轻质隔墙）	
分项工程工程量	114 间		检验批数量	6	
施工单位	新鸿装饰公司		项目负责人	蒋祖科	项目技术负责人	周亮
分包单位	/		分包单位负责人	/	分包内容	/

序号	检验批名称	检验批容量	部位/区段	施工单位检查结果	监理单位验收结论
1	骨架隔墙检验批质量验收记录	20 间	F7 客房隔墙	检验批合格	同意验收
2	骨架隔墙检验批质量验收记录	20 间	F6 客房隔墙	检验批合格	同意验收
3	骨架隔墙检验批质量验收记录	20 间	F5 客房隔墙	检验批合格	同意验收
4	骨架隔墙检验批质量验收记录	20 间	F4 客房隔墙	检验批合格	同意验收
5	骨架隔墙检验批质量验收记录	20 间	F3 客房隔墙	检验批合格	同意验收
6	骨架隔墙检验批质量验收记录	14 间	21 号~27 号单层别墅隔墙	检验批合格	同意验收

说明：各检验批均合格。

施工单位检查结果	符合要求 项目专业技术负责人：周亮　2018年12月28日
监理单位验收结论	同意验收 专业监理工程师：冯小明　2018年12月30日

本表由施工单位填写。

活动隔墙 分项工程质量验收记录

编号： 030503001

单位（子单位） 工程名称	厦门万丽酒店	分部（子分部） 工程名称	装饰装修（轻质隔墙）		
分项工程 工程量	4 间	检验批数量	2		
施工单位	新鸿装饰公司	项目负责人	蒋祖科	项目技术 负责人	周亮
分包单位	/	分包单位 负责人	/	分包内容	/
序号	检验批名称	检验批容量	部位／区段	施工单位 检查结果	监理单位 验收结论
1	F1 宴会厅内活动 隔断检验批质量验 收记录	2 间	F1 宴会厅	检验批合格	同意验收
2	F2 多功能会议室 活动隔断检验批质 量验收记录	2 间	F2 多功能 会议室	检验批合格	同意验收

说明：各检验批均合格。

施工单位 检查结果	符合要求 项目专业技术负责人：周亮　2018年06月18日
监理单位 验收结论	同意验收 专业监理工程师：冯小明　2018年06月20日

本表由施工单位填写。

<u>玻璃隔墙</u> 分项工程质量验收记录

编号：<u>030504001</u>

单位（子单位） 工程名称	厦门万丽酒店	分部（子分部） 工程名称	装饰装修（轻质隔墙）		
分项工程 工程量	114 间	检验批数量	6		
施工单位	新鸿装饰公司	项目负责人	蒋祖科	项目技术 负责人	周亮
分包单位	/	分包单位 负责人	/	分包内容	/
序号	检验批名称	检验批容量	部位／区段	施工单位 检查结果	监理单位 验收结论
1	玻璃隔墙检验批 质量验收记录	20 间	F7 隔墙	检验批合格	同意验收
2	玻璃隔墙检验批 质量验收记录	20 间	F6 隔墙	检验批合格	同意验收
3	玻璃隔墙检验批 质量验收记录	20 间	F5 隔墙	检验批合格	同意验收
4	玻璃隔墙检验批 质量验收记录	20 间	F4 隔墙	检验批合格	同意验收
5	玻璃隔墙检验批 质量验收记录	20 间	F3 隔墙	检验批合格	同意验收
6	玻璃隔墙检验批 质量验收记录	14 间	21 号～27 号单 层别墅隔墙	检验批合格	同意验收

说明：各检验批均合格。

施工单位 检查结果	符合要求 项目专业技术负责人：周亮　　2018年06月18日
监理单位 验收结论	同意验收 专业监理工程师：冯小明　　2018年06月20日

本表由施工单位填写。

＿石板安装＿分项工程质量验收记录

编号：030601001

单位（子单位）工程名称	厦门万丽酒店	分部（子分部）工程名称	装饰装修（饰面板）		
分项工程工程量	50 间	检验批数量	1		
施工单位	新鸿装饰公司	项目负责人	蒋祖科	项目技术负责人	周亮
分包单位	/	分包单位负责人	/	分包内容	/

序号	检验批名称	检验批容量	部位/区段	施工单位检查结果	监理单位验收结论
1	石板安装检验批质量验收记录	50 间	F1 大堂	检验批合格	同意验收

说明：各检验批均合格。

施工单位检查结果	符合要求 项目专业技术负责人：周亮　　2018年12月18日
监理单位验收结论	同意验收 专业监理工程师：冯小明　　2018年12月20日

本表由施工单位填写。

<u>木板安装</u> 分项工程质量验收记录

编号：030603001

单位（子单位）工程名称	厦门万丽酒店	分部（子分部）工程名称	装饰装修（饰面板）		
分项工程工程量	278 间	检验批数量	6		
施工单位	新鸿装饰公司	项目负责人	蒋祖科	项目技术负责人	周亮
分包单位	/	分包单位负责人	/	分包内容	/

序号	检验批名称	检验批容量	部位／区段	施工单位检查结果	监理单位验收结论
1	木板安装检验批质量验收记录	50 间	F7 客房内墙	检验批合格	同意验收
2	木板安装检验批质量验收记录	50 间	F6 客房内墙	检验批合格	同意验收
3	木板安装检验批质量验收记录	50 间	F5 客房内墙	检验批合格	同意验收
4	木板安装检验批质量验收记录	50 间	F4 客房内墙	检验批合格	同意验收
5	木板安装检验批质量验收记录	50 间	F3 客房内墙	检验批合格	同意验收
6	木板安装检验批质量验收记录	28 间	21 号～27 号单层别墅内墙	检验批合格	同意验收

说明：各检验批均合格。

施工单位检查结果	符合要求 项目专业技术负责人：周亮　2018年12月18日
监理单位验收结论	同意验收 专业监理工程师：冯小明　2018年12月20日

本表由施工单位填写。

内墙饰面砖粘贴 分项工程质量验收记录

编号：030702001

单位（子单位）工程名称	厦门万丽酒店	分部（子分部）工程名称	装饰装修（饰面砖）		
分项工程工程量	78 间	检验批数量	2		
施工单位	新鸿装饰公司	项目负责人	蒋祖科	项目技术负责人	周亮
分包单位	/	分包单位负责人	/	分包内容	/

序号	检验批名称	检验批容量	部位/区段	施工单位检查结果	监理单位验收结论
1	内墙饰面砖粘贴检验批质量验收记录	50 间	F3～F7 客房区卫生间	检验批合格	同意验收
2	内墙饰面砖粘贴检验批质量验收记录	28 间	21号～27号单层别墅卫生间	检验批合格	同意验收

说明：各检验批均合格。	
施工单位检查结果	符合要求 项目专业技术负责人：周亮　2018年10月25日
监理单位验收结论	同意验收 专业监理工程师：冯小明　2018年10月27日

本表由施工单位填写。

水性涂料涂饰 分项工程质量验收记录

编号：030901001

单位（子单位） 工程名称	厦门万丽酒店	分部（子分部） 工程名称	装饰装修（涂饰）		
分项工程 工程量	120 间	检验批数量	3		
施工单位	新鸿装饰公司	项目负责人	蒋祖科	项目技术 负责人	周亮
分包单位	/	分包单位 负责人	/	分包内容	/

序号	检验批名称	检验批容量	部位／区段	施工单位 检查结果	监理单位 验收结论
1	水性涂料涂饰检验 批质量验收记录	50 间	F3～F4 室内 墙面	检验批合格	同意验收
2	水性涂料涂饰检验 批质量验收记录	50 间	F5～F6 室内 墙面	检验批合格	同意验收
3	水性涂料涂饰检验 批质量验收记录	20 间	F7 室内墙面	检验批合格	同意验收

说明：各检验批均合格。	
施工单位 检查结果	符合要求 项目专业技术负责人：周亮　2018年05月28日
监理单位 验收结论	同意验收 专业监理工程师：冯小明　2018年05月30日

本表由施工单位填写。

__禳糊__ 分项工程质量验收记录

编号：__031001001__

单位（子单位）工程名称	厦门万丽酒店	分部（子分部）工程名称	装饰装修（禳糊与软包）		
分项工程工程量	120 间	检验批数量	3		
施工单位	新鸿装饰公司	项目负责人	蒋祖科	项目技术负责人	周亮
分包单位	/	分包单位负责人	/	分包内容	/

序号	检验批名称	检验批容量	部位/区段	施工单位检查结果	监理单位验收结论
1	禳糊检验批质量验收记录	50 间	F3～F7 室内墙面	检验批合格	同意验收
2	禳糊检验批质量验收记录	40 间	F3～F7 走道墙面	检验批合格	同意验收
3	禳糊检验批质量验收记录	30 间	21 号～27 号单层别墅内墙	检验批合格	同意验收

说明：各检验批均合格。

施工单位检查结果	符合要求 项目专业技术负责人：周亮 2018年12月26日
监理单位验收结论	同意验收 专业监理工程师：冯小明 2018年12月28日

本表由施工单位填写。

软包 分项工程质量验收记录

单位（子单位） 工程名称	厦门万丽酒店	分部（子分部） 工程名称	装饰装修（裱糊与软包）		
分项工程 工程量	70 间	检验批数量	2		
施工单位	新鸿装饰公司	项目负责人	蒋祖科	项目技术 负责人	周亮
分包单位	/	分包单位 负责人	/	分包内容	/

序号	检验批名称	检验批容量	部位 / 区段	施工单位 检查结果	监理单位 验收结论
1	软包检验批质 量验收记录	50 间	F3 ~ F7 室内 墙面	检验批合格	同意验收
2	软包检验批质 量验收记录	20 间	21 号 ~ 27 号单 层别墅内墙	检验批合格	同意验收

说明：各检验批均合格。

施工单位 检查结果	符合要求 项目专业技术负责人：周亮　　2018年12月26日
监理单位 验收结论	同意验收 专业监理工程师：冯小明　　2018年12月28日

本表由施工单位填写。

<u>　橱柜制作与安装　</u> 分项工程质量验收记录

编号：<u>　031101001　</u>

单位（子单位） 工程名称	厦门万丽酒店	分部（子分部） 工程名称	装饰装修（细部）		
分项工程 工程量	7 间	检验批数量	1		
施工单位	新鸿装饰公司	项目负责人	蒋祖科	项目技术 负责人	周亮
分包单位	/	分包单位 负责人	/	分包内容	/
序号	检验批名称	检验批容量	部位/区段	施工单位 检查结果	监理单位 验收结论
1	橱柜制作与安装 检验批质量验收 记录	7 间	21 号～27 号单 层别墅	检验批合格	同意验收

说明：各检验批均合格。

施工单位 检查结果	符合要求 项目专业技术负责人：周亮　2018年12月28日
监理单位 验收结论	同意验收 专业监理工程师：冯小明　2018年12月30日

本表由施工单位填写。

窗帘盒和窗台板制作与安装 分项工程质量验收记录

编号：031102001

单位（子单位）工程名称	厦门万丽酒店	分部（子分部）工程名称	装饰装修（细部）		
分项工程工程量	121 间	检验批数量	3		
施工单位	新鸿装饰公司	项目负责人	蒋祖科	项目技术负责人	周亮
分包单位	/	分包单位负责人	/	分包内容	/

序号	检验批名称	检验批容量	部位／区段	施工单位检查结果	监理单位验收结论
1	窗帘盒、窗台板和散热器罩制作与安装检验批质量验收记录	50 间	F3 ~ F5 客房区	检验批合格	同意验收
2	窗帘盒、窗台板和散热器罩制作与安装检验批质量验收记录	50 间	F6 ~ F7 客房区	检验批合格	同意验收
3	窗帘盒、窗台板和散热器罩制作与安装检验批质量验收记录	21 间	21 号 ~ 27 号单层别墅	检验批合格	同意验收

说明：各检验批均合格。

施工单位检查结果	符合要求 项目专业技术负责人：周亮 2018年09月26日
监理单位验收结论	同意验收 专业监理工程师：冯小明 2018年09月28日

本表由施工单位填写。

<u>门窗套制作与安装</u> 分项工程质量验收记录

编号： 031103001

单位（子单位） 工程名称	厦门万丽酒店	分部（子分部） 工程名称	装饰装修（细部）		
分项工程 工程量	121 间	检验批数量	3		
施工单位	新鸿装饰公司	项目负责人	蒋祖科	项目技术 负责人	周亮
分包单位	/	分包单位 负责人	/	分包内容	/
序号	检验批名称	检验批容量	部位/区段	施工单位 检查结果	监理单位 验收结论
1	门窗套制作与安装检验批质量验收记录	50 间	F3～F5 客房区	检验批合格	同意验收
2	门窗套制作与安装检验批质量验收记录	50 间	F6～F7 客房区	检验批合格	同意验收
3	门窗套制作与安装检验批质量验收记录	21 间	21号～27号单层别墅	检验批合格	同意验收

说明：各检验批均合格。

施工单位 检查结果	符合要求 项目专业技术负责人：周亮　2018年12月23日
监理单位 验收结论	同意验收 专业监理工程师：冯小明　2018年12月25日

本表由施工单位填写。

<u>护栏和扶手制作与安装</u> 分项工程质量验收记录

编号： 031104001

单位（子单位）工程名称	厦门万丽酒店	分部（子分部）工程名称	装饰装修（细部）		
分项工程工程量	100 间	检验批数量	2		
施工单位	新鸿装饰公司	项目负责人	蒋祖科	项目技术负责人	周亮
分包单位	/	分包单位负责人	/	分包内容	/

序号	检验批名称	检验批容量	部位／区段	施工单位检查结果	监理单位验收结论
1	护栏和扶手制作与安装检验批质量验收记录	50 间	F3 ～ F5 客房区护栏和扶手	检验批合格	同意验收
2	护栏和扶手制作与安装检验批质量验收记录	50 间	F6 ～ F7 客房区护栏和扶手	检验批合格	同意验收

说明：各检验批均合格。

施工单位检查结果	符合要求 项目专业技术负责人：周亮 2018年12月23日
监理单位验收结论	同意验收 专业监理工程师：冯小明 2018年12月25日

本表由施工单位填写。

390

3.7.4.3 （建筑给水排水及供暖分部）分项工程质量验收记录范例

分项工程质量验收记录目录					
工程名称	厦门万丽酒店	资料类别	分项工程质量验收记录		
序号	内容摘要	编制单位	日期	资料编号	备注
1	给水管道及配件安装分项工程质量验收记录	新鸿装饰公司	2018.01.26		
2	排水管道及配件安装分项工程质量验收记录	新鸿装饰公司	2018.01.26		
3	卫生器具安装分项工程质量验收记录	新鸿装饰公司	2018.12.20		
4	卫生器具给水配件安装分项工程质量验收记录	新鸿装饰公司	2018.12.20		
5	卫生器具排水管道安装分项工程质量验收记录	新鸿装饰公司	2018.12.20		

给水管道及配件安装 分项工程质量验收记录

编号： 050101001

单位（子单位）工程名称	厦门万丽酒店		分部（子分部）工程名称	建筑给水排水及供暖（室内给水系统）		
分项工程工程量	550m		检验批数量	6		
施工单位	新鸿装饰公司		项目负责人	蒋祖科	项目技术负责人	周亮
分包单位	/		分包单位负责人	/	分包内容	/

序号	检验批名称	检验批容量	部位/区段	施工单位检查结果	监理单位验收结论
1	给水管道及配件安装检验批质量验收记录	90m	F7客房区卫生间给水管道	检验批合格	同意验收
2	给水管道及配件安装检验批质量验收记录	90m	F6客房区卫生间给水管道	检验批合格	同意验收
3	给水管道及配件安装检验批质量验收记录	90m	F5客房区卫生间给水管道	检验批合格	同意验收
4	给水管道及配件安装检验批质量验收记录	90m	F4客房区卫生间给水管道	检验批合格	同意验收
5	给水管道及配件安装检验批质量验收记录	90m	F3客房区卫生间给水管道	检验批合格	同意验收
6	给水管道及配件安装检验批质量验收记录	100m	21号～27号单层别墅卫生间给水管道	检验批合格	同意验收

说明：各检验批均合格。

施工单位检查结果	符合要求 项目专业技术负责人：周晓波　　2018年01月24日
监理单位验收结论	同意验收 专业监理工程师：任贺　　2018年01月26日

本表由施工单位填写。

<u>排水管道及配件安装</u>　分项工程质量验收记录

编号：　050201001

单位（子单位） 工程名称	厦门万丽酒店	分部（子分部） 工程名称	建筑给水排水及供暖 （室内给水系统）		
分项工程 工程量	1370m	检验批数量	6		
施工单位	新鸿装饰公司	项目负责人	蒋祖科	项目技术 负责人	周亮
分包单位	/	分包单位 负责人	/	分包内容	/

序号	检验批名称	检验批 容量	部位/区段	施工单位 检查结果	监理单位 验收结论
1	排水管道及配件安装检 验批质量验收记录	250m	F3 客房区卫生 间排水管道	检验批合格	同意验收
2	排水管道及配件安装检 验批质量验收记录	250m	F4 客房区卫生 间排水管道	检验批合格	同意验收
3	排水管道及配件安装检 验批质量验收记录	250m	F5 客房区卫生 间排水管道	检验批合格	同意验收
4	排水管道及配件安装检 验批质量验收记录	250m	F6 客房区卫生 间排水管道	检验批合格	同意验收
5	排水管道及配件安装检 验批质量验收记录	250m	F7 客房区卫生 间排水管道	检验批合格	同意验收
6	排水管道及配件安装检 验批质量验收记录	120m	21 号～27 号单 层别墅排水管道	检验批合格	同意验收

说明：各检验批均合格。

施工单位 检查结果	符合要求 项目专业技术负责人：周晓波　2018年01月24日
监理单位 验收结论	同意验收 专业监理工程师：任贤　2018年01月26日

本表由施工单位填写。

卫生器具安装 分项工程质量验收记录

编号： 050401001

单位（子单位） 工程名称	厦门万丽酒店		分部（子分部） 工程名称		建筑给水排水及供暖 （卫生器具）	
分项工程 工程量	114 套		检验批数量		6	
施工单位	新鸿装饰公司		项目负责人	蒋祖科	项目技术 负责人	周亮
分包单位	/		分包单位 负责人	/	分包内容	/

序号	检验批名称	检验批容量	部位／区段	施工单位 检查结果	监理单位验收 结论
1	卫生器具安装检验 批质量验收记录	20 套	F7 客房区 卫生间	检验批合格	同意验收
2	卫生器具安装检验 批质量验收记录	20 套	F6 客房区 卫生间	检验批合格	同意验收
3	卫生器具安装检验 批质量验收记录	20 套	F5 客房区 卫生间	检验批合格	同意验收
4	卫生器具安装检验 批质量验收记录	20 套	F4 客房区 卫生间	检验批合格	同意验收
5	卫生器具安装检验 批质量验收记录	20 套	F3 客房区 卫生间	检验批合格	同意验收
6	卫生器具安装检验 批质量验收记录	14 套	21 号～27 号单 层别墅卫生间	检验批合格	同意验收

说明：各检验批均合格。	
施工单位 检查结果	符合要求 项目专业技术负责人：周晓波　　2018年12月18日
监理单位 验收结论	同意验收 专业监理工程师：任贤　　2018年12月20日

本表由施工单位填写。

394

卫生器具给水配件安装 分项工程质量验收记录

编号： 050402001

单位（子单位） 工程名称	厦门万丽酒店	分部（子分部） 工程名称	建筑给水排水及供暖 （卫生器具）		
分项工程 工程量	114 套	检验批数量	6		
施工单位	新鸿装饰公司	项目负责人	蒋祖科	项目技术 负责人	周亮
分包单位	/	分包单位 负责人	/	分包内容	/

序号	检验批名称	检验批 容量	部位 / 区段	施工单位 检查结果	监理单位 验收结论
1	卫生器具给水配件安装 检验批质量验收记录	20 套	F7 客房区 卫生间	检验批合格	同意验收
2	卫生器具给水配件安装 检验批质量验收记录	20 套	F6 客房区 卫生间	检验批合格	同意验收
3	卫生器具给水配件安装 检验批质量验收记录	20 套	F5 客房区 卫生间	检验批合格	同意验收
4	卫生器具给水配件安装 检验批质量验收记录	20 套	F4 客房区 卫生间	检验批合格	同意验收
5	卫生器具给水配件安装 检验批质量验收记录	20 套	F3 客房区 卫生间	检验批合格	同意验收
6	卫生器具给水配件安装 检验批质量验收记录	14 套	21 号～27 号单 层别墅卫生间	检验批合格	同意验收

说明：各检验批均合格。	
施工单位 检查结果	符合要求 项目专业技术负责人：周晓波　2018年12月18日
监理单位 验收结论	同意验收 专业监理工程师：任贤　2018年12月20日

本表由施工单位填写。

<u>卫生器具排水管道安装</u> 分项工程质量验收记录

编号： 050403001

单位（子单位） 工程名称	厦门万丽酒店		分部（子分部） 工程名称	建筑给水排水及供暖 （卫生器具）			
分项工程 工程量	114 套		检验批数量	6			
施工单位	新鸿装饰公司		项目负责人	蒋祖科	项目技术 负责人		周亮
分包单位	/		分包单位 负责人	/	分包内容		/
序号	检验批名称	检验批 容量	部位／区段	施工单位 检查结果		监理单位 验收结论	
1	卫生器具排水管道安装 检验批质量验收记录	20 套	F7 客房区 卫生间	检验批合格		同意验收	
2	卫生器具排水管道安装 检验批质量验收记录	20 套	F6 客房区 卫生间	检验批合格		同意验收	
3	卫生器具排水管道安装 检验批质量验收记录	20 套	F5 客房区 卫生间	检验批合格		同意验收	
4	卫生器具排水管道安装 检验批质量验收记录	20 套	F4 客房区 卫生间	检验批合格		同意验收	
5	卫生器具排水管道安装 检验批质量验收记录	20 套	F3 客房区 卫生间	检验批合格		同意验收	
6	卫生器具排水管道安装 检验批质量验收记录	14 套	21 号～27 号单 层别墅卫生间	检验批合格		同意验收	
说明：各检验批均合格。							
施工单位 检查结果	符合要求 项目专业技术负责人：周晓波　　2018年12月18日						
监理单位 验收结论	同意验收 专业监理工程师：任贤　　2018年12月20日						

本表由施工单位填写。

3.7.4.4 （建筑电气分部）分项工程质量验收记录范例

分项工程质量验收记录目录					
工程名称	厦门万丽酒店	资料类别	分项工程质量验收记录		
序号	内容摘要	编制单位	日期	资料编号	备注
1	成套配电柜、控制柜（台、箱）和配电箱（盘）安装分项工程质量验收记录	新鸿装饰公司	2018.12.15		
2	梯架、托盘和槽盒安装分项工程质量验收记录	新鸿装饰公司	2018.12.20		
3	导管敷设分项工程质量验收记录	新鸿装饰公司	2018.01.22		
4	电缆敷设分项工程质量验收记录	新鸿装饰公司	2018.01.18		
5	导管内穿线和槽盒内敷线分项工程质量验收记录	新鸿装饰公司	2018.12.20		
6	电缆头制作、导线连接和线路绝缘测试分项工程质量验收记录	新鸿装饰公司	2018.12.22		
7	普通灯具安装分项工程质量验收记录	新鸿装饰公司	2018.12.25		
8	专用灯具安装分项工程质量验收记录	新鸿装饰公司	2018.12.25		
9	开关、插座、风扇安装分项工程质量验收记录	新鸿装饰公司	2018.12.25		
10	建筑物照明通电试运行分项工程质量验收记录	新鸿装饰公司	2018.12.28		
11	建筑物等电位联结分项工程质量验收记录	新鸿装饰公司	2018.08.25		

<u>成套配电柜、控制柜（台、箱）和配电箱（盘）安装</u> **分项工程质量验收记录**

编号： 070501001

单位（子单位）工程名称	厦门万丽酒店	分部（子分部）工程名称	建筑电气（电气照明）		
分项工程工程量	57 台	检验批数量	6		
施工单位	新鸿装饰公司	项目负责人	蒋祖科	项目技术负责人	周亮
分包单位	/	分包单位负责人	/	分包内容	/

序号	检验批名称	检验批容量	部位/区段	施工单位检查结果	监理单位验收结论
1	成套配电柜、控制柜（台、箱）和配电箱（盘）安装检验批质量验收记录	10 台	F7 强电箱安装	检验批合格	同意验收
2	成套配电柜、控制柜（台、箱）和配电箱（盘）安装检验批质量验收记录	10 台	F6 强电箱安装	检验批合格	同意验收
3	成套配电柜、控制柜（台、箱）和配电箱（盘）安装检验批质量验收记录	10 台	F5 强电箱安装	检验批合格	同意验收
4	成套配电柜、控制柜（台、箱）和配电箱（盘）安装检验批质量验收记录	10 台	F4 强电箱安装	检验批合格	同意验收
5	成套配电柜、控制柜（台、箱）和配电箱（盘）安装检验批质量验收记录	10 台	F3 强电箱安装	检验批合格	同意验收
6	成套配电柜、控制柜（台、箱）和配电箱（盘）安装检验批质量验收记录	7 台	21 号～27 号单层别墅强电箱安装	检验批合格	同意验收

说明：各检验批均合格。

施工单位检查结果	符合要求 项目专业技术负责人：徐金汉　　2018年12月13日
监理单位验收结论	同意验收 专业监理工程师：严罗祥　　2018年12月15日

本表由施工单位填写。

<u>梯架、托盘和槽盒安装</u> 分项工程质量验收记录

编号： <u>070502001</u>

单位（子单位） 工程名称	厦门万丽酒店	分部（子分部） 工程名称	建筑电气（电气照明）		
分项工程 工程量	100 件	检验批数量	5		
施工单位	新鸿装饰公司	项目负责人	蒋祖科	项目技术 负责人	周亮
分包单位	/	分包单位 负责人	/	分包内容	/

序号	检验批名称	检验批 容量	部位／区段	施工单位 检查结果	监理单位 验收结论
1	梯架、托盘和槽盒安装 检验批质量验收记录	20 件	F7 客房区	检验批合格	同意验收
2	梯架、托盘和槽盒安装 检验批质量验收记录	20 件	F6 客房区	检验批合格	同意验收
3	梯架、托盘和槽盒安装 检验批质量验收记录	20 件	F5 客房区	检验批合格	同意验收
4	梯架、托盘和槽盒安装 检验批质量验收记录	20 件	F4 客房区	检验批合格	同意验收
5	梯架、托盘和槽盒安装 检验批质量验收记录	20 件	F3 客房区	检验批合格	同意验收

说明：各检验批均合格。	
施工单位 检查结果	符合要求 项目专业技术负责人：徐金汉　　2018年12月18日
监理单位 验收结论	同意验收 专业监理工程师：严罗祥　　2018年12月20日

本表由施工单位填写。

导管敷设 分项工程质量验收记录

编号： 070503001

单位（子单位） 工程名称	厦门万丽酒店		分部（子分部） 工程名称		建筑电气（电气照明）		
分项工程 工程量	57 回路		检验批数量		6		
施工单位	新鸿装饰公司		项目负责人	蒋祖科	项目技术 负责人		周亮
分包单位	/		分包单位 负责人	/	分包内容		/
序号	检验批名称	检验批容量	部位／区段		施工单位 检查结果		监理单位 验收结论
1	导管敷设检验批 质量验收记录	10 回路	F7 客房区墙面、 吊顶导管敷设		检验批合格		同意验收
2	导管敷设检验批 质量验收记录	10 回路	F6 客房区墙面、 吊顶导管敷设		检验批合格		同意验收
3	导管敷设检验批 质量验收记录	10 回路	F5 客房区墙面、 吊顶导管敷设		检验批合格		同意验收
4	导管敷设检验批 质量验收记录	10 回路	F4 客房区墙面、 吊顶导管敷设		检验批合格		同意验收
5	导管敷设检验批 质量验收记录	10 回路	F3 客房区墙面、 吊顶导管敷设		检验批合格		同意验收
6	导管敷设检验批 质量验收记录	7 回路	21 号~27 号单 层别墅墙面、 吊顶导管敷设		检验批合格		同意验收
说明：各检验批均合格。							
施工单位 检查结果	符合要求 项目专业技术负责人：徐金汉　　2018年01月20日						
监理单位 验收结论	同意验收 专业监理工程师：严罗祥　　2018年01月22日						

本表由施工单位填写。

电缆敷设　分项工程质量验收记录

编号：　070504001

单位（子单位）工程名称	厦门万丽酒店		分部（子分部）工程名称	建筑电气（电气照明）		
分项工程工程量	1200m		检验批数量	6		
施工单位	新鸿装饰公司		项目负责人	蒋祖科	项目技术负责人	周亮
分包单位	/		分包单位负责人	/	分包内容	/

序号	检验批名称	检验批容量	部位/区段	施工单位检查结果	监理单位验收结论
1	电缆敷设检验批质量验收记录	200m	F7客房区电缆敷设	检验批合格	同意验收
2	电缆敷设检验批质量验收记录	200m	F6客房区电缆敷设	检验批合格	同意验收
3	电缆敷设检验批质量验收记录	200m	F5客房区电缆敷设	检验批合格	同意验收
4	电缆敷设检验批质量验收记录	200m	F4客房区电缆敷设	检验批合格	同意验收
5	电缆敷设检验批质量验收记录	200m	F3客房区电缆敷设	检验批合格	同意验收
6	电缆敷设检验批质量验收记录	200m	21号~27号单层别墅客房区电缆敷设	检验批合格	同意验收

说明：各检验批均合格。

施工单位检查结果	符合要求 项目专业技术负责人：徐金汉　2018年01月16日
监理单位验收结论	同意验收 专业监理工程师：严罗祥　2018年01月18日

本表由施工单位填写。

导管内穿线和槽盒内敷线 分项工程质量验收记录

编号： 070505001

单位（子单位）工程名称	厦门万丽酒店	分部（子分部）工程名称	建筑电气（电气照明）		
分项工程工程量	100 回路	检验批数量	5		
施工单位	新鸿装饰公司	项目负责人	蒋祖科	项目技术负责人	周亮
分包单位	/	分包单位负责人	/	分包内容	/

序号	检验批名称	检验批容量	部位／区段	施工单位检查结果	监理单位验收结论
1	导管内穿线和槽盒内敷线检验批质量验收记录	20 回路	F7 客房区	检验批合格	同意验收
2	导管内穿线和槽盒内敷线检验批质量验收记录	20 回路	F6 客房区	检验批合格	同意验收
3	导管内穿线和槽盒内敷线检验批质量验收记录	20 回路	F5 客房区	检验批合格	同意验收
4	导管内穿线和槽盒内敷线检验批质量验收记录	20 回路	F4 客房区	检验批合格	同意验收
5	导管内穿线和槽盒内敷线检验批质量验收记录	20 回路	F3 客房区	检验批合格	同意验收

说明：各检验批均合格。	
施工单位检查结果	符合要求 项目专业技术负责人：徐全汉　　2018年12月18日
监理单位验收结论	同意验收 专业监理工程师：严乡祥　　2018年12月20日

本表由施工单位填写。

电缆头制作、导线连接和线路绝缘测试 分项工程质量验收记录

编号： 070508001

单位（子单位） 工程名称	厦门万丽酒店	分部（子分部） 工程名称	建筑电气（电气动力）		
分项工程 工程量	215 回路	检验批数量	6		
施工单位	新鸿装饰公司	项目负责人	蒋祖科	项目技术 负责人	周亮
分包单位	/	分包单位 负责人	/	分包内容	/

序号	检验批名称	检验批 容量	部位/区段	施工单位 检查结果	监理单位 验收结论
1	电缆头制作、导线连接和线路绝缘测试检验批质量验收记录	36 回路	F7 户内配线	检验批合格	同意验收
2	电缆头制作、导线连接和线路绝缘测试检验批质量验收记录	36 回路	F6 户内配线	检验批合格	同意验收
3	电缆头制作、导线连接和线路绝缘测试检验批质量验收记录	36 回路	F5 户内配线	检验批合格	同意验收
4	电缆头制作、导线连接和线路绝缘测试检验批质量验收记录	36 回路	F4 户内配线	检验批合格	同意验收
5	电缆头制作、导线连接和线路绝缘测试检验批质量验收记录	36 回路	F3 户内配线	检验批合格	同意验收
6	电缆头制作、导线连接和线路绝缘测试检验批质量验收记录	35 回路	21 号～27 号单层别墅户内配线	检验批合格	同意验收

说明：各检验批均合格。

施工单位 检查结果	符合要求 项目专业技术负责人：徐金汉　　2018年12月20日
监理单位 验收结论	同意验收 专业监理工程师：严罗祥　　2018年12月22日

本表由施工单位填写。

___普通灯具安装___ 分项工程质量验收记录

编号：070509001

单位（子单位）工程名称	厦门万丽酒店	分部（子分部）工程名称	建筑电气（电气照明）		
分项工程工程量	1070 套	检验批数量	6		
施工单位	新鸿装饰公司	项目负责人	蒋祖科	项目技术负责人	周亮
分包单位	/	分包单位负责人	/	分包内容	/

序号	检验批名称	检验批容量	部位／区段	施工单位检查结果	监理单位验收结论
1	普通灯具安装检验批质量验收记录	200 套	F7 客房区	检验批合格	同意验收
2	普通灯具安装检验批质量验收记录	200 套	F6 客房区	检验批合格	同意验收
3	普通灯具安装检验批质量验收记录	200 套	F5 客房区	检验批合格	同意验收
4	普通灯具安装检验批质量验收记录	200 套	F4 客房区	检验批合格	同意验收
5	普通灯具安装检验批质量验收记录	200 套	F3 客房区	检验批合格	同意验收
6	普通灯具安装检验批质量验收记录	70 套	21 号～27 号单层别墅	检验批合格	同意验收

说明：各检验批均合格。

施工单位检查结果	符合要求 项目专业技术负责人：徐金汉　2018年12月23日
监理单位验收结论	同意验收 专业监理工程师：严罗祥　2018年12月25日

本表由施工单位填写。

专用灯具安装　分项工程质量验收记录

编号：　070510001

单位（子单位）工程名称	厦门万丽酒店		分部（子分部）工程名称	建筑电气（电气照明）		
分项工程工程量	150 套		检验批数量	2		
施工单位	新鸿装饰公司		项目负责人	蒋祖科	项目技术负责人	周亮
分包单位	/		分包单位负责人	/	分包内容	/

序号	检验批名称	检验批容量	部位/区段	施工单位检查结果	监理单位验收结论
1	专用灯具安装检验批质量验收记录	100 套	F7 客房区	检验批合格	同意验收
2	专用灯具安装检验批质量验收记录	50 套	21 号～27 号单层别墅	检验批合格	同意验收

说明：各检验批均合格。	
施工单位检查结果	符合要求 项目专业技术负责人：徐金汉　2018年12月23日
监理单位验收结论	同意验收 专业监理工程师：严罗祥　2018年12月25日

本表由施工单位填写。

<u>开关、插座、风扇安装</u> 分项工程质量验收记录

编号：070511001

单位（子单位）工程名称	厦门万丽酒店		分部（子分部）工程名称	建筑电气（电气照明）	
分项工程工程量	240 套		检验批数量	6	
施工单位	新鸿装饰公司		项目负责人	蒋祖科	项目技术负责人 周亮
分包单位	/		分包单位负责人	/	分包内容 /

序号	检验批名称	检验批容量	部位/区段	施工单位检查结果	监理单位验收结论
1	开关、插座、风扇安装检验批质量验收记录	36 套	F7 客房区	检验批合格	同意验收
2	开关、插座、风扇安装检验批质量验收记录	36 套	F6 客房区	检验批合格	同意验收
3	开关、插座、风扇安装检验批质量验收记录	36 套	F5 客房区	检验批合格	同意验收
4	开关、插座、风扇安装检验批质量验收记录	36 套	F4 客房区	检验批合格	同意验收
5	开关、插座、风扇安装检验批质量验收记录	36 套	F3 客房区	检验批合格	同意验收
6	开关、插座、风扇安装检验批质量验收记录	60 套	21号~27号单层别墅	检验批合格	同意验收

说明：各检验批均合格。

施工单位检查结果	符合要求 项目专业技术负责人：徐金汉　2018年12月23日
监理单位验收结论	同意验收 专业监理工程师：严子祥　2018年12月25日

本表由施工单位填写。

建筑物照明通电试运行 分项工程质量验收记录

编号：070512001

单位（子单位）工程名称	厦门万丽酒店	分部（子分部）工程名称	建筑电气（电气照明）		
分项工程工程量	360 台	检验批数量	5		
施工单位	新鸿装饰公司	项目负责人	蒋祖科	项目技术负责人	周亮
分包单位	/	分包单位负责人	/	分包内容	/

序号	检验批名称	检验批容量	部位/区段	施工单位检查结果	监理单位验收结论
1	建筑物照明通电试运行检验批质量验收记录	72 台	F7 室内照明	检验批合格	同意验收
2	建筑物照明通电试运行检验批质量验收记录	72 台	F6 室内照明	检验批合格	同意验收
3	建筑物照明通电试运行检验批质量验收记录	72 台	F5 室内照明	检验批合格	同意验收
4	建筑物照明通电试运行检验批质量验收记录	72 台	F4 室内照明	检验批合格	同意验收
5	建筑物照明通电试运行检验批质量验收记录	72 台	F3 室内照明	检验批合格	同意验收

说明：各检验批均合格。

施工单位检查结果	符合要求 项目专业技术负责人：徐金汉　2018年12月26日
监理单位验收结论	同意验收 专业监理工程师：严罗祥　2018年12月28日

本表由施工单位填写。

建筑物等电位联结 分项工程质量验收记录

编号：070703001

单位（子单位）工程名称	厦门万丽酒店	分部（子分部）工程名称	建筑电气（电气照明）		
分项工程工程量	104 处	检验批数量	6		
施工单位	新鸿装饰公司	项目负责人	蒋祖科	项目技术负责人	周亮
分包单位	/	分包单位负责人	/	分包内容	/

序号	检验批名称	检验批容量	部位/区段	施工单位检查结果	监理单位验收结论
1	建筑物等电位联结检验批质量验收记录	18 处	F7 客房区卫生间等电位布置	检验批合格	同意验收
2	建筑物等电位联结检验批质量验收记录	18 处	F6 客房区卫生间等电位布置	检验批合格	同意验收
3	建筑物等电位联结检验批质量验收记录	18 处	F5 客房区卫生间等电位布置	检验批合格	同意验收
4	建筑物等电位联结检验批质量验收记录	18 处	F4 客房区卫生间等电位布置	检验批合格	同意验收
5	建筑物等电位联结检验批质量验收记录	18 处	F3 客房区卫生间等电位布置	检验批合格	同意验收
6	建筑物等电位联结检验批质量验收记录	14 处	21号~27号单层别墅卫生间等电位布置	检验批合格	同意验收

说明：各检验批均合格。

施工单位检查结果	符合要求 项目专业技术负责人：徐金汉　2018年08月23日
监理单位验收结论	同意验收 专业监理工程师：严罗祥　2018年08月25日

本表由施工单位填写。

3.7.4.5 （建筑节能分部）分项工程质量验收记录范例

分项工程质量验收记录目录					
工程名称	厦门万丽酒店	资料类别	分项工程质量验收记录		
序号	内容摘要	编制单位	日期	资料编号	备注
1	配电与照明节能工程分项工程质量验收记录	新鸿装饰公司	2018.12.12		

<u>配电与照明节能工程</u> 分项工程质量验收记录

编号：<u>090301001</u>

单位（子单位） 工程名称	厦门万丽酒店	分部（子分部） 工程名称	建筑节能（配电与照明节能工程）		
分项工程 工程量	30 件	检验批数量	3		
施工单位	新鸿装饰公司	项目负责人	蒋祖科	项目技术 负责人	周亮
分包单位	/	分包单位 负责人	/	分包内容	/

序号	检验批名称	检验批 容量	部位／区段	施工单位 检查结果	监理单位 验收结论
1	配电与照明节能工程 检验批质量验收记录	10 件	21 号～27 号单 层别墅	检验批合格	同意验收
2	配电与照明节能工程 检验批质量验收记录	10 件	F1～F5 客房区	检验批合格	同意验收
3	配电与照明节能工程 检验批质量验收记录	10 件	F1～F5 客房区 走道	检验批合格	同意验收

说明：各检验批均合格。

施工单位 检查结果	符合要求 项目专业技术负责人：徐金汉　2018年12月10日
监理单位 验收结论	同意验收 专业监理工程师：严罗祥　2018年12月12日

本表由施工单位填写。

3.7.5　分部工程质量验收记录目录范例

分部工程质量验收记录目录					
工程名称	厦门万丽酒店	**资料类别**	分部工程质量验收记录		
序号	**内容摘要**	**编制单位**	**日期**	**资料编号**	**备注**
1	建筑装饰装修分部工程质量验收记录	新鸿装饰公司	2019.03.15	001	
2	建筑给水排水及供暖分部工程质量验收记录	新鸿装饰公司	2019.01.01	002	
3	建筑电气分部工程质量验收记录	新鸿装饰公司	2019.01.01	003	
4	建筑节能分部工程质量验收记录	新鸿装饰公司	2019.01.01	004	

3.7.5.1 建筑装饰装修分部工程质量验收记录

<u>建筑装饰装修</u> 分部工程质量验收记录

编号：0300C7001

单位（子单位）工程名称	厦门万丽酒店	子分部工程数量	11	分项工程数量	26
施工单位	新鸿装饰公司	项目负责人	蒋祖科	技术（质量）负责人	陆军
分包单位	/	分包单位负责人	/	分包内容	/

序号	子分部工程名称	分项工程名称	检验批数量	施工单位检查结果	监理单位验收结论
1	建筑地面	基层铺设	7	符合要求	同意验收
2	建筑地面	整体面层铺设	6	符合要求	同意验收
3	建筑地面	板块面层铺设	5	符合要求	同意验收
4	建筑地面	木、竹面层铺设	6	符合要求	同意验收
5	抹灰	一般抹灰	6	符合要求	同意验收
6	门窗	木门窗安装	6	符合要求	同意验收
7	吊顶	整体面层吊顶	2	符合要求	同意验收
8	吊顶	格栅吊顶	5	符合要求	同意验收
9	轻质隔墙	板材隔墙	6	符合要求	同意验收
10	轻质隔墙	骨架隔墙	6	符合要求	同意验收
11	轻质隔墙	活动隔墙	2	符合要求	同意验收
12	轻质隔墙	玻璃隔墙	6	符合要求	同意验收
13	饰面板	石板安装	1	符合要求	同意验收
14	饰面板	陶瓷板安装	6	符合要求	同意验收
15	饰面板	木板安装	6	符合要求	同意验收
16	饰面板	金属板安装	6	符合要求	同意验收
17	饰面砖	内墙饰面砖粘贴	2	符合要求	同意验收
18	涂饰	水性涂料涂饰	3	符合要求	同意验收
19	裱糊与软包	裱糊	3	符合要求	同意验收
20	裱糊与软包	软包	2	符合要求	同意验收

续表

序号	子分部 工程名称	分项工程名称	检验批 数量	施工单位 检查结果	监理单位 验收结论
21	细部	橱柜制作与安装	1	符合要求	同意验收
22	细部	窗帘盒、窗台板和散热器 罩制作与安装	3	符合要求	同意验收
23	细部	门窗套制作与安装	3	符合要求	同意验收
24	细部	护栏和扶手制作与安装	2	符合要求	同意验收
25	细部	花饰制作与安装	3	符合要求	同意验收
	质量控制资料			齐全、有效	同意验收
	安全和功能检验结果			符合要求	同意验收
	观感质量检验结果			好	好
综合验收结论		同意验收			

施工单位 项目负责人： *蒋祖科* 2019年03月15日	设计单位 项目负责人： *周鸿图* 2019年03月15日	监理单位 总监理工程师： *赵方圆* 2019年03月15日

注：1. 地基与基础分部工程的验收应由施工单位、勘察单位、设计单位项目负责人和总监理工程师参加并签字。

2. 主体结构、节能分部工程的验收应由施工单位、设计单位项目负责人和总监理工程师参加并签字。

3. 本表由施工单位填写。

3.7.5.2　建筑给水排水及供暖分部工程质量验收记录

<u>建筑给水排水及供暖</u>　分部工程质量验收记录

编号：　0500C7001

单位（子单位）工程名称	厦门万丽酒店	子分部工程数量	3	分项工程数量	5
施工单位	新鸿装饰公司	项目负责人	蒋祖科	技术（质量）负责人	陆军
分包单位	/	分包单位负责人	/	分包内容	/

序号	子分部工程名称	分项工程名称	检验批数量	施工单位检查结果	监理单位验收结论
1	室内给水系统	给水设备安装	6	符合要求	同意验收
2	室内排水系统	排水管道及配件安装	6	符合要求	同意验收
3	卫生器具	卫生器具安装	6	符合要求	同意验收
4	卫生器具	卫生器具给水配件安装	6	符合要求	同意验收
5	卫生器具	卫生器具排水管道安装	6	符合要求	同意验收
质量控制资料				齐全、有效	同意验收
安全和功能检验结果				符合要求	同意验收
观感质量检验结果				好	好
综合验收结论		同意验收			

施工单位 项目负责人：	设计单位 项目负责人：	监理单位 总监理工程师：
蒋祖科 2019年01月01日	周鸿圆 2019年01月01日	赵方圆 2019年01月01日

注：1. 地基与基础分部工程的验收应由施工单位、勘察单位、设计单位项目负责人和总监理工程师参加并签字。

2. 主体结构、节能分部工程的验收应由施工单位、设计单位项目负责人和总监理工程师参加并签字。

3. 本表由施工单位填写。

3.7.5.3　建筑电气分部工程质量验收记录

<u>　建筑电气　</u> 分部工程质量验收记录

编号：　0700C7001

单位（子单位）工程名称		厦门万丽酒店	子分部工程数量		2	分项工程数量		11
施工单位		新鸿装饰公司	项目负责人		蒋祖科	技术（质量）负责人		陆军
分包单位		/	分包单位负责人		/	分包内容		/
序号	子分部工程名称	分项工程名称		检验批数量		施工单位检查结果		监理单位验收结论
1	电气照明	成套配电柜、控制柜(台、箱)和配电箱（盘）安装		6		符合要求		同意验收
2	电气照明	梯架、托盘和槽盒安装		5		符合要求		同意验收
3	电气照明	导管敷设		6		符合要求		同意验收
4	电气照明	电缆敷设		6		符合要求		同意验收
5	电气照明	导管内穿线和槽盒内敷线		5		符合要求		同意验收
6	电气照明	电缆头制作、导线连接和线路绝缘测试		6		符合要求		同意验收
7	电气照明	普通灯具安装		6		符合要求		同意验收
8	电气照明	专用灯具安装		2		符合要求		同意验收
9	电气照明	开关、插座、风扇安装		6		符合要求		同意验收
10	电气照明	建筑物照明通电试运行		5		符合要求		同意验收
11	防雷和接地	建筑物等电位联结		36		符合要求		同意验收
质量控制资料						齐全、有效		同意验收
安全和功能检验结果						符合要求		同意验收
观感质量检验结果						好		好
综合验收结论		同意验收						
施工单位项目负责人： *蒋祖科* 2019年01月01日			设计单位项目负责人： *周鸿图* 2019年01月01日			监理单位总监理工程师： *赵方圆* 2019年01月01日		

注：1. 地基与基础分部工程的验收应由施工单位、勘察单位、设计单位项目负责人和总监理工程师参加并签字。

　　2. 主体结构、节能分部工程的验收应由施工单位、设计单位项目负责人和总监理工程师参加并签字。

　　3. 本表由施工单位填写。

3.7.5.4 建筑节能分部工程质量验收记录

<u>建筑节能</u> 分部工程质量验收记录

编号：0903C7001

单位（子单位）工程名称	厦门万丽酒店	子分部工程数量	1	分项工程数量	1
施工单位	新鸿装饰公司	项目负责人	蒋祖科	技术（质量）负责人	陆军
分包单位	/	分包单位负责人	/	分包内容	/

序号	子分部工程名称	分项工程名称	检验批数量	施工单位检查结果	监理单位验收结论
1	电气动力节能	配电与照明节能工程	3	符合要求	同意验收
质量控制资料				齐全、有效	同意验收
安全和功能检验结果				符合要求	同意验收
观感质量检验结果				好	好
综合验收结论		同意验收			

施工单位项目负责人： *蒋祖科* 2019年01月01日	设计单位项目负责人： *周鸿图* 2019年01月01日	监理单位总监理工程师： *赵方圆* 2019年01月01日

注：1. 地基与基础分部工程的验收应由施工单位、勘察单位、设计单位项目负责人和总监理工程师参加并签字。

　　2. 主体结构、节能分部工程的验收应由施工单位、设计单位项目负责人和总监理工程师参加并签字。

　　3. 本表由施工单位填写。

3.7.6 施工质量验收记录资料管理要点

1. 基本要求

建筑装饰装修工程施工质量验收是保障装饰装修工程符合规范的关键环节。建筑装饰装修工程的质量验收程序和组织应符合现行国家标准《建筑工程施工质量验收统一标准》GB 50300 的要求，并且在验收过程中还需与其配套的专业规范，如现行国家标准《建筑地面工程施工质量验收规范》GB 50209、《钢结构工程施工质量验收标准》GB 50205、《建筑电气工程施工质量验收规范》GB 50303、《建筑给水排水及采暖工程施工质量验收规范》GB 50242、《通风与空调工程施工质量验收规范》GB 50243 等配合执行。

在建筑装饰装修工程中，从准备施工到交付使用，需要多个工序和工种协作完成。工程质量的好坏也取决于每一道施工工序以及各工种的操作和管理水平。为了方便工程质量管理和验收，通常将建筑装饰装修工程分为检验批、分项工程、子分部工程、分部工程、子单位工程、单位工程六个层次。检验批是工程验收的最小单位，是分项、分部、单位工程质量验收的基础，其资料由每道施工工序组成；分项工程的质量验收以检验批为基础，且在其所含的检验批全部验收合格的前提下进行；分部（子分部）工程的质量验收以分项工程验收为基础，由其所含的若干个验收合格的分项工程组成。工程施工和验收顺序可以概括为：检验批→分项工程→（子分部）分部工程→（子单位）单位。工程验收程序如图 3-5 所示。

在进行建筑装饰装修工程施工中，不可避免地涉及一些主体结构的分部工程，如钢结构骨架、墙体砌筑，以及一些建筑给水排水、建筑电气的分部工程，如给水排水管道及配件安装、卫生器具安装；照明配电箱安装、电线、电缆导管和线槽敷设；普通灯具安装、专用灯具安装；插座、开关、电风扇安装等。凡涉及配套专业的工程，应分别将其纳入相应的分部工程和子分部工程进行质量验收。

（1）建筑装饰装修工程施工质量控制要点

1）建筑装饰装修工程所采用的主要材料、半成品、成品、建筑构

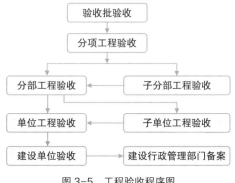

图 3-5　工程验收程序图

配件、器具以及设备均应进行现场验收。凡是涉及安全、功能的相关产品，都应按照各专业工程质量验收规范的规定进行复验，并应经监理工程师 (建设单位技术负责人) 检查认可。

2）各工序按施工技术标准进行质量控制，每道工序完成后应进行检查。

3）相关各专业工种之间应进行交接验收，并形成记录。未经监理工程师 (建设单位技术负责人) 检查认可，不得进行下道工序施工。

（2）建筑装饰装修工程施工质量验收要求

1）建筑装饰装修工程施工质量应符合相关专业验收规范的规定。

2）建筑装饰装修工程施工应符合设计文件的要求。

3）参加工程施工质量验收的各方人员应具备规定的职业资格。

4）工程质量验收均应在施工单位自行检查评定的基础上进行。

5）隐蔽工程在隐蔽前应由施工单位通知有关单位进行验收，并形成验收文件。

6）涉及结构安全的试块、试件以及有关材料，应按规定进行见证取样检测。

7）检验批的质量应按主控项目和一般项目验收。

8）对涉及结构安全和使用功能的重要分部工程应进行抽样检测。

9）承担见证取样检测及有关结构安全检测的单位应具有相应的资质。

10）工程的观感质量应由验收人员通过现场检查，并应共同确认。

2. 专项说明

（1）建筑装饰装修工程子分部工程、分项工程的划分

依据现行国家标准《建筑工程施工质量验收统一标准》GB 50300的规定，建筑装饰装修工程仅为建筑工程的一个分部工程。该分部工程包含地面、抹灰、门窗、吊顶、轻质隔墙、饰面板（砖）、幕墙、涂饰、裱糊与软包、细部10个子分部工程，而子分部工程又分别含有若干个分项工程。建筑装饰装修工程子分部工程及其分项工程应按表3-12的规定划分。

表3-12　建筑装饰装修工程子分部工程及其分项工程划分表

分部工程代号	分部工程	子分部工程	分项工程	备注
02	主体结构	砌体结构（02）	砖砌体（01），混凝土小型空心砌块砌体（02），石砌体（03），配筋砌体（04），填充墙砌体（05）	单独立卷
		钢结构（03）	钢结构焊接（01），紧固件连接（02），钢零部件加工（03），钢构件组装及钢构件预拼装（04），单层钢结构安装（05），多层及高层钢结构安装（06），钢管结构安装（07），预应力钢索和膜结构（08），压型金属板（09），防腐涂料涂装（10），防火涂料涂装（11）	
03	建筑装饰装修	抹灰（01）	一般抹灰（01），保温层薄抹灰（02），装饰抹灰（03），清水砌体勾缝（04）	
		门窗（03）	木门窗安装（01），金属门窗安装（02），塑料门窗安装（03），特种门安装（04），门窗玻璃安装（05）	
		吊顶（04）	整体面层吊顶（01），板块面层吊顶（02），格栅吊顶（03）	
		轻质隔墙（05）	板材隔墙（01），骨架隔墙（02），活动隔墙（03），玻璃隔墙（04）	
		饰面板（06）	石板安装（01），陶瓷板安装（02），木板安装（03），金属板安装（04），塑料板安装（05）	
		饰面砖（07）	外墙饰面砖粘贴（01），内墙饰面砖粘贴（02）	

续表

分部工程代号	分部工程	子分部工程	分项工程	备注
03	建筑装饰装修	幕墙（08）	玻璃幕墙安装（01），金属幕墙安装（02），石材幕墙安装（03），人造板材幕墙安装（04）	单独立卷
		涂饰（09）	水性涂料涂饰（01），溶剂型涂料涂饰（02），美术涂饰（03）	
		裱糊与软包（10）	裱糊（01），软包（02）	
		细部（11）	橱柜制作与安装（01），窗帘盒和窗台板制作与安装（02），门窗套制作与安装（03），护栏和扶手制作与安装（04），花饰制作与安装（05）	
		建筑地面（12）	基层铺设（01），整体面层铺设（02），板块面层铺设（03），木、竹面层铺设（04）	
05	建筑给水排水及供暖	室内给水系统（01）	给水管道及配件安装（01），给水设备安装（02），室内消火栓系统安装（03），消防喷淋系统安装（04），防腐（05），绝热（06），管道冲洗、消毒（07），试验与调试（08）	
		室内排水系统（02）	排水管道及配件安装（01），雨水管道及配件安装（02），防腐（03），试验与调试（04）	
		室内热水系统（03）	管道及配件安装（01），辅助设备安装（02），防腐（03），绝热（04），试验与调试（05）	
		卫生器具（04）	卫生器具安装（01），卫生器具给水配件安装（02），卫生器具排水管道安装（03），试验与调试（04）	
07	建筑电气	电气照明（05）	成套配电柜、控制柜(台、箱)和配电箱(盘)安装（01），梯架、托盘和槽盒安装（02），导线敷设（03），电缆敷设（04），导管内穿线和线盒内敷线（05），塑料护套线直敷布线（06），钢索配线（07），电缆头制作、导线连接和线路绝缘测试（08），普通灯具安装（09），专用灯具安装（10），开关、插座、风扇安装（11），建筑物照明通电试运行（12）	
		防雷及接地装置（07）	接地装置安装（01），防雷引下线及接闪器安装（02），建筑物等电位联结（03）	
09	建筑节能	电气动力节能（03）	配电与照明节能（01）	

（2）建筑装饰装修工程检验批的划分

检验批可以看作质量验收过程中的基本单元。建筑装饰装修工程检验批划分，可根据施工及质量控制和专业验收需要，按楼层、施工段、变形缝等进行划分。建筑装饰装修工程中具体项目检验批的划分原则详见表3-13。

表3-13 建筑装饰装修工程检验批划分表

序号	子分部工程	分项工程检验批划分原则
1	砌体结构工程	（1）按楼层、变形缝、施工段划分检验批，每一检验批砌体不得超过250m^3砌体。 （2）主体结构砌体一个楼层（基础砌体可按一个楼层计）。 （3）填充墙砌体量少时可多个楼层合并
2	钢结构工程	（1）单层钢结构按变形缝划分。 （2）多层及高层钢结构按楼层或施工段划分。 （3）压型金属板工程可按屋面、墙板、楼面等划分。 （4）对于原材料及成品进场时的验收，可以根据工程规模及进料实际情况合并或分解检验批
3	抹灰工程	室内抹灰：每50个自然间（大面积房间和走廊按抹灰面积30m^2为1间）也应划分为1个检验批
4	门窗工程	（1）一般门窗工程及玻璃安装每100樘应划分为1个检验批，不足100樘也应划分为1个检验批。 （2）特种门窗每50樘应划分为1个检验批，不足50樘也应划分为1个检验批
5	吊顶工程	每50间（大面积房间和走廊按吊顶面积30m^2为1间）应划分为1个检验批，不足50间也应划分为1个检验批
6	轻质隔墙工程	每50间（大面积房间和走廊按轻质隔墙面积30m^2为1间）应划分为1个检验批，不足50间也应划分为1个检验批
7	饰面板（砖）工程	室内工程：每50间（大面积房间和走廊按施工面积30m^2为1间）应划分为1个检验批，不足50间也应划分为1个检验批
8	幕墙工程	（1）每500~1000m^2应划分为1个检验批。不足500m^2也应划分为1个检验批。 （2）同一单位工程的不连续的幕墙工程应单独划分检验批。 （3）异形或有特殊要求的幕墙工程应根据幕墙的结构和工艺特点及幕墙工程规模，由监理单位（或建设单位）和施工单位协商确定
9	涂饰工程	室内工程：每50间（大面积房间和走廊按施工面积30m^2为1间）应划分为1个检验批，不足50间也应划分为1个检验批

续表

序号	子分部工程	分项工程检验批划分原则
10	裱糊与软包工程	每50间（大面积房间和走廊按施工面积30m²为1间）应划分为1个检验批，不足50间也应划分为1个检验批
11	细部工程	（1）每50间（处）应划分为1个检验批，不足50间（处）也应划分为1个检验批。 （2）每部楼梯应划分为1个检验批
12	地面工程	（1）基层和面层按每层次或每层施工段（或变形缝）作为检验批；高层建筑的标准层可按每3层（不足3层按3层计）作为检验批。 （2）基层和面层按自然间（或标准间）随机抽查不少于3间，不足3间全数检查（走道以10延米为1间，大面积房间以2个轴线为1间）。 （3）有防水要求的每检验批抽查4间，不足4间全数检查
13	室内给水系统	（1）一个系统（含垂直干管与水平支管）为1个检验批。 （2）高层一个系统可分段，每段为1个检验批。 （3）屋面或底层水平干管为1个检验批。 （4）隐蔽部分，同一个时段隐蔽的为1个检验批
14	室内排水系统	（1）一个排水系统为1个检验批。 （2）高层一个系统可分段，每段为1个检验批。 （3）若有水平干管，则水平干管为1个检验批。 （4）隐蔽部分，同一个时段隐蔽的为1个检验批
15	室内热水系统	相对独立的一套功能系统或数量较多的某一区域内的内容可作为1个检验批
16	卫生器具	（1）一层为1个检验批。 （2）单层面积较大的一层可按功能区域分为几个检验批
17	电气照明	建筑照明通电试运行检验批是按回路划分。一个回路一个回路地进行通电试运行
18	电气动力	建筑动力通电试运行检验批是按回路划分。一个回路一个回路地进行通电试运行
19	防雷及接地装置	（1）人工接地装置和利用建筑物基础钢筋的接地体各为1个检验批。 （2）大型基础按区块划分成多个检验批。 （3）避雷引下线安装6层以下的建筑为1个检验批。 （4）高层建筑依均压环设置间隔的层数为1个检验批。 （5）接闪器安装同一屋面为1个检验批

（3）建筑装饰装修工程检验批的验收

检验批是施工过程中条件相同并具有一定数量的材料、构配件或施工安装项目的总称，由于其质量基本均匀一致，因此可以作为检验的基础单位组合在一起，按批验收。检验批应由专业监理工程师组织施工单位项目专业质量检查员、专业工长等进行验收。检验批验收时，应进行资料检查和实物检验。检验批的合格质量主要取决于对主控项目和一般项目的检验结果。主控项目是对检验批质量起决定性影响的检验项目，因此必须全部符合有关专业工程验收规范的规定。这意味着主控项目不允许有不符合要求的检验结果，即：主控项目的检查结论具有否决权。如果发现主控项目有不合格的点、处、构件必须修补、返工或更换，最终使其达到合格。

1）资料检查：主要是检查从原材料进场到检验批验收的各个施工工序的操作依据、质量检查情况以及质量控制的各项管理制度等。由于资料是工程质量管理的记录，因此对其完整性的检查实际上是对过程控制的检查和确认，也是检验批合格的前提条件。

2）实物检验：按照相关标准、规范或技术要求，对检验批的实物进行观察、测量、测试等操作，按照各专业质量验收规范的标准，对各检验批的"主控项目""一般项目"规定的指标，逐项检查验收。

3）主控项目：检验批中对质量起关键作用的项目，通常对产品的安全性、可靠性、功能性等具有重要影响。在质量控制中，主控项目的合格与否是决定检验批是否合格的关键因素。对于主控项目，通常会有更为严格的要求和标准，需要进行重点检查和验证。主控项目的质量经抽样检验应全数合格，如果主控项目不合格，导致整个检验批不合格，需要进行整改或返工。

4）一般项目：检验批中无法用数字来体现质量情况的，用文字叙述观感的项目，相对于主控项目，其对质量的影响较小。一般项目的要求和标准通常相对较宽松，允许有一定的缺陷，以缺陷的数目来区分一些无法定量而采取定性的项目。一般项目的抽查样本合格率应在80%及以上，且其余样本的缺陷不能影响使用功能或明显影响装饰效果。

5）允许偏差：检验批检验项目中规定有允许偏差范围的项目。考虑到工程的实际情况与施工人员操作水平的参差不齐，允许在抽查的样本中存在少量的不影响使用功能、不明显影响装饰效果的缺陷。在有允许偏差的检验项目中，其中的最大偏差值不得超过现行国家标准《建筑装饰装修工程质量验收标准》GB 50210 规定允许偏差值的 1.5 倍。

（4）建筑装饰装修工程分项工程的验收

分项工程的验收是在检验批验收合格的基础上进行的。分项工程与检验批在性质上相似或相关，只是批量规模不同。分项工程的本质就是将相关的检验批集合在一起，形成一个更大批量的"检验批"。所以，分项工程验收合格的条件相对简单，只要构成分项工程的各个检验批均符合合格质量规定且验收合格，同时，各个检验批的质量验收记录完整齐全，即可判定分项工程验收合格。分项工程应由专业监理工程师组织施工单位项目专业技术负责人等进行验收。

（5）建筑装饰装修工程（子分部）分部工程的验收

分部工程中涉及的各分项工程必须已验收合格，且相应的质量控制资料文件必须完整，这是分部工程验收的基本条件。另外，有关安全、环保及功能检验和抽样检测结果应符合有关规定，观感质量应符合质量验收规范的要求。

分部工程应由总监理工程师组织施工单位项目负责人和项目技术负责人等进场验收。勘察单位、设计单位项目负责人和施工单位技术、质量部门负责人应参加地基与基础分部工程的验收。设计单位项目负责人和施工单位技术、质量部门负责人应参加主体结构、节能分部工程的验收。

分部工程验收若涉及子分部工程，则各子分部工程的质量均应验收合格。进行分部工程验收时，应首先检查各子分部工程中各分项工程的质量验收资料。对子分部工程的验收结论进行汇总，不必再对子分部工程重新进行验收，但应对子分部工程的质量控制资料（文件和记录）、环保、安全和功能检验报告及观感质量进行核查。

（6）建筑装饰装修工程（作为单位工程）验收单位工程中的分包工程完工后，分包单位应对所承包的工程项目进行自检，并应按国家现行标准规定的程序进行验收。验收时，总包单位应派人参加。分包单位应将所分包工程的质量控制资料整理完整，并移交给总包单位。

当建筑工程只有装饰装修分部工程时，该工程应以"装饰装修工程"作为单位工程验收。

3.7.7 卷内备考表范例

卷内备考表

本案卷共有文件材料 _375_ 页，其中：文字材料 _375_ 张，图样材料 _/_ 张，照片 _/_ 张。

说明：

本案卷完整准确。

立卷人：*张德扬*

2018 年 12 月 30 日

审核人：*蒋祖科*

2018 年 12 月 30 日

竣工验收资料（C8）

3.8 竣工验收资料（C8）范例

3.8.1 案卷封面范例

档　　号＿＿＿＿＿＿＿＿＿＿＿＿＿＿＿

案卷题名＿＿＿＿＿＿＿**厦门万丽酒店**＿＿＿＿＿＿

＿＿＿＿＿**建筑装饰装修工程施工资料**＿＿＿＿＿

＿＿＿＿＿＿＿＿**C8 竣工验收资料**＿＿＿＿＿＿＿

（1）单位（~~子单位~~）工程竣工预验收报验表

（2）单位（~~子单位~~）工程质量竣工验收记录

（3）单位（~~子单位~~）工程质量控制资料核查记录

（4）单位（~~子单位~~）工程安全和功能

检验资料核查及主要功能抽查记录

（5）单位（~~子单位~~）工程观感质量检查记录

（6）施工资料移交书

编制单位＿＿＿＿＿＿＿＿新鸿装饰公司＿＿＿＿＿

起止日期自 2019 年 01 月 15 日起至 2019 年 03 月 19 日止

密级＿＿＿＿秘密＿＿＿保管期限＿＿＿长期保管＿＿＿

本工程共＿＿11＿＿卷　　　本案卷为第＿＿11＿＿卷

3.8.2　卷内目录范例

卷内目录						
工程名称	厦门万丽酒店		资料类别	C8 竣工验收资料		
序号	文件材料题名	原编字号	编制单位	编制日期	页次	备注
1	单位（子单位）工程竣工预验收报验表		新鸿装饰公司	2019.01.15	1	
2	单位（子单位）工程质量竣工验收记录		新鸿装饰公司	2019.03.19	2	
3	单位（子单位）工程质量控制资料核查记录		新鸿装饰公司	2019.03.15	3 ~ 4	
4	单位（子单位）工程安全和功能检验资料核查及主要功能抽查记录		新鸿装饰公司	2019.03.15	5 ~ 6	
5	单位（子单位）工程观感质量核查记录		新鸿装饰公司	2019.03.15	7	
6	施工资料移交书		新鸿装饰公司	2019.03.19	8	

3.8.3 单位工程竣工预验收报验表范例与填写说明

3.8.3.1 单位工程竣工预验收报验表范例

表 C.8.1 单位~~(子单位)~~工程竣工预验收报验表

工程名称	厦门万丽酒店	资料编号	03-00-C8-001

致：____圆方监理公司____（监理单位）

　　我方已按合同要求完成了____厦门万丽酒店____工程，经自检合格，现将有关资料报上，请予以验收。

附件：**1. 工程质量验收报告**

　　　2. 工程功能检验资料

> 编者：因篇幅原因，省略附件范例

施工总承包单位（章）：新鸿装饰公司

项目经理：蒋祖科

日期：2019年01月15日

审查意见：

　　经预验收，该工程：

　　1. ☑符合 □不符合　我国现行法律法规要求。

　　2. ☑符合 □不符合　我国现行工程建设标准。

　　3. ☑符合 □不符合　设计文件要求。

　　4. ☑符合 □不符合　施工合同要求。

　　综上所述，该工程预验收结论：　☑合格　　□不合格

　　可否组织正式验收：　　　　　　☑可　　　□否

监理单位：圆方监理公司

总监理工程师：赵方圆

日期：2019年01月15日

注：本表由施工单位填写。

3.8.3.2 单位工程竣工预验收报验表填写说明

1. 基本要求

单位工程施工完成后，施工单位应首先依据验收规范、设计图纸等组织有关人员进行自检，对检查发现的问题进行必要的整改。监理单位应根据现行国家标准《建筑工程施工质量验收统一标准》GB 50300、《建设工程监理规范》GB/T 50319 的要求，以及该项目的设计要求与质量标准，对工程进行竣工预验收。

工程竣工预验收由总监理工程师组织，各专业监理工程师参加，施工单位由项目经理、项目技术负责人等参加。工程预验收除参加人员与竣工验收不同外，其方法、程序、要求等均应与工程竣工验收相同。

在预验收阶段全面检查工程的实际质量、施工资料、安全设施等。若发现问题，施工单位需及时整改，直至达到验收要求。

单位工程竣工预验收是工程建设过程中的关键步骤，它能够提升竣工验收的通过率，降低后续可能产生的纠纷和问题。此外，它也是对工程质量的重要检测，对保障工程的安全可靠意义重大。

2. 专项说明

（1）施工单位在单位工程完工，经自检合格并达到竣工验收条件后，填写"单位工程竣工预验收报验表"，并附相应的竣工资料（包括分包单位的竣工资料）报项目监理部，申请工程竣工预验收。

（2）总监理工程师应组织专业监理工程师，依据有关法律、法规、工程建设强制性标准、设计文件及施工合同，对承包单位报送的竣工资料进行审查，并对工程质量进行竣工预验收。对存在的问题，应及时要求承包单位整改。整改完毕后由总监理工程师签署工程竣工报验单，并应在此基础上提出工程质量评估报告。工程质量评估报告应经总监理工程师和监理单位技术负责人审核签字。

（3）项目监理部应参加由建设单位组织的竣工验收，并提供相关监理资料。对验收中提出的整改问题，项目监理部应要求承包单位进行整改。工程质量符合要求，由总监理工程师会同参加验收的各方签署竣工验收报告。

3.8.4 单位工程质量竣工验收记录范例与填写说明

3.8.4.1 单位工程质量竣工验收记录范例

表 C.8.2-1 单位（子单位）工程质量竣工验收记录

工程名称	厦门万丽酒店	结构类型	框架	层数 / 建筑面积	地下 2 层、地上 10 层 /7550m²
施工单位	新鸿装饰公司	技术负责人	陆军	开工日期	2017.4.15
项目经理	蒋祖科	项目技术 负责人	周亮	竣工日期	2018.10.20

序号	项目	验收记录	验收结论
1	分部工程验收	共 4 分部，经查 4 分部 符合标准及设计要求 4 分部	符合要求
2	质量控制资料核查	共 26 项，经审查符合要求 26 项， 经核定符合规范要求 26 项	符合要求
3	安全和使用功能 核查及抽查结果	共核查 10 项，符合要求 10 项， 共抽查 10 项，符合要求 10 项， 经返工处理符合要求 0 项	合格
4	观感质量验收	共抽查 11 项，符合要求 11 项 不符合要求 0 项	好
5	综合验收结论	合格	

参加验收单位	建设单位	监理单位	施工单位	设计单位
	(公章) 单位（项目）负责人： 贾斌 2019年03月19日	(公章) 总监理工程师： 赵方圆 2019年03月19日	(公章) 单位负责人： 叶远航 2019年03月19日	(公章) 单位（项目）负责人： 周鸿图 2019年03月19日

注：单位工程验收时，验收签字人员应由相应单位法人代表书面授权。

3.8.4.2 单位工程质量竣工验收记录填写说明

1. 基本要求

监理单位根据相关要求对工程进行竣工预验收，符合规定后由施工单位向建设单位提交工程竣工报告和完整的质量控制资料，申请建设单位组织竣工验收。

单位工程质量验收应由建设单位项目负责人组织，由于勘察单位、设计单位、施工单位、监理单位都是责任主体，因此各单位项目负责人，以及施工单位的企业技术、质量负责人应参加验收。

单位工程质量竣工验收是建筑工程投入使用前的最后一次验收，也是最重要的一次验收。验收合格条件包括以下五个方面：①构成单位工程的各分部工程应验收合格。②有关的质量控制资料应完整。③涉及安全、节能、环境保护和主要使用功能的分部工程检验资料应复查合格，完整，无漏检缺项。④对主要使用功能应进行抽查。⑤观感质量应通过验收。

进行单位工程质量竣工验收时，施工单位应同时填报"单位工程质量控制资料检查记录""单位工程安全和功能检验资料核查及主要功能抽查记录""单位工程观感质量检查记录"，作为"单位工程质量竣工验收记录"的附表。

2. 专项说明

根据竣工验收组对"分部工程验收""质量控制资料核查""安全和使用功能核查及抽查结果"的检查，应由项目监理机构负责填写【验收记录】以及【验收结论】，应由建设单位填写【综合验收结论】，对工程质量是否符合设计和规范要求及总体质量水平作出评价。

（1）【分部工程验收】根据"分部工程质量验收记录"填写。应对所含各分部工程，由竣工验收组成员共同逐项核查。

（2）【质量控制资料核查】根据"单位工程质量控制资料核查记录"的核查结论填写。建设单位组织由各方代表组成的验收组成员，或委托总监理工程师，按照"单位工程质量控制资料核查记录"的内容，对资料进行逐项核查。

（3）【安全和使用功能核查及抽查结果】根据"单位工程安全和功

能检验资料核查及主要功能抽查记录"的核查结论填写。对于分部工程验收时已经进行安全和功能检测的项目，单位工程验收时不再重复检测。

（4）【观感质量验收】根据"单位工程观感质量检查记录"的检查结论填写。建设单位组织验收组成员，对观感质量进行抽查，共同做出评价。观感质量评价分为"好""一般""差"三个等级。

（5）【综合验收结论】应由参加验收各方共同商定，并由建设单位填写，主要是对工程质量是否符合设计和规范要求及总体质量水平作出评价。

3.8.5 单位工程质量控制资料核查记录范例与填写说明

3.8.5.1 单位工程质量控制资料核查记录范例

表 C.8.2-2 单位（子单位）工程质量控制资料核查记录

工程名称		厦门万丽酒店	施工单位		新鸿装饰公司
序号	项目	资料名称	份数	核查意见	核查人
1	建筑与结构	图纸会审记录、设计变更通知单、工程变更洽商记录	1	符合要求	冯小明
2		工程定位测量、放线记录	10	符合要求	
3		原材料出厂合格证书及进场检验、试验报告	54	符合要求	
4		施工试验报告及见证检测报告	50	符合要求	
5		隐蔽工程验收记录	25	符合要求	
6		施工记录	5	符合要求	
7		预制构件、预拌混凝土合格证	/	/	
8		地基、基础、主体结构检验及抽样检测资料	/	/	
9		分项、分部工程质量验收记录	118	符合要求	
10		工程质量事故调查处理资料	1	符合要求	
11		新技术论证、备案及施工记录	/	/	
1	给水排水及供暖	图纸会审记录、设计变更通知单、工程变更洽商记录	1	符合要求	任贤
2		原材料出厂合格证书及进场检验、试验报告	7	符合要求	
3		管道、设备强度试验、严密性试验记录	2	符合要求	
4		隐蔽工程验收记录	3	符合要求	
5		系统清洗、灌水、通水、通球试验记录	8	符合要求	
6		施工记录	2	符合要求	
7		分项、分部工程质量验收记录	4	符合要求	
1	建筑电气	图纸会审记录、设计变更通知单、工程变更洽商记录	1	符合要求	严罗祥
2		原材料出厂合格证书及进场检验、试验报告	8	符合要求	
3		设备调试记录	/	/	
4		接地、绝缘电阻测试记录	2	符合要求	
5		隐蔽工程验收记录	3	符合要求	
6		施工记录	/	/	
7		分项、分部工程质量验收记录	8	符合要求	

续表

序号	项目	资料名称	份数	核查意见	核查人
工程名称		厦门万丽酒店	施工单位		新鸿装饰公司
1	通风与空调	图纸会审记录、设计变更通知单、工程变更洽商记录	/	/	
2		原材料出厂合格证书及进场检验、试验报告	/	/	
3		制冷、空调、水管道强度试验、严密性试验记录	/	/	
4		隐蔽工程验收记录	/	/	
5		制冷设备运行调试记录	/	/	
6		通风、空调系统调试记录	/	/	
7		施工记录	/	/	
8		分项、分部工程质量验收记录	/	/	
1	电梯	图纸会审记录、设计变更通知单、工程变更洽商记录	/	/	
2		设备出厂合格证书及开箱检验记录	/	/	
3		隐蔽工程验收记录	/	/	
4		施工记录	/	/	
5		接地、绝缘电阻测试记录	/	/	
6		负荷试验、安全装置检查记录	/	/	
7		分项、分部工程质量验收记录	/	/	
1	智能建筑	图纸会审记录、设计变更通知单、工程变更洽商记录	/	/	
2		原材料出厂合格证书及进场检验、试验报告	/	/	
3		隐蔽工程验收记录	/	/	
4		系统功能测定及设备调试记录	/	/	
5		系统技术、操作和维护手册	/	/	
6		系统管理、操作人员培训记录	/	/	
7		系统检测报告	/	/	
8		分项、分部工程质量验收记录	/	/	

结论：

经核查质量控制资料齐全，有效。

施工总承包单位项目经理：蒋祖科

总监理工程师或
建设单位项目负责人：赵方圆

2019年03月15日　　　　　　　　　　2019年03月15日

3.8.5.2　单位工程质量控制资料核查记录填写说明

1. 基本要求

"单位工程质量控制资料核查记录"用于核查单位工程的质量控制资料是否齐全、有效，保障工程质量得到有效控制，并确保质量控制资料真实可靠。单位工程质量竣工验收时，"单位工程质量控制资料检查记录"应作为竣工验收的评定内容之一同时填报。

根据现行国家标准《建筑工程施工质量验收统一标准》GB 50300的规定，按专业分共计61项质量控制资料核查内容。分别为"建筑与结构"10项；"给水排水及供暖"8项；"通风与空调"9项；"建筑电气"8项；"建筑智能化"10项，"建筑节能"8项，"电梯"8项。

2. 专项说明

（1）本表由施工单位按照所列质量控制资料的种类、名称进行检查，并填写份数，然后提交给监理单位验收。

（2）本表其他各栏内容先由施工单位进行自查和填写。监理单位核查合格后，在【核查意见】栏填写对资料核查后的具体意见如"齐全""符合要求"。施工单位、监理单位具体核查人员在【核查人】栏签字。

（3）"结论"部分，填写质量控制资料核查评定结果，明确是否齐全、有效，符合要求，并由施工单位项目负责人、总监理工程师确认后签字，加盖各自的法人单位公章。

3.8.6　单位工程安全和功能检验资料核查及主要功能抽查记录范例与填写说明

3.8.6.1　单位工程安全和功能检验资料核查及主要功能抽查记录范例

表 C.8.2-3　单位~~(子单位)~~工程安全和功能检验资料核查及主要功能抽查记录

工程名称			厦门万丽酒店		施工单位		新鸿装饰公司	
序号	项目	安全和功能检查项目		份数	核查意见	抽查结果		核查人
1	建筑与结构	屋面淋水试验记录		/	/	/		冯小明
2		地下室防水效果检查记录		/	/	/		
3		有防水要求的地面蓄水试验记录		6	齐全	抽查3处，合格		
4		建筑物垂直度、标高、全高测量记录		/	/	/		
5		抽气（风）道检查记录		/	/	/		
6		幕墙及外窗气密性、水密性、耐风压检测报告		/	/	/		
7		建筑物沉降观测测量记录		/	/	/		
8		节能、保温测试记录		16	齐全	抽查3处，合格		
9		室内环境检测报告		1	齐全	合格		
1	给水排水及供暖	给水管道通水试验记录		2	齐全	全数检查，合格		任贤
2		暖气管道、散热器压力试验记录		/	/	/		
3		卫生器具满水试验记录		2	齐全	全数检查，合格		
4		消防管道、燃气管道压力试验记录		/	/	/		
5		排水干管通球试验记录		/	/	/		
1	通风与空调	通风、空调系统试运行记录		/	/	/		
2		风量、温度测试记录		/	/	/		
3		洁净室洁净度测试记录		/	/	/		
4		制冷机组试运行调试记录		/	/	/		

续表

工程名称		厦门万丽酒店	施工单位		新鸿装饰公司	
序号	项目	安全和功能检查项目	份数	核查意见	抽查结果	核查人
1	建筑电气	照明全负荷试验记录	2	齐全	全数检查，合格	严严祥
2		大型灯具牢固性试验记录	5	齐全	抽查3处，合格	
3		避雷接地电阻测试记录	/	/	/	
4		线路、插座、开关接地检验记录	30	齐全	抽查5处，合格	
1	电梯	电梯运行记录	/	/	/	
2		电梯安全装置检测报告	/	/	/	
1	智能建筑	系统试运行记录	/	/	/	
2		系统电源及接地检测报告	/	/	/	

结论：

符合要求

施工总承包单位项目经理：蒋祖科

2019年03月15日

总监理工程师或
建设单位项目负责人：赵方圆

2019年03月15日

注：抽查项目由验收组协商确定。

3.8.6.2　单位工程安全和功能检验资料核查及主要功能抽查记录填写说明

1. 基本要求

"单位工程安全和功能检验资料核查及主要功能抽查记录"是在工程验收过程中，对单位工程的安全和功能相关检验资料进行审查，并对主要功能进行抽样检查的记录。其目的在于确保工程的安全性能和功能符合设计要求、相关标准以及使用需求。通过核查检验资料，可以验证工程在安全和功能方面是否经过必要的测试和检验；而通过主要功能的抽查，可以直接检查工程的关键功能是否正常运作。对于分部工程验收时已经进行安全和功能检测的项目，单位工程验收时不再重复检测。但要核查以下内容：

（1）单位工程验收时按规定、约定或设计要求，需要进行安全功能抽测项目是否都进行了检测；具体检测项目有无遗漏。

（2）抽测的程序、方法是否符合规定。

（3）抽测结论是否达到设计及规范规定。

2. 专项说明

（1）本表由施工单位依据所列内容进行检查，在【份数】栏填写实际数量后，交由监理单位。其他栏目内容由总监理工程师或建设单位项目负责人组织核查、抽查，并由监理单位填写核查意见。

（2）涉及安全和使用功能的分部工程需具备检验资料。施工验收时，应加强对满足安全和使用功能项目的验收，并对主要项目进行抽查记录，填写此表。抽查项目由参与验收的各方人员在核查资料文件的基础上确定，然后按照相关专业工程施工质量验收标准进行检查。

（3）本表中列出的安全和功能各项主要检测项目仅供参考，如果设计或合同有其他要求，经监理单位认可后可进行补充。

（4）如条件允许，安全和功能的检测应在分部工程验收时进行。在单位工程竣工验收时，对于在分部工程验收中已进行安全和功能检测项目，不再重复检测，只需核查检测报告是否符合规定。

3.8.7 单位工程观感质量检查记录范例与填写说明

3.8.7.1 单位工程观感质量检查记录范例

表 C.8.2-4　单位~~(子单位)~~工程观感质量检查记录

工程名称		厦门万丽酒店								施工单位			新鸿装饰公司		
序号	项目		抽查质量状况										质量评价		
													好	一般	差
1	建筑与结构	室外墙面													
2		变形缝													
3		水落管、屋面													
4		室内墙面													
5		室内顶棚	√	√	√	√	√	√	√	√	○	√	好		
6		室内地面	√	√	√	√	√	√	√	√	√	√	好		
7		楼梯、踏步、护栏	√	√	√	√	○	√	√	√	√	√	好		
8		门窗	√	√	√	√	√	√	√	√	√	√	好		
1	给水排水及供暖	管道接口、坡度、支架	√	√	√	√	√	√	○	√	√	√	好		
2		卫生器具、支架、阀门	√	√	√	√	√	√	√	√	√	√	好		
3		检查口、扫除口、地漏	√	√	○	√	√	√	√	√	√	√	好		
4		散热器、支架													
1	建筑电气	配电箱、盘、板、接线盒	√	√	√	√	○	√	√	√	√	√	好		
2		设备器具、开关、插座	√	√	√	√	√	√	√	√	√	√	好		
3		防雷、接地	√	√	○	√	√	√	√	√	√	√	好		
1	通风与空调	风管、支架													
2		风口、风阀													
3		风机、空调设备													
4		阀门、支架													

备注：○表示一般。

续表

工程名称		厦门万丽酒店	施工单位						新鸿装饰公司			
序号		项目	抽查质量状况							质量评价		
										好	一般	差
5	通风与空调	水泵、冷却塔										
6		绝热										
1	电梯	运行、平层、开关门										
2		层门、信号系统										
3		机房										
1	智能建筑	机房设备安装及布局										
2		现场设备安装										
观感质量综合评价			好									

检查结论	观感检查通过 施工总承包单位项目经理：蒋祖科 2019年03月15日	总监理工程师或 建设单位项目负责人：赵方圆 2019年03月15日

注：1. 质量评价为差的项目，应进行返修。
　　2. 观感质量检查的原始记录应作为本表附件。
　　3. 观感质量检查点的部位、数量由施工单位、监理单位双方协商确定。

3.8.7.2　单位工程观感质量检查记录填写说明

1. 基本要求

"单位工程观感质量检查"是对单位工程包括建筑物外观、装饰、设备安装等方面的外观质量的观察和评估。观感质量检查记录的目的是及时发现外观质量问题，并要求相关单位进行整改，以确保工程的整体质量和美观度。同时，它也是工程验收的重要组成部分，能够为工程质量评估提供参考。

在进行观感质量检查时，检查人员应根据相关标准和要求，对工程各个部分进行目视检查，并记录观察到的问题或缺陷。这些问题可能包括墙面裂缝、油漆剥落、地面平整度、设备运行异常等。

2. 专项说明

（1）根据现行国家标准《建筑工程施工质量验收统一标准》GB 50300 的规定，单位工程的观感质量验收，分为"好""一般""差"三个等级。观感质量检查的方法、程序、评判标准等，均与分部工程相同，不同的是检查项目较多，属于综合性验收。主要内容包括：核实质量控制资料，检查检验批、分项、分部工程验收的正确性，对在分项工程中不能检查的项目进行检查，核查各分部工程验收后到单位工程竣工时，工程的观感质量有无变化、损坏等。

（2）本表由总监理工程师组织验收组成员，按照表中所列内容，共同实际检查，协商得出质量评价、综合评价和验收结论意见。参加验收的各方代表，经共同实际检查，如果确认没有影响结构安全和使用功能等问题，可共同商定评价意见。

（3）【抽查质量状况】可填写具体检查数据。当数据少时，可直接将检查数据填在表格内；当数据多时，可简要描述抽查的质量状况，但应将检查原始记录附在本表后面。

（4）【质量评价】①有差评，则项目评价为差；②无差评，好评百分率≥60%，评价为好；③其他，评价为一般。

（5）【检查结论】填写"工程观感质量综合评价为好（或一般），验收合格""观感检查通过"等。如有评价为"差"的项目，属于不合格项，应予以返工修理，这样的观感检查项目修理后需重新检查验收。

3.8.8 施工资料移交书范例与填写说明

3.8.8.1 施工资料移交书范例

施工资料移交书

　　__新鸿装饰公司__ 按有关规定向 __阳光有限公司__ 办理 __厦门万丽酒店__ 工程资料移交手续。共计__13__册。其中图样材料__2__册，文字材料__11__册，其他材料__/__张。

> 编者：因篇幅原因，省略附件范例

附：工程资料移交明细表。

移交单位（公章）：新鸿装饰公司　　接收单位（公章）：阳光有限公司

单位负责人：叶远航　　　　　　　　单位负责人：林森

技术负责人：陆军　　　　　　　　　技术负责人：魏伟

移交人：蒋祖科　　　　　　　　　　接收人：贾斌

　　　　　　　　　　　　　　　　　移交时间：2019 年 03 月 19 日

3.8.8.2 施工资料移交书填写说明

1. 基本要求

"施工资料移交书"的主要目的是明确责任，确保资料的完整性，为后续的查询、审核或其他相关工作提供便利。施工单位按照相关规定，将施工资料整理成册后，与建设单位办理移交手续，并附上工程资料移交目录，以便交接时的清点。所有需要移交的资料，都要列出详细的移交资料明细表，并按照文字材料、图样材料、其他材料等进行分类汇总，统计其册数、份数或张数。移交双方应根据移交目录逐一进行清点和审查，并完成移交手续。

2. 专项说明

"施工资料移交书"是在施工过程结束后，将相关施工资料正式移交给接收方的文件。这份文件通常包含以下内容：

（1）工程信息：包括工程名称、施工单位、监理单位等基本信息。

（2）移交的资料清单：详细列出移交的施工资料的种类、数量和每份资料的名称。

（3）资料的说明：可能会对重要资料进行简要说明，例如资料的用途、关键内容等。

（4）移交方和接收方的确认：双方需要签字盖章确认移交的事实。

（5）日期：记录移交的具体时间。

3.8.9　卷内备考表范例

卷内备考表

本案卷共有文件材料 __8__ 页，其中：文字材料 __8__ 张，图样材料 _／_ 张，照片 _／_ 张。

说明：

本案卷完整准确。

立卷人：张德扬

2019 年 03 月 19 日

审核人：蒋祖科

2019 年 03 月 19 日

第4章 竣工图管理

竣工图是建筑工程资料和竣工档案的关键组成部分，对工程的维护、管理、灾后评估、灾后重建、改建及扩建等方面具有极其重要的作用。因此，新建、改建和扩建的工程都需要编制竣工图。竣工图是在建筑工程竣工验收后，真实展现建筑工程项目施工成果的图样。

竣工图是工程竣工验收的重要依据，它如实记录了工程施工的实际状况，包括设计变更、施工过程中的质量控制、工程验收等信息。由于施工单位是工程的实际实施者，对工程的施工过程和实际情况最为熟悉，因此，通常由施工单位承担编制竣工图的责任。在特殊情况下，如采用设计—施工总承包模式或其他特殊承包模式时，编制竣工图的责任可能会根据合同约定进行调整。此外，建设单位、设计单位、监理单位等也应在竣工图编制过程中提供必要的帮助和审核。

在编制竣工图时，施工单位应依照国家和地方的相关规定，如实绘制工程实际情况，确保竣工图的准确性和完整性。经监理单位审核并由建设单位确认后，竣工图将成为工程竣工验收的重要文件之一。

4.1 竣工图类型

竣工图的类型按照绘制方式的不同，可以划分为以下几种形式：利用电子版施工图改绘而成的竣工图、通过施工蓝图改绘的竣工图、借助翻晒硫酸纸底图改绘的竣工图以及重新绘制的竣工图。

4.2 竣工图的编制及审核

1. 一般规定：

（1）竣工图的专业分类应与施工图相匹配。

（2）竣工图应与工程实际状况保持一致。

（3）竣工图的图纸必须是蓝图或绘图仪绘制的白图，不得采用复印件。

（4）竣工图的字迹应清晰，且与施工图的大小比例相同。

（5）竣工图应包含图纸目录，目录中所列的图纸数量、图号和图名应与竣工图的内容一致。

（6）竣工图应使用国家法定的计量单位和文字。

（7）竣工图应附有竣工图章或竣工图签，且签字应齐全。

1）竣工图章或竣工图签应具有明显的"竣工图"字样，并包括编制单位名称、编制人、审核人和编制日期等内容。竣工图章内容、尺寸见图4-1。

2）竣工图章应加盖在图签附近的空白处，图章应清晰。

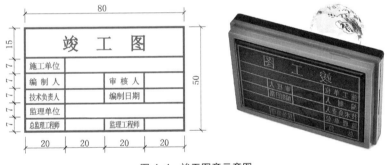

图4-1 竣工图章示意图

（8）绘制竣工图应使用绘图笔或签字笔及绘图工具，不得使用圆珠笔或其他易褪色的墨水绘制。

（9）竣工图的改绘原则：

1）按图施工，没有设计洽商变更的，可在原施工图加盖竣工图章形成竣工图；设计洽商变更不多的，可将设计洽商变更的内容直接改绘在原施工图上，并在改绘部位注明修改依据，加盖竣工图章形成竣工图。

2）设计洽商变更较大的，不宜在原施工图上直接修改和补充的，可在原图修改部位注明修改依据后另绘修改图；修改图应有图名、图号。原图和修改图均应加盖竣工图章形成竣工图。

（10）竣工图只有真实可靠，才具备实用价值。尤其是对于已经隐蔽的结构工程和地下管线等部位的竣工图，必须与工程实体完全一致。

2. 利用电子版施工图改绘的竣工图应符合下列规定：

（1）竣工图可在原设计单位提供的施工图电子文件上经修改后制成，修改处应有明显标识。竣工图上应附有修改依据备注表，见表4-1。

表4-1　修改依据备注表

洽商变更编号或时间	简要变更内容

（2）由施工图电子文件制成的竣工图应有原设计人员签字；没有原设计人员签字的，须附有原施工图，原图和竣工图均应加盖竣工图章。

3. 利用翻晒硫酸纸底图改绘的竣工图应符合下列规定：

（1）应使用刀片将需要更改部位刮掉，再将变更内容标注在修改部位，在空白处做修改内容备注表；修改内容备注表样式可参考表4-1执行。

（2）宜晒制成蓝图后，再加盖竣工图章。

4. 当图纸变更内容较多时，应重新绘制竣工图。重新绘制的竣工图应符合《建筑工程资料管理规程》JGJ/T 185—2009及专业技术规范、标准的规定。

5. 其他要求：

（1）施工图纸目录需加盖竣工图章，以供竣工图归档。绘制竣工图时，应先核对并绘制竣工图目录。可以在原施工图纸目录的基础上进行核对和修改，如有作废或新增的图纸，应在图纸目录上明确标注。作废的图纸在目录上划掉，新增图纸的图名和图号应在目录中列出。若图纸变动较大，则应根据实际情况重新编制竣工图目录。竣工图目录中所列的图纸数量、图名和图号应与实际竣工图一致，且不应有同名图纸。

（2）如果某施工图变更较大，设计单位重新绘制了修改图，则应以修改图替代原图，原图不再归档。

448

（3）若设计变更附图为设计单位提供的带有图签和签字的施工蓝图，经确认后可加盖竣工图章作为竣工图，但应在原设计变更上注明附图已归入竣工图。

（4）对于涉及多张图纸的一条洽商，每张图纸都应进行相应的变更修改。

（5）由施工单位完成的深化设计图也应作为竣工图的一部分，其做法和要求与设计图相同。

（6）竣工图中的文字说明应采用仿宋字体，字体大小应与原图字体大小一致，修改内容不应超出图框线。

4.3 竣工图图纸折叠方法

1. 图纸折叠前要按裁图线裁剪整齐，其图纸幅面应符合图 4-2 的要求。

图纸幅面尺寸表

幅面代号	0	1	2	3	4
$B \times L$	841×1189	594×841	420×594	297×420	210×297
a	25				
c	10			5	

注：尺寸单位为 mm。

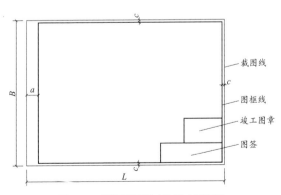

图 4-2　图纸幅面尺寸及尺寸代号图

2. 折叠方法: 图面折向内, 成手风琴风箱式 (图 4-3 ~ 图 4-6)。

(1) 折叠后幅面尺寸应以 4 号图纸基本尺寸 (210mm×297mm) 为准。

(2) 图标及竣工图章露在外面。

(3) 3 号 ~ 0 号图纸在装订边 297mm 处折一个三角或剪一个缺口, 折进装订边。

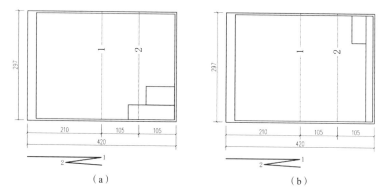

图 4-3　3 号图纸折叠示意图

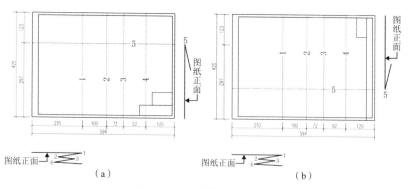

图 4-4　2 号图纸折叠示意图

3. 工具的使用: 图纸折叠前, 准备好一块略小于 4 号图纸尺寸 (一般为 292mm×205mm) 的模板。折叠时, 应先把图纸放在规定的位置, 然后按照折叠方法的编号顺序依次折叠。

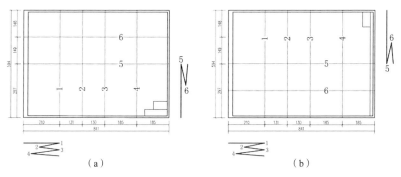

图 4-5　1 号图纸折叠示意图

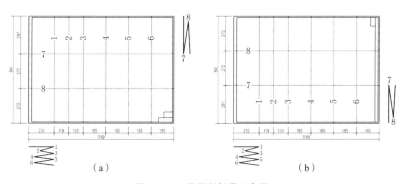

图 4-6　0 号图纸折叠示意图

4. 向城建档案馆报送的工程档案应按城建档案馆工程档案内容与立卷要求进行立卷。

（1）文字材料和图纸材料原则上不能混装在同一个装具内，当资料较少如需放在同一装具内时，文字材料和图纸材料必须混合装订，其中文字材料排前，图样材料排后。

（2）单位工程档案总案卷数超过 20 卷的，应编辑总目录卷。

4.4 竣工图范例

4.4.1 案卷封面范例

档　　号＿＿＿＿＿＿＿＿＿＿＿＿＿＿＿

案卷题名＿＿＿＿＿＿＿＿**厦门万丽酒店**＿＿＿＿＿＿

＿＿＿＿＿＿**建筑装饰装修工程竣工图**＿＿＿＿＿＿

＿＿＿（1）封面、目录＿＿＿＿＿＿＿＿＿＿＿＿

＿＿＿（2）装修设计说明、材料与物料说明＿＿＿

＿＿＿（3）总平面图、平面布置图、墙体定位图＿

＿＿＿＿＿＿顶棚平面图、地面铺装图、立面索引图

＿＿＿（4）立面图、剖面图＿＿＿＿＿＿＿＿＿＿

＿＿＿（5）节点详图＿＿＿＿＿＿＿＿＿＿＿＿＿

编制单位＿＿＿＿＿＿＿＿新鸿装饰公司＿＿＿＿＿

起止日期自 2019 年 01 月 05 日起至 2019 年 01 月 15 日止

密级＿＿＿秘密＿＿＿保管期限＿＿＿长期保管＿＿＿

本工程共＿＿13＿＿卷　　本案卷为第＿＿12＿＿卷

4.4.2 竣工图卷内目录范例

卷内目录						
工程名称	厦门万丽酒店		资料类别	建筑装饰装修工程竣工图		
序号	文件材料题名	原编字号	编制单位	编制日期	页次	备注
1	装修设计说明		新鸿装饰公司	2019.01.15	1	
2	材料与物料说明		新鸿装饰公司	2019.01.15	2	
3	总平面图		新鸿装饰公司	2019.01.15	3	略
4	平面布置图		新鸿装饰公司	2019.01.15	4	
5	墙体定位图		新鸿装饰公司	2019.01.15	5	
6	顶棚平面图		新鸿装饰公司	2019.01.15	6	
7	地面铺装图		新鸿装饰公司	2019.01.15	7	
8	立面索引图		新鸿装饰公司	2019.01.15	8	
9	立面图		新鸿装饰公司	2019.01.15	9	
10	剖面图		新鸿装饰公司	2019.01.15	10	
11	节点详图		新鸿装饰公司	2019.01.15	11	

 编者：表格备注栏"略"，表示该行记录范例省略

4.4.3 装修设计说明范例

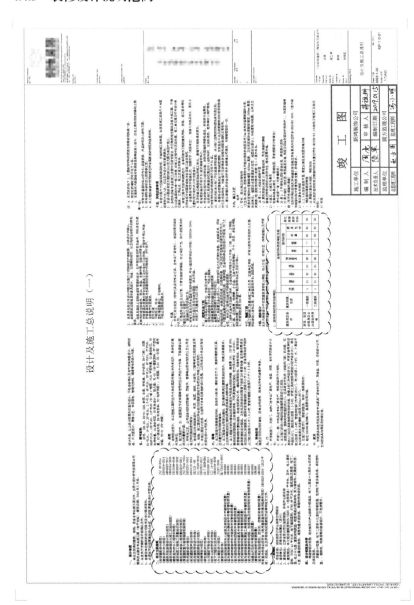

4.4.4 材料与物料说明范例

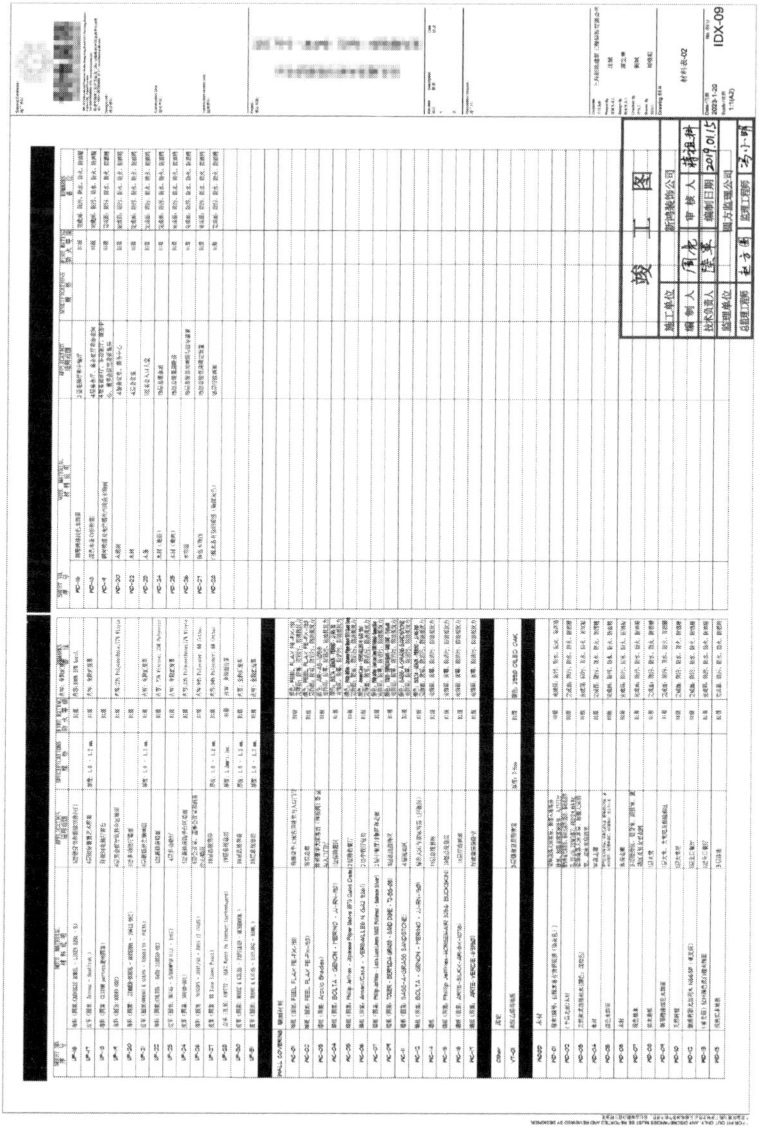
竣工图
施工单位
新鸿装饰公司
编制人
审核人
技术负责人
编制日期
2019.01.15
监理单位
四方监理公司
总监理工程师
监理工程师
材料表-02
IDX-09

4.4.5 平面布置图范例

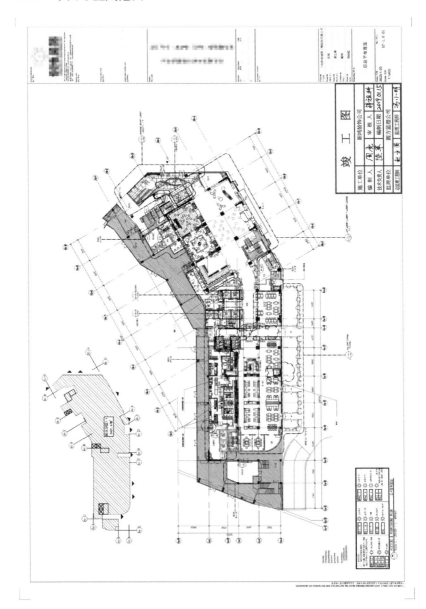

4.4.6 墙体定位图范例

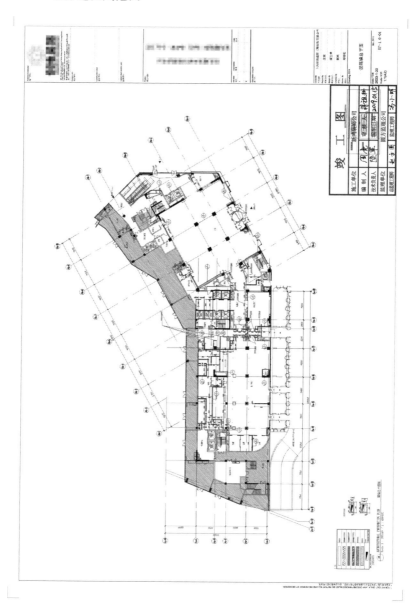

4.4.7 顶棚平面图范例

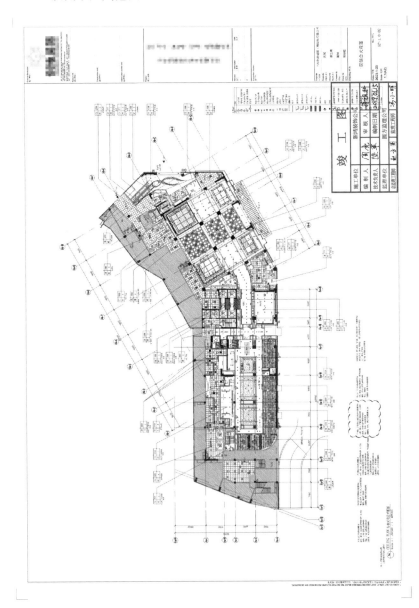

4.4.8 地面铺装图范例

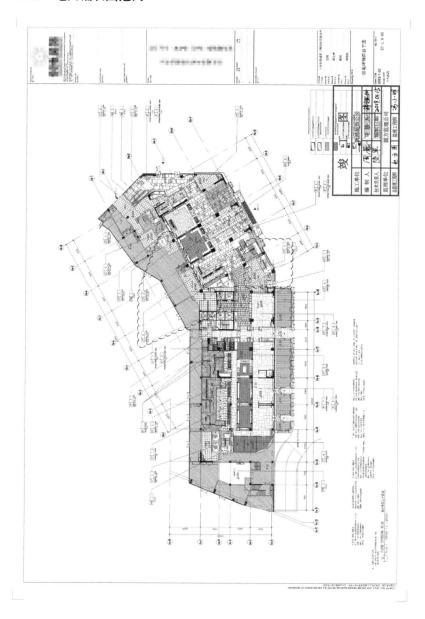

4.4.9 立面索引图范例

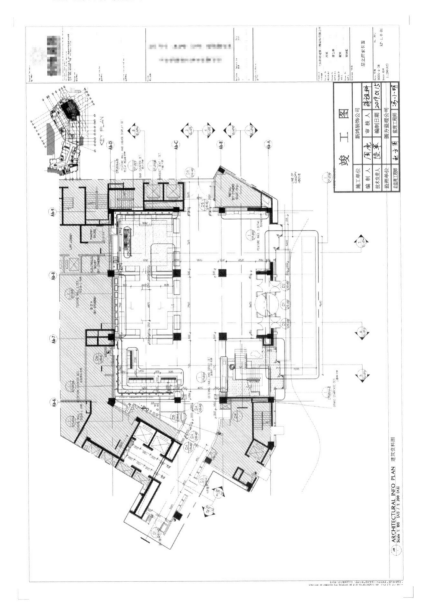

4.4.10 立面图范例

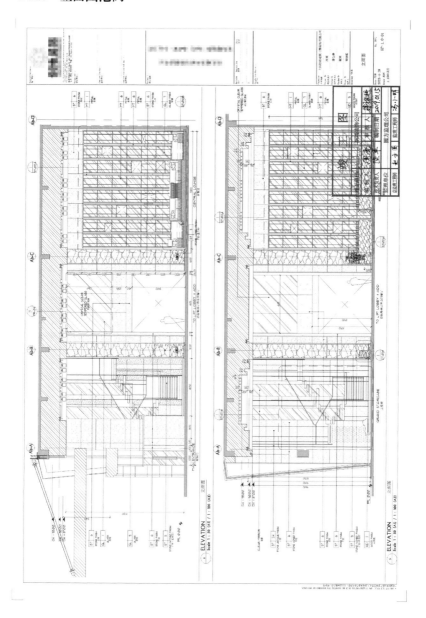

4.4.11　剖面图范例

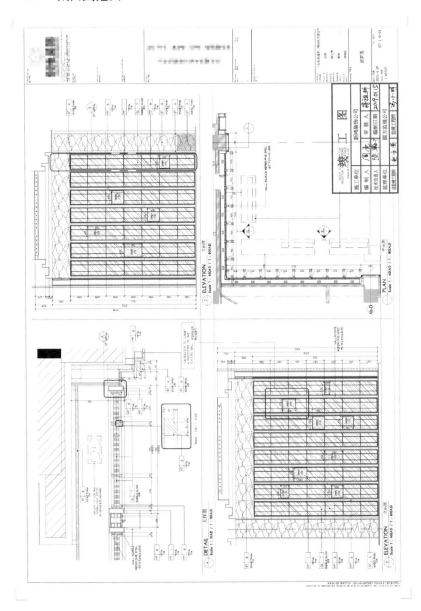

4.4.12 节点详图范例

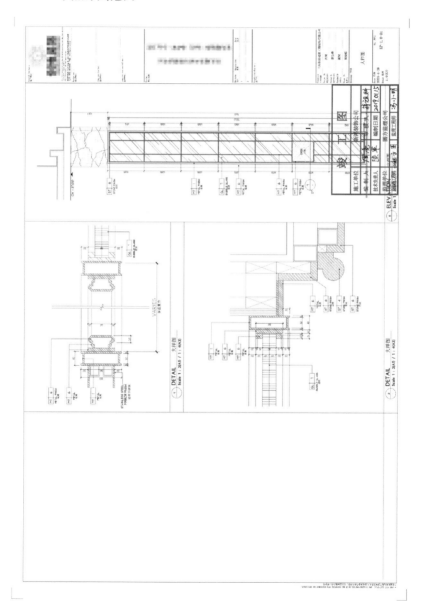